海南省哲学社会科学规划课题：网络背景下海南省中学生欺负行为研究
项目号：HNSK（YB）16-113
海南师范大学学术著作出版资助项目（zz2002）
海南师范大学校级特色培育学科心理学资助

网络背景下中学生欺负行为研究

——以海南省中学生为例

刘丽琼 著

四川大学出版社

项目策划：张伊伊
责任编辑：张伊伊
特约编辑：甘　露
责任校对：张宇琛
封面设计：墨创文化
责任印制：王　炜

图书在版编目（CIP）数据

网络背景下中学生欺负行为研究 / 刘丽琼著． — 成都：四川大学出版社，2020.9
ISBN 978-7-5690-3687-9

Ⅰ．①网… Ⅱ．①刘… Ⅲ．①中学生－暴力行为－研究－中国 Ⅳ．① D669.5

中国版本图书馆 CIP 数据核字（2020）第 136587 号

书名　网络背景下中学生欺负行为研究

著　者	刘丽琼
出　版	四川大学出版社
地　址	成都市一环路南一段 24 号（610065）
发　行	四川大学出版社
书　号	ISBN 978-7-5690-3687-9
印前制作	墨创文化
印　刷	四川盛图彩色印刷有限公司
成品尺寸	170mm×240mm
印　张	13
字　数	245 千字
版　次	2020 年 10 月第 1 版
印　次	2020 年 10 月第 1 次印刷
定　价	48.00 元

版权所有 ◆ 侵权必究

◆ 读者邮购本书，请与本社发行科联系。
　电话：(028)85408408/(028)85401670/
　(028)86408023　邮政编码：610065
◆ 本社图书如有印装质量问题，请寄回出版社调换。
◆ 网址：http://press.scu.edu.cn

扫码加入读者圈

四川大学出版社
微信公众号

前　言

　　欺负行为是中小学校经常发生的一种特殊攻击行为，它的主要特点在于力量的非均衡性、重复性与伤害性。随着信息技术的发展，中学生的欺负行为与方式发生了很大的变化，力量的非均衡性已经不再仅限于传统欺负行为中"以大欺小""恃强凌弱"的简单含义，传统欺负与网络欺负的共发性与转换性也受到广泛的关注。由于网络的发展，传统欺负行为在网络上广泛传播，引起社会的广泛关注。

　　本书的目的在于调查网络背景下中学生欺负行为的发生特点及相关影响因素，从而为相关部门制订关于学校欺负行为的相关决策提供实证依据与针对性建议。

　　本书共分为八章，包括绪论、文献回顾、研究工具编制、中学生欺负行为及各心理变量的发展现状、中学生欺负行为与旁观者行为的潜在类别及相关因素的分析，并在前期研究结果的基础上，提出了网络背景下中学生校园欺负行为的干预建议。

　　第一章绪论部分主要厘定了关键概念，确定了研究目的、研究内容、研究工具以及研究程序，并介绍了相关研究方法以及本次调查所采用的他人的成熟量表的情况。

　　第二章文献回顾部分主要是对欺负行为的国内外相关文献进行了系统的梳理，就欺负行为的理论、欺负行为的测量以及欺负行为对中学生的影响进行了简单介绍，并就影响中学生欺负行为发生的相关因素进行了分析，指出现有研究存在的问题及对本研究的启示。

　　第三章与第四章是研究工具的编制。第三章采用开放式调查的方法，针对中学生对欺负行为的理解、欺负的主要类型、受欺负给中学生带来的痛苦等问题进行了质性分析，同时调查了家长与教师对欺负行为的理解以及应对方式。在第三章研究内容的基础上，我们编制了中学生欺负行为量表、旁观者行为与受欺负者求助行为量表。

第五章是对中学生欺负行为的一般状况进行简单分析，并对中学生积极心理品质、生活满意度与心理健康的发展水平以及各变量人口统计学上的差异进行了分析。这是第六章与第七章分析的基础。

第六章与第七章主要采用潜在类别分析方法，对中学生欺负行为与旁观者行为进行了潜在类别分析，而后在潜在类别分析的基础上又对潜在类别的人口统计学差异，潜在类别在积极心理品质、生活满意度以及心理健康方面的差异进行了统计分析。

第八章主要是在前七章的研究结果以及相关文献分析的基础上，根据中学生欺负行为发生的新特点，提出以促进学生发展作为校园欺负行为目标，建立全校性的反欺负行为机制，采用融入式反欺负行为教育模式、加强对受欺负者提供支持与保护的全方位融入式干预方案。

本书可以为教育主管部门以及学校、教师干预中学校园欺负行为提供参考，也可以为家长提供相关建议，尤其是欺负者与受欺负者的家长。本书的调查结论也可以让教育主管部门、教师、家长以及中学生自己认识到积极心理品质的培养与心理健康对个体生活各方面的影响。

目　录

第一章　绪论……………………………………………………………… 1
　第一节　校园欺负行为研究的主要内容及关键概念的界定………… 1
　第二节　研究的主要方法与程序……………………………………… 4
第二章　欺负行为的文献回顾…………………………………………… 9
　第一节　欺负行为的相关概念及理论………………………………… 10
　第二节　校园欺负行为的测量………………………………………… 16
　第三节　中学生欺负行为的影响因素及后果………………………… 32
第三章　中学生欺负行为的质性研究…………………………………… 36
　第一节　对中学生欺负行为的认知…………………………………… 36
　第二节　初中生受欺负心理状态的质性分析………………………… 45
第四章　欺负行为研究工具的编制……………………………………… 54
　第一节　欺负与受欺负行为测量工具………………………………… 54
　第二节　受欺负求助对象的分类研究………………………………… 61
　第三节　旁观者行为问卷的编制……………………………………… 64
第五章　中学生欺负行为及各心理变量的发展现状…………………… 67
　第一节　中学生欺负行为的现状……………………………………… 67
　第二节　中学生心理健康状况………………………………………… 73

第三节　中学生积极心理品质状况…………………………………… 76
　　第四节　中学生生活满意度分析…………………………………… 92
第六章　中学生欺负行为的潜在类别及相关因素分析………………… 96
　　第一节　受欺负行为与欺负行为的潜在类别分析………………… 97
　　第二节　欺负行为潜在类别的人口统计学差异…………………… 102
　　第三节　欺负角色在心理健康上的差异…………………………… 106
　　第四节　欺负角色在积极心理品质上的差异……………………… 112
　　第五节　欺负角色在生活满意度上的差异………………………… 130
　　第六节　小结………………………………………………………… 132
第七章　旁观者行为的潜在类别及相关因素分析……………………… 135
　　第一节　旁观者行为的潜在类别分析……………………………… 135
　　第二节　旁观者行为的人口统计学差异…………………………… 138
　　第三节　旁观者行为与其他心理变量的关系……………………… 141
　　第四节　讨论与小结………………………………………………… 154
第八章　网络背景下中学生欺负行为的干预建议……………………… 162
　　第一节　国外校园欺负行为干预方案的简介……………………… 162
　　第二节　国内校园欺负行为的干预建议…………………………… 167
参考文献……………………………………………………………………… 174
附　　件……………………………………………………………………… 186
后　　记……………………………………………………………………… 198

第一章 绪论

第一节 校园欺负行为研究的主要内容及关键概念的界定

一、研究的主要内容

本书的主要目的在于全面、客观地描述海南省中学生在网络背景下的欺负行为现状、欺负行为与学生心理健康、积极心理品质和生活满意度之间的关系，以期为教育主管部门与中学制定校园欺负行为干预的相关决策、为研究者进行欺负行为干预设计提供具有针对性、实效性的建议。

（一）中学生欺负行为的发生情况

已有研究发现，青少年理解的欺负行为与学界界定的欺负行为存在差异，为了保证调查的信度，我们首先需要了解中学生对欺负行为概念的理解，为后续研究工具的研制以及研究结果的解释提供依据。

其次，随着信息社会的发展，网络欺负行为也已普遍进入中学校园。但现有研究主要采用网络欺负与传统欺负相分离的范式，鲜有研究同时报告网络欺负与传统欺负行为的发生状况。本书的目的是要了解中学生在网络背景下的欺负行为发生现状。因此，我们需要调查中学生感知到的欺负行为类型以及具体的欺负行为。

第三，我们要了解中学生在网络情境与面对面情境（传统欺负）下的欺负行为发生状况以及发生特点，如欺负与受欺负发生率、网络欺负与传统欺负的共发性、欺负角色的人口统计学差异。

第四，我们需要了解受欺负中学生的求助行为，了解具有哪些特征的求助者更可能求助，求助是否可以有效减少受欺负对学生的心理伤害。

（二）欺负卷入者的潜在类别分析及相关影响因素

中学生卷入欺负行为时，个体的角色是不同的，如可分为欺负者、受欺负者、欺负/受欺负者与未卷入者。但这些基于外显指标的分析方法会使得群体内的差异较大，如同样是受欺负者，但他们所受欺负的类型是不同的，如有些只受言语欺负，有些只受身体欺负，有些只受网络欺负，有些学生则受到几乎所有类型的欺负。同样，欺负者也可以分为不同的亚型。因此我们采用潜在类别分析，通过计算条件概率来将欺负者与受欺负者划分到不同的亚型中，使得群体间的个体异质性高，群体内的个体同质性更高。

欺负行为中处于不同亚型的个体，其个人特点与心理状态可能均存在差异。因此，我们在本书中还分析了不同受欺负亚型、欺负亚型以及欺负/受欺负亚型的人口统计学差异以及各亚型在心理健康、积极心理品质与生活满意度上的差异。

（三）旁观者行为的潜在类别分析及相关因素的分析

旁观者的行为在欺负行为中起着重要的作用，旁观者中的保护者为受欺负者提供帮助，并及时制止欺负行为的发生，而旁观者中的煽风点火者与静默围观者则会助长欺负行为，甚至还有旁观者会跟随欺负者加害受欺负者。

以往的研究只探讨了在同学受欺负的情境下，旁观者的行为，而在朋友受欺负的情境下的研究却很少，可能以往的研究者认为所有人都会在朋友受欺负情境下提供帮助，但这一理论假设未必可靠。

其次，前人的研究也未提供什么特点的人更可能成为保护者或加害者方面的信息。因此，我们设置了两种情境，即同学受欺负与朋友受欺负的情境，在这两种情境下对旁观者的行为进行潜在类别分析。

我们采用潜在类别分析旁观者在两种情境下的不同亚型，然后分析不同亚型学生的人口统计学差异，了解哪些人更可能成为保护者，哪些人更可能成为欺负行为的追随者或加害者。我们也需要分析旁观者的潜在类别在积极心理品质、心理健康与生活满意度上的差异，探索积极心理品质、心理健康与生活满意度与中学生旁观者角色的关系。

（四）中学校园欺负行为的干预建议

本书的目的在于为中学生的校园欺负行为提供切实可行的干预建议，因此，我们会在综合分析与讨论国内外现有校园欺负行为的干预方案的基础上，结合前期研究成果进行分析，最后综合提出适合中学校园的切实有效的干预建议。

二、关键概念的界定

（一）中学生

本次调查选取了海南省内普通初中与普通高中学校的学生，不包括职业学校与特殊教育学校。由于高三学生的学业压力较重，学生参与调研的积极性较低，为了减少调研误差，本研究中的中学生只包括初一到高二的学生。

（二）欺负行为

欺负行为包含传统欺负行为与网络欺负行为。传统欺负行为是指在面对面情境下的欺负行为，网络欺负行为则是指通过网络实施的欺负行为，也包括在面对面情境下欺负行为的图片、视频等被人以网络方式传播的欺负行为。

欺负行为的界定虽然会考虑到学界的界定，即在问卷中会以指导语的方式告诉中学生学界欺负行为的操作定义，但在学生的答题过程中并不会再刻意提醒这一概念。因此，学生在作答过程中可能会将自身认可的行为也当作欺负行为作答。但我们在数据处理时会按国际通用的标准进行划分以控制这一倾向。不过控制的方面主要是欺负行为的重复性，故意性与力量的非均衡性则无法控制。

（三）心理健康

有关心理健康的标准很多，主要有情绪良好，自我接纳，对现实有准确的感知，能从容地应对社会压力，行为协调以及反应适度，人格统一完整等。世界卫生组织（WHO）关于"心理健康"的标准包括个体要有足够的自我安全感，能充分了解自己，并能对自己的能力做出适度的评价，生活理想切合实际，能保持良好的人际关系，能适度发泄情绪和控制情绪，不脱离周围现实环境，能保持人格的完整与和谐等十条标准。但这一心理健康标准无法进行测量。

在本研究中，心理健康并不是按照这一标准来定义的，而是特指中学生没有学习、人际交往方面的问题，个体内在人格整合，没有不安倾向。为了实现测量，其内涵与外延都与使用的测量工具一致，即周步成修订的《中学生心理健康综合测量》中的内容，但排除了身体症状。之所以排除身体症状，是因为在查阅文献时，发现鲜有报告身体症状与欺负行为的关系，为了减少学生作答的难度，减少误差，故删除这一维度的题目。

（四）积极心理品质

积极心理品质是积极心理学研究中的重要内容，也称为性格力量或良好性格。积极心理品质是指一系列具有一定稳定性的心理特质，它是普遍存在于不同文化中的美德。积极心理品质有助于实现个体的成就感、满足感和幸福感。

马丁·塞里格曼关于积极心理品质的划分认为，人类有认知、意志、人道主义、公正、节制与超越六个方面共 24 种积极心理品质。国内有关积极心理品质的研究直接借鉴这一理论基础，但针对各类人群进行了分类研究，结果发现研究者测量出来的积极心理品质由于测量对象的年龄与职业而存在差异。如孟万金教授（2014，2016）团队在研究中发现小学生与中学生的积极心理品质存在差异，中小学生的积极心理品质小于 24 项。盖笑松（2013）教授编制的大学生积极心理品质共六个维度，但只有 20 项。

因此本研究中认为，积极心理品质是一种具有普遍性与个体差异性的人格特质，是个体所处文化环境中传统美德与现实环境对个体要求的内化。

（五）生活满意度

生活满意度是积极心理学研究的另外一个重要问题，是指个体主观地对自己生活状况进行的整体评价，也有人将其称为主观幸福感。有关生活满意度的自我报告法包括单独设置一个条目让被测查者主观评价对自我生活的满意度进行评分。也有些测量问卷会设置几个条目，有些条目是让被测查者对总体的生活情况进行评定，而有些条目则让人们在给定的生活领域里进行评价，如家庭、学习、工作等。有研究发现，各领域中的评价与总体评价不一定一致。如有些总体评价可能是基于其各个领域评价之和或均值，但有些人则以某一个领域为主，如个人对工作不满意，对朋友关系也不满意，但子女特别优秀令他很满意，其总体评价就会很高。

本研究中的生活满意度是指学生对自己生活的整体性的主观评价，不再细分采用各个量表进行评价，因此是学生个体的主观生活满意度。

第二节　研究的主要方法与程序

要在网络背景下测量海南省中学生的欺负行为，并研究欺负行为与积极心理品质、心理健康及生活满意度的关系，科学、规范的研究设计是数据真实有效、研究推论可靠的根本保证。本研究的主要程序与方法如图 1—1 所示。

研究按照研究逻辑与先后顺序可以分为四个阶段。

第一阶段是确定研究内容，提出理论假设。这一阶段需要对文献进行系统回顾，了解前人研究的优缺点，并形成本研究的基本理论假设，界定关键概念。

第二阶段是研究工具的选择与研制。这一阶段主要是对已有成熟量表的直接应用，对于不适合或者缺乏的相关问卷进行研究。编制研究工具时首先要进行开放式调查以了解中学生对欺负行为概念的理解；在网络背景下，中学生的具体欺负行为与以往相比发生了什么变化，具有什么特点；受欺负给中学生带来的影响。然后结合文献分析的资料、以往的相关量表以及开放式调查的结果，采用心理测评的方法编制缺乏的相关工具，并验证工具的信效度。

第三阶段是对欺负行为现状、旁观者行为以及与其他相关因素的关系进行统计分析。这一阶段具体分析在网络背景下，中学生欺负行为发生的基本状况，欺负行为与旁观者的潜在类别分析，以了解中学生欺负行为以及旁观者行为的潜在类别，并分析各类别的人口统计学特点，以及与积极心理品质、心理健康、生活满意度的关系。

第四阶段在综合前述第三阶段与第一阶段的研究成果的基础上，提出有针对性的校园欺负行为干预方案。

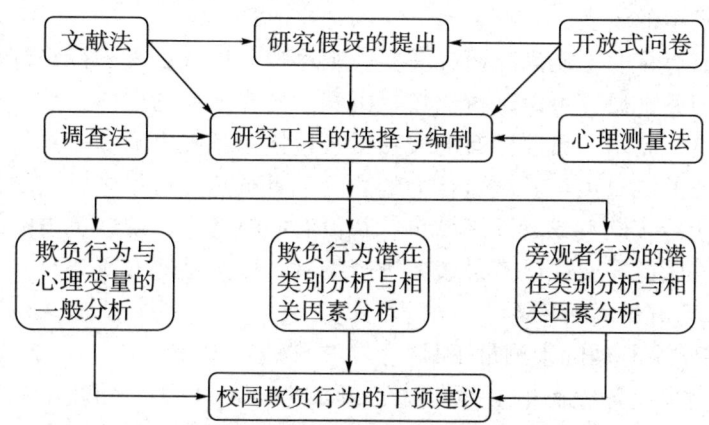

图 1—1　网络背景下海南省中学生欺负行为研究的程序与方法

一、研究假设的提出

（一）研究假设提出的方法

研究假设的提出主要采用文献分析法与开放式调查法。文献法的文献来源主要有三个方面，一是从中国知网（CNKI）上收集近二十年来的相关论文；二是国外近二十年的相关文献，但由于本校没有英文数据库，因此收集的文献不齐；三是相关的理论书籍，如校园暴力、积极心理品质与青少年发展心理学方面的书籍。

开放式问卷调查的具体内容与研究程序详见本书第三章。

（二）研究假设

假设 1：网络背景下，传统欺负与网络欺负既可以单独存在也可以共发。

假设 2：欺负与受欺负角色具有人口统计学差异。

假设 3：欺负与受欺负角色可以分为不同的亚型，不同亚型之间存在人口统计学差异，并在心理健康水平、积极心理品质与生活满意度上存在差异。

假设 4：旁观者行为存在不同的类别，不同类别之间存在人口统计学差异，并在心理健康水平、积极心理品质与生活满意度上存在差异。

二、研究工具的选择与编制

研究工具选择的原则为已有成熟量表则首选已有量表，但要求所测特质与所研究的特质要一致，即效度良好，信度要能满足研究的要求，并尽可能选择高信度量表。在信效度水平一致的情况下，选择最新编制的，且更适合海南省中学生的量表。

如果已有量表不能满足研究需要，则尽量对现有量表进行修订，以保证研究结果与其他研究可以进行比较，以利于研究结果的推广。

根据这一要求，目前已有的成熟量表包括心理健康测量工具与中学生积极心理品质的测量工具。欺负行为的测量工具虽然也有很多成熟的量表，但都只考虑了传统欺负或者网络欺负，暂没有同时考查传统欺负与网络欺负行为的量表。因此需要在已有量表上进行编制，以满足研究所需。

（一）已有的成熟问卷

1. 中学生心理健康测量工具

采用周步成等编制的心理健康诊断测验（MHT），剔除身体症状分量表，保留对人焦虑、孤独倾向、自责倾向、过敏倾向、恐怖倾向、冲动倾向与学习焦虑七个分量表。分量表的分半信度在 $0.84 \sim 0.88$ 之间，重测信度在 $0.67 \sim 0.86$ 之间。量表采用 0，1 记分，选"是"得 1 分，选"否"得 0 分。分数越高，表明心理健康状况越差；分量表得分大于等于 8 分，表示在该项上有症状，可能适应不良，需要制订相应的指导计划。

2. 积极心理品质量表

本研究采用的中学生积极心理品质量表是由孟万金、张群和 Richard Wagner 于 2016 年编制的中国中学生积极心理品质量表。该量表由 63 道题组成，采用利克特式五点量表，"1"表示非常不像我，"5"表示非常像我，需要反向记分的题目则记分方法相反。得分越高，说明学生在该维度的积极情感水平越高。量表涵盖了六大分量表、17 项积极心理品质，六个分量表的 Cronbach α 一致性系数在 0.64~0.80 之间，总量表的 Cronbach α 一致性系数为 0.83。除个别分量表的信度相对较低之外，总量表达到人格测量规定的 0.8 以上，符合心理测量学要求，可以用于团体测量与分析。

（二）暂缺的问卷

课题前期质性研究结果表明，学生对欺负行为定义的理解是逐步发展的，中学生理解的欺负行为与学界定义的欺负行为存在差异，目前传统欺负行为与网络欺负行为的共发性高。但国内欺负行为的研究工具主要以对国外欺负行为量表的修订为主，测量的是国外学界定义的欺负行为即"bullying"。国内虽然已经对网络欺负行为进行了广泛的研究，但采用的是网络欺负与传统欺负相分离的方式，所用量表也多为国外量表的修订版。因此，在研究之前，我们首先需要编制一份适合我国中学生使用的，并且包括网络欺负与传统欺负行为的、信效度良好的研究工具。

根据课题研究的目的，我们需要编制三份问卷，即欺负与受欺负行为的测量工具、旁观者行为的测量工具、受欺负者求助行为的测量工具。

（三）研究工具的编制过程

我们对在网络背景下中学生的欺负行为进行了质性研究，然后在质性研究的基础上，结合现有欺负行为的量表进行编制或修订工作。具体详见第三章与第四章。

三、研究的主要数据及方法

研究的调查对象主要包括质性研究的调查对象与量表编制以及后续分析的调查数据。质性研究的调查对象详见第三章。编写项目后，首先让 10 个学生就所编写项目进行出声思考式作答，以了解每个项目所测量的内容与研究者所编写的内容是否一致，数据只用于量表的预测分析，不用于其他分析。量表编制以及后续的研究分析所用数据完全一致，即第四章至第八章所用的是同一份数据。在此进行详细介绍。

（一）调查对象①

2016 年 10 月至 2017 年 2 月，采用分层整群抽样的方式，随机抽取海南省海口、乐东、东方、万宁、三亚五个市县九所中学共计 2285 名初一至高二学生进行调查，回收有效问卷 2214 份，有效率为 96.89%。其中海口 386（17.7%）人，乐东 464（21.2%）人、万宁 393（17.8%）人、东方 426（19.5%）人、三亚 516（23.3%）人，另有 29 人未填写；男生 1115

---

① 所有研究的数据都是同一批被试，且同时测量回收。因此，在量表的编制、后续研究中将不再重复介绍研究对象与施测的过程。

（50.4%）人，女生 1047（47.3%）人，还有 52 人未填写性别（2.3%）；汉族学生 1719（77.6%）人，其他民族 436（19.7%）人，还有 59 人未填写民族（2.7%）。家庭所在地为城镇的学生为 1029（46.5%）人，农村学生 1101（49.7%）人，还有 84 人未填写；寄宿生 1130（51%）人，非寄宿生 923（41.7%）人，161 人未填写。学生最小年龄为 11 岁，最大年龄为 20 岁，平均年龄为 14.28±1.70 岁。

调查方式采用纸笔方式进行，以班级为单位在教室进行测试，由心理学副教授对 4 名中学心理健康教育教师进行集体培训，培训后由这 4 名教师担任主试，心理学副教授负责现场指导与检查，班主任担任测试助手，负责维持测试时的纪律。问卷由主试团队当场回收并带走。

（二）数据处理程序

剔除无效问卷的原则为：逻辑上存在明显错误的问卷；未答项目大于百分之十的问卷；规律作答的问卷。然后将有效的 2214 份问卷的原始数据输入 SPSS22.0 统计软件包中，用 SPSS22.0 与 MPLUS7.4 统计软件进行统计处理。

（三）共同方法偏差分析

由于本研究采用被试自我报告的方法收集资料，结果可能受共同方法偏差的影响。根据周浩和龙立荣（2004）的建议，从程序方面进行控制，如采用匿名方式进行测查、部分条目使用反向题等。同时，采用 Harman 法检验是否存在共同方法偏差。如果方法变异大量存在，那么在进行因素分析时，要么析出单独一个因子，要么一个公因子解释了大部分变量变异。

整个问卷通过探索性因子分析析出 59 个特征根大于 1 的因子，且第一个因子解释的变异量仅为 9.95%。表明此次研究的数据不存在显著的共同方法偏差，可以用于后续的研究。

（四）统计分析方法

全部研究主要采用了描述统计，包括均值、标准差、频率以及相关分析。在此基础上采用 t 检验和方差分析进行差异检验，并采用探索性因素分析量表的结构，这些均在 SPSS22.0 软件中完成。

对数据进行的验证性因子分析、潜在类别分析均在 MPLUS7.4 统计软件中完成。

四、校园欺负行为的干预研究

本书在对目前世界上广泛采纳的欺负行为校园干预方案进行分析的基础上，结合第五章至第八章的研究结论提出适合网络背景下的中学校园的欺负行为干预建议，这些建议尽量避免增加学校的负担，以融入现有的教育教学体系。

第二章　欺负行为的文献回顾

欺负行为又称为欺凌行为、霸凌行为，是中小学校普遍存在的一种暴力现象。自从 20 世纪 70 年代 Olweus 对校园欺负行为进行开创性的研究以来，校园欺负行为得到了世界各国的广泛关注。我国的陈世平教授于 1999 年在《天津师范大学学报》上率先介绍了国外关于学校情境中欺负行为的研究进展（陈世平，乐国安，1999）。张文新、谷传华、王美萍等（2000）在《心理科学》发表了《中小学生欺负问题中的性别差异的研究》，开启了国内中小学校欺负行为研究的先河。经过近二十年的研究，国内中小学校的校园欺负行为不仅得到了广大研究者的关注，也受到了社会的广泛关注。

2016 年 11 月，教育部等九个部门印发了《关于防治中小学生欺凌和暴力的指导意见》，提出要积极有效预防学生欺凌和暴力事件，依法依规处置学生欺凌和暴力事件，切实形成防治学生欺凌和暴力的工作合力。

2017 年 12 月，教育部等 11 个部门又联合印发《加强中小学欺凌综合治理方案》。该方案明确界定中小学生欺凌是指发生在校园（包括中小学校和中等职业学校）内外、学生之间，一方（个体或群体）单次或多次蓄意或恶意通过肢体、语言及网络等手段实施欺负、侮辱，造成另一方（个体或群体）身体伤害、财产损失或精神损害等的事件。提出了加强学校教育、开展家长培训、强化学校管理与定期开展排查工作以积极有效预防学生欺凌行为。要求各地各有关部门要逐步建立具有长效性、稳定性和约束力的防治学生欺凌工作机制。

本研究也正是在此背景下，试图探查网络背景下中学生校园欺负行为的发生发展情况、校园欺负行为对中学生的影响状况，并试图为中学生欺负行为的干预提供建议。

第一节　欺负行为的相关概念及理论

一、欺负行为的界定

（一）欺负行为的国外定义

欺负行为对应的是英语中的"bullying"一词。Olweus（1993）将"bullying"明确定义为"aggressing"的一个特殊子集。他认为欺负行为有两个主要的特点：一是重复发生性，是指受欺负者常常会被反复欺负，那些偶尔发生或只发生1~2次的行为不算欺负；二是力量的非均衡性，即受欺负者因为某些原因而无法有效保护自己，这些原因可能是寡不敌众、心理弹性差或体力较弱。随着研究的深入，Olweus（1993）认为欺负行为应该还包括伤害性，但他并没有明确指出是欺负者的伤害意图还是受欺负者的受伤害结果。

英国的Smith、Sharp等（1994）把欺负行为定义为系统的权力虐待。与Olweus（1993）的定义一致，他们也认为欺负行为应该包括上述两个特点，并且认为这两个特点是区分攻击行为与欺负行为的主要依据。他们还对欺负行为进行了明确的定义：一个同学受欺负是指当一个同学被其他一个或一群同学说脏话或难听的话，或打、踢、威胁这个同学，或将同学锁在房间，送写了脏话的纸条、不让人和他谈话等。这些行为可能反复发生。当这些情况发生时，这个同学自己很难进行自卫或反击。如果一个学生反复地以一种令人讨厌的方式取笑这个同学，也称作欺负。但是两个力量相当的同学之间偶尔的打架或争吵不叫欺负。

目前，这一定义最为全面、准确地概括了欺负行为的特点，它不仅强调了伤害性、重复发生性与力量的不均衡性三个特点，而且将同学之间的善意的玩笑、打闹排除在外。因此这一定义得到了广泛的认可，现有研究多以这一定义为理论框架。国内研究者也均接受这一定义，在此基础上修订的Olweus问卷也被挪威、英国、荷兰、美国与中国等多个国家应用于比较研究。

（二）欺负行为的国内定义

国内欺负行为的引进最早见于陈世平（1999）的介绍，他将国外的"bullying"翻译成欺负。对欺负行为的实证研究始于张文新对Olweus测量工具的引进。起初，张文新（1999）将"bully"翻译成欺侮，后来通过简笔画考察国内中小学生对"bully"的理解，将其翻译成欺负行为。国内其他研究者中也有人将其称作欺凌、欺侮。但不管采用的是欺负行为、欺侮还是欺凌，研究者均接受了Smith（1994）与Olweus（1993）有关欺负的定义及其特点。大多数研究采用的也是 Olweus 的问卷或者陈世平修订的 Smith 的欺负行为问卷。

研究者所理解的欺负行为的内涵与被试的理解可能并不一致,因为被试主要是依据语言学习与生活中的应用来理解欺负的内涵的。事实上,汉语中早就有"欺负"这一概念,主要是指凭借力量优势来伤害弱者。在现代汉语中,除"欺负"外,还有"欺压""欺侮""欺凌"等词,同时也出现了恃强凌弱、以多欺少等说明力量不均衡性的成语。这一点与研究者的研究行为一致,但是并没有强调欺负行为的反复发生性。

李晓东、高秋凤(2007)的研究发现,中小学教师最认可的是欺负行为的伤害性与力量的不均衡性,而对重复性的认可是可有可无的。他们认为有身体攻击特征及群体攻击个体特征的行为,只要发生一次就应该称之为欺负行为,但把辱骂一次、讲一次坏话等言语欺负行为及其他间接欺负的行为归为非欺负行为。这一结果在他们后来对中小学生的调查中也得到了验证(李晓东,高秋凤,2012),他们发现中小学最认可的欺负行为特征也是伤害性特征,其次是力量的非均衡性及未受激惹性,对重复发生性的认同率也最低。这一结果还得到了陈光辉(2010)的研究支持,但陈光辉的研究还发现,中小学生还认为欺负行为具有道德评判性与伤害性的因果性,即中小学生与教师认为,只有行为的发起者有故意伤害的意图才称之为欺负,如果只是无意的,虽然对受害者构成了伤害也不能称之为欺负,而只能称之为攻击;同样,如果受害者没有受到伤害也不能称之为欺负。这也表明国内中小学生对欺负行为的理解比学术性的欺负行为的外延更为广泛。

二、欺负行为类型

随着欺负行为研究的深入,有关欺负行为的分类也日渐完善。传统欺负的分类主要有身体欺负(physical bullying)、言语欺负(verbal bullying)与关系欺负(relational bullying)。随着信息技术的发展,现代通信工具在青少年中的使用越来越广泛,以通信工具和网络为载体的网络欺负(cyber bullying)行为也随之出现。

(一)传统欺负分类

传统欺负是指面对面情境中实施的欺负行为,也称为线下欺负行为。根据欺负他人的方式,分为身体欺负、言语欺负与关系欺负。身体欺负、言语欺负又称为直接欺负,关系欺负称为间接欺负。

身体欺负是指欺负者利用身体动作直接对受欺负者实施的侵害,如打、踢、抓、咬、推搡以及勒索、抢夺、破坏物品等;言语欺负是指欺负者一方通过口头言语形式直接对受欺负者实施的侵害,如辱骂、讥讽、嘲弄、挖苦、恶意起外号等言语行为。关系欺负则是欺负者借助于第三方力量对受欺负者实施的欺负行为，主要包括背后说人坏话、散布谣言、社会排斥和社会孤立，如不让自己的朋友和受欺负者玩等，因此也称为间接欺负。

直接欺负，尤其是身体和言语欺负造成的伤害较外显，易受关注，被干预的可能性也较高。间接欺负对受害者造成的是长期的隐性的心理伤害，通常不易引起人们的重视和关注，但事实上，它同样会给受欺负者造成严重的伤害，尤其是持久的心理伤害。

（二）网络欺负

网络欺负是随着信息技术发展而新出现的一种欺负行为，又称为线上欺负行为。网络欺负主要借助通信工具与网络实施，如网络聊天、手机短信、电话与网站。中学生常用的网络欺负媒介主要有QQ聊天、手机短信、电话、网络聊天室与微博、微信等。我们于2012年在海口市琼山区三所中学对670名学生进行调查，结果显示，有27.5%的学生运用网络欺负过他人，其中8.5%为严重欺负者；40.2%的学生受过网络欺负，其中11.2%的学生为严重受欺负者。这一调查结果表明，网络背景下，中学生的欺负行为途径、方式已经发生了很大的变化（刘丽琼，肖锋，饶知航等，2012）。

作为一种新的欺负行为方式，相较于传统欺负，尤其是直接欺负的外显性，网络欺负行为的隐匿性更强、实施方式更便捷、传播更广泛。在传统欺负行为中，个体需要具有力量上的优势，且施害者与受害者需要处于同一空间，即使说人坏话也只能在自己的朋友圈子内进行，实施的范围要小得多。传统欺负情境中，受欺负者容易知道欺负者是谁，传播的范围也更小更可控，旁观者更少。这样，欺负者会有所顾忌、受欺负者也不至于无助到不知道对手是谁。网络欺负是以现代通信工具和网络为载体，欺负者可以做到匿名、隐藏身份，这样欺负者会更大胆，更无所顾忌。由于在网络欺负中，欺负者无法即时看到自己的行为给受欺负者带来的痛苦，更难以对受欺负者产生同情心。

受欺负者在受到网络欺负时会比受到传统欺负更为恐惧，他不知道袭击来自哪里，不知道何时会停止，而且旁观者更多，影响更难消除。如将某个同学的隐私上传至网上，或者捏造故事，在聊天室说人家的坏话等，传播范围可能根本无法控制。因此相较于传统欺负，网络欺负因其更易隐蔽，欺负行为更易发生、更易扩散与多样化，从而使得网络欺负行为对个人的危害更大。

网络欺负突破了力量非均衡性的要求，只要有一定的网络使用技术就可以实施侵害，传统欺负行为中的受欺负者也可以成为网络欺负者。传统欺负行为也可以与网络欺负行为共同发生,即欺负者可以在面对面情境中对受欺负者实施伤害,而且可以将伤害过程拍成视频传播至网络,从而扩大了传统欺负行为的伤害作用。

网络欺负与传统欺负在内容上也存在差异。首先,网络欺负也可以实施传统欺负中的言语欺负与关系欺负,但不包括身体欺负,如打、踢、推、撞等,只能在面对面的环境中才能实施;其次,网络欺负可以实施传统欺负所不能实施的网络侵权,如盗用QQ账号或游戏账号、发送感染病毒的文件或程序、散发属于他人或与他人有关的视频或图像等,这些行为会给受欺负者带来很大的不快,甚至是挥之不去的心理阴影。

三、欺负行为中的角色

根据个体在欺负行为中所扮演的角色不同,我们将欺负卷入者分为欺负者、受欺负者、欺负/受欺负者和旁观者。这些角色并不是对学生进行分类,而是特指在欺负行为中,个体所扮演的角色。

(一) 欺负者

欺负者是指欺负行为中的施动者,在一定时期内经常或频繁欺负他人。欺负者一般具有某种力量优势,如身材更高大、语言能力更好、攻击性更强、信息技术水平更高等。一般男生比女生更多使用身体欺负,而女生更多使用关系欺负,男女生在言语欺负上差异不大。

欺负者也可以分为欺负跟从者与欺负发起者。发起欺负者一般会主动寻找欺负目标、寻找各种欺负方法。欺负跟从者有些是自动跟随欺负发起者进行欺负行为,并在这一行动中获得满足、快乐、兴奋等;也有一些是被动跟随者,他们本意并不想参与到欺负他人的行为中去,但迫于压力,如不跟随就有可能会受到欺负,会被所属的团体开除等而不得不去欺负他人,在这一过程中,他们体验到的不是快乐、满足,而是无奈、屈辱等。

(二) 受欺负者

受欺负者是指欺负行为中的受动方,经常或频繁地成为欺负行为的目标。受欺负者一般是顺从、被动的,在力量上处于弱势的一方,如身材更矮小、言语能力更差、胆小害怕、退缩等。

欺负/受欺负者是指既欺负他人也被他人欺负的人。研究发现,不是所有的受欺负者都是被动的、顺从的。有些受欺负者会表现出攻击性和敌意倾向,如事先去惹事或者去欺负比他更弱小的孩子,因此我们把这类学生称为欺负/受欺负者。也有些受欺负者是由于报复而导致的欺负行为,但由于力量较为弱小,因此找其他更弱小的同学发泄或者转变为线上欺负者。

（三）旁观者

旁观者是指卷入欺负行为，但既没有欺负他人，也不被他人欺负的学生。旁观者的角色有多种，根据他们在欺负行为中所起的作用，可以将其分为置身事外者、保护者、煽风点火者。置身事外者知道欺负情形但什么都没做，比如默默地走开，不围观；保护者知道欺负情形并积极进行干预，他们是受欺负者的支持者，如主动制止、为受欺负者提供心理支持、告诉老师等权威人物；煽风点火者是欺负行为的推动者，他们支持欺负行为、提供给欺负者鼓励信息如围观、喝彩，甚至还跟着去欺负。

四、校园欺负行为的相关理论

研究者一直在思考欺负行为是如何发生的，是什么导致了人们的欺负行为。在欺负他人时，他们是如何思考的。目前，与校园欺负行为有关的主要有以下几类理论。

（一）本能论

弗洛伊德（Sigmund Freud）认为，我们的行为由我们的无意识动机、非理性力量以及生物和本能的驱力所决定。本能是弗洛伊德理论中的关键概念，他定义了生的本能与死的本能。生的本能是指那些令人快乐的行为，是维持个体及人类种群生存的行为，他认为人类的大部分生活都在追求快乐、回避痛苦。但人又有死的本能，这种本能与生的本能相对立，是一种死亡或伤害他人的无意识愿望。如果死的本能指向自我，则会表现出自我破坏，如自杀与自伤行为；如果死的本能指向他人，则会表现出攻击行为。

根据弗洛伊德的理论，生的本能与死的本能是对立的。死的本能因为受到生的本能的压抑，从而将破坏性力量指向外在，表现为攻击性。如人只要活着，死的本能的表现就会受到生的欲望的妨碍，从而对内的破坏力量转向了外部，以攻击的形式表现出来。但这种攻击形式可以表现为争论、竞技等社会许可的方式，也可能以社会不允许的方式表现出来，如攻击行为。如果这种攻击能量不能得到释放，就会导致精神疾病，因此，如何控制这种攻击驱力或为人类面临的重大挑战。

洛伦兹（K. Lorentz）通过对动物的观察研究发现了动物本能行为的固定模式，他也认为攻击是一种本能。但洛伦兹的习性学理论认为攻击并不指向毁灭，而是用于保护求食、生存的领地，以使后代能得以生存，物种得以延续。动物的攻击行为并不以毁灭对方为目的，而是以失败者能退出竞争为目标。他推演出人类也是如此，认为人类之所以会隔一段时期便发生大规模的战争，是人的攻击性定期发泄的结果。

本能论具有一定的道理，为我们干预欺负行为提供了新的思路，如接纳学生的攻击倾向,在校园中开设竞技活动可以引导学生的攻击能量以一种可以被社会接受的方式表达。但对于人为何会有攻击本能却并没有理论证据。

(二)挫折—侵犯假设

挫折—侵犯假设(frustration-aggression theory)是美国社会心理学家多拉德于1939年提出的理论。多拉德认为,人受到挫折的后果就是发生侵犯行为,挫折是侵犯行为的原因,随着挫折程度的增强,侵犯性也随之增加。

这一理论得到了哈里斯(Harris)的研究支持,但也有研究发现有些人遇到挫折后并没有发生攻击行为。对此,梅尔(Mille)认为,挫折虽然没有表现出外显的攻击行为,但可能通过隐性的方式表达出来。梅尔还发现,人们在受到挫折后所发生的犯罪行为,往往不考虑惩罚,不计得失。原因在于挫折使人的情绪显著激昂,此时的攻击行为是刻板的、固定的,甚至是无目的的。

米勒认为挫折并不都会引起攻击。有些人在遇到挫折后,反而增强了战胜困难的决心,正如弗洛伊德所提出的补偿和升华防御机制;有些人可能在受到挫折后退化,变得无动于衷或陷入空想,如习得性无助,采用退化、合理化的防御机制以保持内心的平静。米勒提出,要将一般挫折转化为攻击行为,通常需要在环境中存在引起攻击的线索。

(三)社会学习理论

社会学习理论是班杜拉提出的,他认为人们的学习并不单纯建立在奖励和惩罚的结果基础上,而是通过个人的认知、行为与环境因素三者及其交互作用对人类行为的影响。儿童可以通过观察学习或模仿学习行为。班杜拉的实验表明,儿童的攻击行为可以通过强化而获得,但也可以通过观察攻击行为而习得。

这一理论强调个体行为与环境的相互关系,为欺负行为干预中的环境控制措施提供了理论支持。如通过控制学生接触暴力影视节目、暴力游戏的时间与种类来减少欺负行为的发生。但也有研究发现,很多攻击行为并非完全因模仿而来,控制后仍然有欺负行为的发生。

(四)社会信息加工模型

社会信息加工模型(Information Processing Modal,SIP)是道奇(Dodge)提出的,用于描述认知过程如何导致儿童采取攻击行为的理论模型。该模型的基本假设是儿童对社会情境的理解会影响他们随后的行为。

该理论认为,人们在不同社会情境下的认知加工过程分为六个阶段。前两个阶段对社会线索进行编码和解释,个体要对情境中的事件以及原因进行初始理解。第三个阶段为目标澄清阶段，该阶段对初始理解以及个体长时记忆中储存的经验进行综合分析，以澄清和选择与情境有关的目标。第四阶段为反应评估和决策阶段，该阶段儿童会针对情境作出反应，并且根据反应可能产生的结果以及自我效能感进行评估。第六个阶段为实施阶段，在这一阶段中，儿童将第五阶段选择的行为予以实施（Dodge K A, Rabiner D L, 2004）。一般来说，这些加工步骤是快速呈现、按顺序进行的，但是在特定条件下儿童的反应并不是所有这些加工阶段的结果。在涉及高唤醒的情境中，抢先加工或者未加思考的自动加工更有可能（Wichmann C, Coplan R J, Daniels T. 2004）。大量研究表明，不同加工阶段中的变量对于攻击行为具有不同的作用，综合相关系数高达 0.94（Dodge K A, Coie J D, Lynam D, 2006）。SIP 模型也注意到了个体差异，该理论认为个体的长时记忆中的经验与知识不同，这些长时记忆的内容与加工过程相互作用，间接影响了个体的社会行为（高雯，陈会昌，2008）。

儿童如果存在认知缺陷或信息加工能力低下，不能正确识别他人的意图，也可能因为个体记忆中储存了不正确的情境识别信息，倾向于扭曲情境中有煽动性但不是攻击性的信息，而较少像亲社会儿童那样主动搜寻善意的信息以澄清模棱两可的情境。

但是也有研究发现，在对社会事件的理解过程中，攻击性儿童并没有在同伴意图的解释上表现出太多的错误（Dodge K A, 1980）。高雯与陈会昌（2008）认为应该将 SIP 与道德领域理论进行整合，认为领域相关的潜在心理结构可能引导或者影响一些 SIP 阶段，例如，儿童通常对挑衅做出反应的情况中，领域知识是解释阶段的关键点；在决策评估阶段，儿童可能对带有挑衅性的同伴产生不同的反应方式，但是到了挑选反应的时候，大多数的儿童在道德知识结构的影响下将会对一些选择施加巨大的选择性压力从而超越了其他的选择。

第二节 校园欺负行为的测量

正确区分与测量欺负行为是研究欺负行为的前提，也是制定干预措施的依据。根据报告主体的不同，可以将现有测量欺负行为的方法分为以下三种：自我报告法、同伴报告法与观察法。

一、自我报告法

自我报告法是指要求学生自我报告欺负、受欺负的情况。一般采用问卷的形式进行。一种是告诉受测者欺负行为的定义，然后要他报告欺负、受欺负情况。如用"这个学期你在学校里被别的小朋友欺负过吗？"来测量学生在学校的受欺负情况；用"这学期你是否欺负过或参与欺负过别的小朋友？"来评定学生欺负他人的情况。选项分别为没有、偶尔、有时或经常、每周一次、每周数次。将选择"有时或经常"或"更多"的学生定为欺负者或受欺负者。但这种欺负行为的测量方法并没有测量出具体的欺负行为及其发生情况。

另一种是列出具体的行为，让学生评定这些行为的发生情况。从研究内容上可分为四类，第一类只测量欺负情况，第二类只测量受欺负情况，第三类既测量欺负也测量受欺负情况，第四类则综合测量欺负、受欺负与旁观者，并且有些问卷还会测量学校氛围等。

（一）测量欺负的量表

单纯测量欺负行为的量表不多，主要有儿童社会行为自我报告量表（Children's Social Behavior Scale-Self Report，CSBS-S）、欺负行为问卷（Bullying Behavior Scale，BBS）、攻击量表修订版（Modified Aggression Scale，MAS）与攻击行为量表（Aggression Scale，AS）。

1. 儿童社会行为自我报告量表（CSBS-S）

CSBS-S 是 Crick&Grotpeter 于 1995 年编制的，适用于 8~14 岁儿童。该量表共包含 15 个题目、6 个分量表。主要测量儿童不同类型的攻击行为、亲社会行为和孤独感。攻击类型测量关系攻击、间接攻击（身体与言语攻击）。计分方式从"从来没有"到"所有的时间"共计五级评分。将所有分量表的得分相加，然后与样本分进行比较。间接攻击的 Cronbach's α 系数为 0.94、关系攻击为 0.83、亲社会行为 0.91、孤独感为 0.92（Crick, N. R., &Grotpeter, J. K, 1995）。

2. 欺负行为问卷（BBS）

BBS 是 Austin&Joseph 于 1996 年编制的，适用于 8~11 岁儿童。该问卷共有 6 个题目测量学校欺负行为，Cronbach's α 系数为 0.82。题目列出了六种具体的欺负行为，如"一些孩子没有打或推另一些孩子，但是另一些孩子却打了这些孩子"。然后让受测者选择某位同学进行评价，判断其是更像没有打人的人还是更像打人的人，计分方式为 1~4 计分，然后计算项目平均分，分数越高，越可能是欺负者（Austin, S., &Joseph, S, 1996）。

3. 攻击量表修订版（MAS）

MAS 是由 Bosworth 等人根据 Dahlberg 等人于 1998 年编制的攻击量表修订的。它们采用了攻击量表中的题目测量欺负行为，又加入了 4 个测量愤怒的题目，经过因素分析得到两个因子，即欺负与愤怒。原攻击量表中的

11条只选择了5条测量欺负行为,即包括"推、挤、打、踢他人"、"叫其他同学的外号"、"我说某个同学的事让其他同学取笑他"、"我取笑其他同学"与"我威胁某个同学要伤害他"(Bosworth, K., Espelage, D. L., & Simon, T. R, 1999)。

量表测量的是过去30天的情况,量表的选项为"从来没有""1~2次""3~4次"与"5次以上",分别从0~3计分,分数越高,则欺负与愤怒越严重。量表适用于10~15岁的孩子。欺负行为分量表的Cronbach's α系数为0.83,愤怒分量表的Cronbach's α系数为0.70。

4. 攻击行为量表（AS）

AS是Orpinas与Frankowski于2001年编制的,适用于6~8年级的儿童。该量表包括11个题目,主要测量过去七天内,学生取笑、叫他人外号、威胁、打人、鼓动他人打另外的同学,以及易激惹的情况。量表的计分方式为0~6计分,"0次"计0分,"6次及以上"计6分。量表的Cronbach's α系数为0.8(Orpinas, P., &Frankowski, R, 2001)。2003年,Orpinas等人又施测了7~10岁幼儿园到5年级的儿童,报告该量表的Cronbach's α系数为0.9(Orpinas, P., Horne, A. M., &Staniszewski, D, 2003)。

（二）测量受欺负的量表

单纯测量受欺负行为的量表比较多,主要有学校生活清单（My Life in School" Checklist, MLSC）、受欺负量表（Victimization Scale, VS）、感知戏弄问卷（Perception of Teasing Scale, POTS）、同伴侵害量表（Peer Victimization Scale, PVS）、多维同伴侵害量表（Multidimensional Peer-Victimization Scale, MPVS）、基于体重的戏弄量表（Weight-Based Teasing Scale, WTS）、回顾性欺负调查问卷（Retrospective Bulling Questionnaire, RBQ）、门房欺负量表（Gatehouse Bullying Scale, GBS）。

1. 学校生活清单（MLSC）

MISC是Arora&Thompson于1987年编制的测量受欺负行为的问卷,该问卷包括40个条目,用来评估学生的最近一周的学校生活事件。其中6个条目用来评估受欺负行为,如踢我、袭击我；威胁说要打我、试图让我给他们钱、伤害或试图伤害我、试图破坏我的东西、试图袭击我。选项依次为"从来没有（never）""发生过一次（once）"与"一次以上（more than once）"。统计"一次以上"的项目数,或者将总分除以6。该问卷适用于8~17岁孩子,两个样本测量的分半信度分别为0.8到0.9。另外,还设置了几个问题要求学生报告发生的频率、地点及其当时的情绪（Arora, C. M. J. & Thompson, D. A, 1987）。

2. 受欺负量表（VS）

VS 是 Orpinas 于 1993 编制的，测量学生最近一周受欺负的情况。该问卷共包括 10 个条目，分别测量学生被人取笑、打耳光、拳打脚踢、被要求去打架等情况，计分方式从"0 次"至"6 次及以上"的 0~6 级计分，分数越高，受欺负情况越严重。适用于 10~15 岁儿童。量表的 Cronbach's α 系数为 0.85（Orpinas，P，1993）。

3. 感知戏弄问卷（POTS）

POTS 是 Thompson 等人于 1995 年编制的，该量表共 22 个题目，测量学生成长过程中，即 5 岁至 16 岁这段时间内，因为肥胖、行动笨拙、胆小等缺陷所受到的戏弄与欺负行为及这些行为带来的情绪影响。量表分为与体重有关的戏弄及与能力有关的戏弄两个分量表，分量表的 Cronbach's α 系数分别为 0.9 与 0.85。量表适用于 17~24 岁的青少年。计分采用从"从来没有"到"经常"的 1-5 级评分。

4. 同伴侵害量表（PVS）

PVS 是 Austin 与 Joseph 于 1996 年编制的，该量表共 6 个题目，测量 8~11 岁儿童在学校受欺负的情况，题目分为两种陈述方式，如"一些同学经常被人戏弄"，对应的是"另一些同学从未被人戏弄"，要求在这两者间选择更像哪一个陈述，选项分别为"真的很像我"与"比较像我"，选择前者"真的很像我"与"比较像我"分别计 4 分与 3 分，后者相应计 1 分与 2 分，然后总分是将各项目分数求和，总分越高，受欺负越严重。量表的 Cronbach's α 系数为 0.83（Austin，S.，&Joseph，S，1996）。

5. 多维同伴侵害量表（MPVS）

MPVS 是 Mynard 与 Joseph 在 2000 年编制的，该量表共 16 个题目，4 个分量表，即身体侵害、言语侵害、社会控制与破坏财产。四个分量表的内部一致性信度分别为 0.85、0.75、0.77 与 0.73。选项为"根本没有""一次""一次以上"，分别计为 0、1、2 分。各分量表及总量表得分越高，受侵害越严重。该量表适用于 11~16 岁孩子，测量的时限是过去一学年（Mynard，H.，&Joseph，S，2000）。

6. 基于体重的戏弄量表（WTS）

WTS 是 Eisenberg 等人于 2003 年编制的，该量表共 5 个题目，测量学生因为体重受到戏弄的次数。计分为从"从来没有""一年一次""一年几次""一个月几次"到"每星期至少一次"0~4 级评分，得分越高，受戏弄次数越多。该量表适用于 10~18 岁儿童，Cronbach's α 系数为 0.84（Eisenberg，M. E.，Neumark-Sztainer，D.，&Perry，C. L，2003）。

7. 回顾性欺负调查问卷（RBQ）

RBQ 是 Shäfer 等人于 2004 年编制的，该量表采用的是回顾性调查的方法，调查学生在中小学阶段受欺负的频率、严重性及持续时间，与欺负有关的心理创伤、自杀意念，在大学或工作场所中卷入欺负的情况（Schäfer, M., Korn, S., Smith, P. K., Hunter, S. C., Mora–Merchán, J. A., Singer, M. M, 2004）。该量表适用于成年人（18~40 岁）。该量表共 44 个题目，共分为五部分，第一部分在指导语中介绍什么是欺负行为，询问受测者在过去的生活中欺负、受欺负与旁观的情况，并要求受测者简短描述受欺负或旁观欺负的事件。第二部分与第三部分是要求受测者回答在小学（4~11 岁）与中学（11~18 岁）时受到直接欺负（言语、身体与财物侵犯）与间接欺负的频率、严重程度、持续时间与欺负者是谁，并要求回答在这一期间的情绪，如果受欺负，则要求受测者简短回答是因为什么被欺负。第四部分调查学生参与欺负他人的情况，在校园受欺负的情况，应对受欺负的策略，受欺负的短时与长期影响，如有无逃学、自我伤害、抑郁、回避受欺负情景、做噩梦等情况。第五部分调查受测者在大学期间或工作场所受欺负及应对情况。

受欺负者的界定是通过其在身体欺负、言语欺负与间接欺负中报告的频率与程度来划分。如果在任意一种受欺负行为中报告有时或经常，则界定为"相当严重"或"极为严重"。受欺负者可以分为三类，分别是小学阶段受欺负者、中学阶段受欺负者及两阶段都受欺负者（稳定受欺负者）。量表 2 个月后的重测信度，小学受欺负为 0.88、中学受欺负为 0.87、受欺负创伤的分量表为 0.77。

8. 门房欺负量表（GBS）

GBS 是 Bond 等人于 2007 年编制的，该量表共 12 个题目，分别测量 10~15 岁儿童受戏弄、传谣言、损毁财物、威胁的频率及影响情况。每个题目在 3 周后的重测信度在 0.36 至 0.63 之间。计分方式分别为"没有受欺负"计 0 分，"受欺负但是不频繁、不生气"计 1 分，"受欺负较频繁或较生气，但不是两者同时具备"计 2 分，"受欺负且既频繁又生气"计 3 分（Bond, L., Wolfe, S., Tollit, M., Butler, H., &Patton, G, 2007）。

（三）既测量欺负也测量受欺负的问卷

测量欺负与测量受欺负的问卷是最多的，主要有青少年同伴关系调查（Adolescent Peer Relations Instrument，APRI）、儿童社会行为问卷（Child Social Behavior Questionnaire，CSBQ）、伊利诺伊州欺负量表（Illinois Bully Scale，IBS）、Olweus 欺负问卷（Olweus Bull/victim Questionnaire，

OBQ/OVQ)、小学同伴交往问卷（Peer Interactions in Primary School Questionnaire，PIPS）、简化版攻击/受欺负量表（Reduced Aggression/Victimization Scale，RA/VS）、学校生活调查表（School Life Survey，SLS）、学校关系问卷（School Relationships Questionnaire，SRQ）、澄清误解问卷（Setting the Record Straight，STRS）等。

1. Olweus 欺负问卷（OBQ/OVQ）

Olweus 欺负问卷最先是 Olweus 1986 年在挪威编制的（Olweus D.，1986），在 1996 年的时候进行了修订（Olweus D，1996）。修订版问卷共 39 道题，主要用来测量欺负行为发生的频率，欺负者和被欺负者的性别、年龄，欺负行为发生的地点、持续时间、具体的欺负行为。还测量社会接纳与孤独程度等。问卷在指导语部分对欺负行为进行了界定与举例，强调了欺负行为的重复性及力量的不均衡性。

对欺负行为的测量分为两部分，第一部分是在整体上对学生的欺负行为进行测量，测量的题目是"最近两三个月，你是否被同学欺负过"与"最近两三个月内，你是否参与过欺负其他同学"，将其中选择"每个月 2~3 次"或以上的定义为"受欺负者"或"欺负者"。第二部分是测量具体的欺负行为，主要包括身体欺负与言语欺负。

该问卷主要适用于 11~17 岁儿童。Solberg 与 Olweus2003 年的研究发现，欺负行为问卷的 Cronbach's α 系数为 0.88，受欺负为 0.87（Solberg，M.，&Olweus，D，2003）。

2. 青少年同伴关系调查（APRI）

APRI 是 Parada 于 2000 年编制的，共 36 个题目，分为欺负调查问卷与受欺负调查问卷，每个问卷分别有身体、言语、社会欺负行为三个分量表。欺负行为与受欺负行为问卷的 Cronbach's α 系数分别为 0.93 与 0.95；欺负行为问卷为 0.93，分量表在 0.83~0.92 之间（Parada，R. H，2000）。

APRI 适用于 12~17 岁的学生，测量的时间段是学生进入学校后的一年内。题目的选项为"从来没有""偶尔""一个月 1~2 次""一个星期一次""一个星期几次""每天"，计分方式为 1~6 级评分。问卷得分为所属分量表的项目分之和，欺负或受欺负的得分为所属分量表得分之和。如果分量表得分等于 6，则表明未实施或遭受此项欺负行为，而如果总分没有超过 18 分，则表明不是欺负者或受欺负者。

3. 学校关系问卷（SRQ）

SRQ 是 Wolke 等人在 2000 年编制的。该问卷共 20 道题目，4 个分量表，即直接欺负、关系欺负、受直接欺负、受关系欺负。每道题的选项为

"偶尔（1~3次）""经常（4次以上）"与"非常频繁（至少每周1次）"，分别计0、1、2分。将各所属分量表题目的得分相加，如果分数大于或等于1则划为欺负者或受欺负者。这样，可以将学生分为四类，即单纯受欺负者、单纯欺负者、欺负/受欺负者与未参与者。分量表还可以继续划分，如单纯欺负者又可以划分为单纯直接欺负者与单纯关系欺负者。该量表适用于6~9岁儿童，调查的时间段为这个学年开始至调查时止（Wolke，D.，Woods，S.，Bloomfield，L.，&Karstadt，L，2000）。

4. 伊利诺伊州欺负量表（IBS）

IBS是Espelage与Holt于2001年编制的，该量表共18个题目，包括欺负、受欺负与打架三个分量表，分量表的Cronbach's α系数分别为0.87、0.88与0.83。量表适用于8~18岁青少年，测量的时间段为最近30天。题目的选项分别为"从来没有""1~2次""3~4次""5~6次""7次及以上"，计分为0~4级计分。分量表的得分为所属项目之和，分数越高，表明该项行为越严重（Espelage，D. L.，&Holt，M，2001）。

5. 澄清误解问卷（Setting the Record Straight，STRS）

STRS是Gottheil与Dubow于2001年编制的。该问卷共30个题目，包括欺负与受欺负两个方面，欺负与受欺负都从自我报告与从同伴处感知两个方面收集数据，如"我的同学认为某个同学取笑我"和"某个同学取笑我"，因此共有四个分量表。自我报告的欺负行为量表的Cronbach's α系数为0.72，自我报告的受欺负为0.88，感知同伴的欺负为0.69，感知同伴的受欺负为0.85（Gottheil，N. F.，&Dubow，E. F，2001a）。

每个题目的选项均为"否"与"是"，分别计0分与1分。分量表得分采用的是转换分，即先算出各分量表的平均项目得分，然后再将平均项目得分乘以100，则每个分量表的得分均转换成了0~100，分数越高，表明该项行为越严重。

6. 学校生活调查表（SLS）

SLS是Chan等人于2005年编制的。该问卷分为欺负与受欺负两部分。欺负问卷共9个项目，身体、言语与关系欺负各3个题目；受欺负问卷15条，受身体、言语与关系欺负各5条。每个题目均应回答在过去四周内发生的次数，受欺负问卷的每个题目还要求回答欺负者是谁，是哪个年级的。计分方式为各题目次数之和，要求总分相加大于等于4才能称之为欺负或受欺负。各分量表的计分方式与判断标准与全量表一致。该量表适用于8~12岁儿童，欺负行为量表的Cronbach's α系数为0.82、一周后的重测信度为0.84，受欺负行为量表的信度分别为0.83与0.94（Chan，J. H. F.，

Myron, R. R., &Crawshaw, C. M, 2005)。

其他欺负行为调查表采用的是匿名调查，但该问卷采用的是非匿名调查，要求欺负者、受欺负者均应写下自己的名字。

7. 简化版攻击/受欺负量表（RA/VS）

RA/VS 是 Orpinas 与 Horne 于 2006 年编制的。该量表共 11 个题目，包括攻击与受欺负两个分量表，每个分量表均测量外显欺负与关系欺负。欺负行为分量表的 Cronbach's α 系数为 0.86，受欺负为 0.84。该量表适用于 8~12 岁儿童，测量其过去一周的情况，选项为"0 次"至"6 次及以上"，计分方式为 0~6 级评分，分数越高，则表明欺负或受欺负越严重（Orpinas, P., &Horne, A. M, 2006）。

8. 小学同伴交往问卷（PIPS）

PIPS 是 Tarshis 与 Huffman 于 2007 年编制的。该问卷共 22 个题目，包括欺负行为（10 个题目）与受欺负行为（12 个题目）两个分量表，每个分量表均测量了言语欺负、身体欺负与关系欺负。该量表适用于 8~12 岁的儿童，全量表的 Cronbach's α 系数为 0.90，三天后的重测信度，欺负行为分量表为 0.84，受欺负行为分量表为 0.88。量表的计分方式为"从来没有"到"很多次"0~2 级计分。分数越高，表明欺负或受欺负越严重（Tarshis, T. P., &Huffman, L. C, 2007）。

9. 电子欺负问卷（Electronic Bullying Questionnaire，EBQ）

电子欺负问卷是 Kowalski 与 Limber 于 2007 年编制的。该问卷仿照 Olweus 的欺负/受欺负问卷进行编制。他们将电子欺负定义为"通过电子邮件、即时信息、聊天室、网站或通过电话的手机的文本信息实施的欺负行为"，并将这一定义写在指导语中。然后要求学生报告在过去两个月内通过电子技术欺负他人或受他人欺负的频率。然后报告受欺负、欺负他人以及听说同学被欺负的具体方式、频率等。选项分别为"过去两三个月没有""过去两三个月发生 1~2 次""每月发生 2~3 次""每周发生好几次"（Robin M. Kowalski, R. P., &Limber, S. P, 2007）。

（四）测量欺负者、受欺负者与旁观者的问卷

测量欺负者、受欺负者与旁观者的工具也比较多，如欺负行为调查问卷（Bully Survey，BYS）、网络欺负与在线攻击调查表（Cyberbullying and Online Aggression Survey、COAS）、网络骚扰学生调查表（Cyber-Harassment Student Survey，CHSS）、暴力接触与暴力行为调查表（Exposure to Violence and Violent Behavior Checklist，EVVBC）、学生在校调查表（Student School Survey，SSS）。

1. 欺负行为调查问卷（BYS）

BYS 是 Swearer 与 Cary 于 2003 年编制的，该问卷共四部分。第一部分测量受欺负的经历，问卷首先解释了受欺负的定义并举例说明，然后询问受欺负的频率、地点、受欺负的 11 种具体行为（身体、言语与关系欺负）、欺负者的特点、受欺负对个体的影响、被欺负的可能原因、教师与家长是否知情及其应对情况、个人应对欺负的情况、在家受欺负的情况；第二部分测量旁观他人欺负情况，测量旁观他人欺负行为发生的地点、具体的欺负行为、欺负者、旁观欺负行为对自身的影响、教师与自己在欺负中的应对方式与行为、理解他人被欺负的原因；第三部分测量欺负他人的情况，主要包括欺负他人的频率、地点、原因、欺负的具体行为、欺负目标与欺负原因、教师或家长的应对方式；第四部分测量对欺负的态度（Swearer，S. M.，&Cary，P. T，2003）。

测量欺负、受欺负题目的计分方式为"从来没有"至"经常发生"0~4级评分，然后将各题目得分相加，分数越高，表明欺负或受欺负越严重。对欺负行为态度的计分方式为从"完全错误"到"完全正确"1~5级评分。分数分布在 12~60 分，分数越高，表明越赞成欺负。

该量表适用于 10~18 岁的青少年，身体欺负的 Cronbach's α 系数为 0.79，言语欺负为 0.85。

2. 网络欺负与在线攻击调查表（COAS）

COAS 是 Hinduja 与 Patchin 于 2009 年编制的。该量表共 52 道题目，分为三部分，第一部分测量受网络欺负的情况，第二部分为利用网络欺负他人的情况，第三部分报告受欺负或欺负后的影响。网络欺负与受欺负量表的选项为"从来没有""1~2 次""好几次""很多次""每天一次"，分别计为 0、1、2、3、4 分。得分越高，表明欺负或受欺负越严重。测量受欺负后的影响题目的计分为从"从来没有"到"很多次"0~4 级计分，分数越高，表明影响越严重（Hinduja，S.，&Patchin，J. W，2009）。

该量表适用于 12~17 岁的青少年，受网络欺负量表的 Cronbach's α 系数为 0.74，网络欺负量表为 0.76。

3. 网络骚扰学生调查表（CHSS）

CHSS 是 Beran 与 Li 于 2005 年编制的。该量表共 15 个题目，测量学生对网络骚扰的警觉性、受网络骚扰的情况及其影响。测量受网络骚扰的题目 1 个、测量受网络骚扰后的情感影响题目 7 个，行为 3 个，均采用从"从来没有"到"每天发生"0~4 计分。分数越高，表明受骚扰越严重或影响越严重。该量表适用于 12~15 岁青少年，受影响量表的 Cronbach's α 系数为 0.88（Beran，T.，&Li，Q，2005）。

4. 暴力接触与暴力行为调查表（EVVBC）

EVVBC 是 Nadel 等人在 1996 年编制的。该问卷共 135 道题目，测量了青少年在学校、家庭及其邻居实施、遭受与目击欺负的情况，欺负方式包括了直接欺负与间接欺负。测量时间段包括过去 30 天、过去 3 个月与过去 6 个月。计分方式从"从来没有"到"经常"1~4 级计分。将在学校、家庭与邻居等不同地方的欺负、受欺负与目击欺负的情况单独计分，分数越高，表明情况越严重（Nadel，H.，Spellmann，M.，Alvarez-Canino，T.，Lausell－Bryant，L.，&Landsberg，G，1996）。

5. 学生在校调查表（SSS）

SSS 是 Williams&Guerra 于 2007 年编制的。该问卷共 70 道题目，包括社会凝聚与信任（7 个）、学校气氛（9 个）、感知的学校欺负问题（6 个）、欺负行为（4 个）、受欺负行为（4 个）、旁观欺负（8 个）、感知同伴支持（6 个）、自尊（8 个）、对欺负的道德认同（10 个）、社会控制信息（8 个）共 11 个分量表（Williams，K. R.，&Guerra，N. G，2007）。

测量学生在校欺负、受欺负与旁观欺负的行为，还有一些分量表测量社会信任与团体凝聚力、感知同伴支持、自尊、对欺负的态度、社会控制。分量表的 Cronbach's α 系数在 0.73~0.93 之间。

该量表适用于 10~17 岁青少年，测量过去一年的情况。每道题采用 LIKET5 点计分，分量表得分既可以计算总分，也可以计算项目平均分。分数越高，表明该行为越严重或越支持该观点。

（五）国内常用的欺负行为测量工具

国内的欺负行为研究受国外研究的影响很大，欺负行为的概念也是直译英语的 bullying，因此国内常用的欺负行为测量工具也主要修订于国外的测量工具，影响最广泛的问卷是张文新与武建芬 1999 年修订的 Olweus 儿童欺负问卷，以及陈世平 2001 年根据 Smith 与 Olweus1990 年修订的欺负行为问卷小学版和中学版修订的中文版欺负问卷。随着研究的日益深入与广泛，国内自编的测量工具也开始逐步出现，如宋娴编制的网络欺负问卷、刘丽琼编制的欺负行为问卷。

1. Olweus 儿童欺负问卷中文版

Olweus 儿童欺负问卷中文版是张文新与武建芬于 1999 年修订的，原问卷是挪威心理学家 Olweus 编制的欺负问卷 1989 年版与 1997 年版，中文版问卷包括小学版与初中版，小学版适合小学二年级以上儿童，初中版适用初中一年级以上学生。两个版本均包括 4 个分量表，即关于朋友（小学版 4 个问题，初中版 4 个问题）；关于直接受欺负（小学版 4 个问题，初中版 11 个问题）；关于欺负他人（小学版 4 个问题，初中版 9 个问题）；儿童的态度（小学版 4 个问题，初中版 9 个问题）。小学版除了以上 4 个分量表以外，还包括其他 19 个项目，初中版还包括其他 23 个项目（张文新，武建芬，1999）。

小学版 4 个分量表的 Cronbach 系数在 0.59~0.78 之间，分半信度在 0.56~0.79 之间；初中版 4 个分量表的 Cronbach 系数在 0.61~0.82 之间，分半信度在 0.62~0.80 之间；间隔两周的重测信度系数，小学版的 4 个分量表在 0.64~0.77 之间，初中版的 4 个分量表分别在 0.55~0.78 之间。

2. Smith 儿童欺负行为问卷中文版

Smith 儿童欺负行为问卷中文版由陈世平教授据 Smith 和 Olweus1990 年修订的欺负行为问卷小学版和中学版修订而成，该问卷也有小学版与中学版，两个版本均包括四个维度，即关于朋友、关于被欺负、关于欺负与关于欺负态度。问卷各维度的 Cronbach's α 系数在 0.51~0.79 之间（陈世平，乐国安，2002）。

在"这个学期你在学校里是否被别的小朋友（其他同学）欺负过吗？"这一项中选择"有时或经常"以上的判定为受欺负者；在"这学期你是否欺负过或参与欺负过别的小朋友？（同学）"这一项中选择"有时或经常"以上的判定为欺负者。

3. 青少年网络欺负与安全调查问卷

青少年网络欺负与安全调查问卷是宋娴编制的。她将网络欺负行为分为谩骂、骚扰、嘲弄、诽谤、假扮、排挤，然后要求学生报告受网络欺负或利用网络欺负他人的频率、实施途径、欺负者是谁以及禁止手机对欺负的影响，还要求报告对网络欺负行为的感知（宋娴，2008）。但是宋娴并没有报告问卷的信度。

刘丽琼与肖锋等（2012）对该问卷进行了修订，并借鉴传统欺负行为的"二分类法"分类标准，将遭遇过 1 次以上网络欺负的学生定义为受欺负者，并将其中"每周 1 次"或"每周几次"受欺负的学生定义为"严重受欺负者"。将实施过 1 次网络欺负的学生定义为欺负者，并将其中"每周 1 次"或"每周几次"实施欺负行为的学生定义为"严重欺负者"。修订后的问卷将调查对象从高中生扩展至初中生，修订后问卷的 Cronbach's α 系数为 0.917。

4. 欺负行为问卷

欺负行为问卷是刘丽琼、朱海妍等于 2013 年编制的。该问卷包括欺负行为问卷与受欺负行为问卷两部分，各包括 15 种中学生常见的欺负行为，分别测量了身体欺负、言语欺负、关系欺负与网络侵权4种欺负类型。其中10条项目来自张文新等修订的Olweus儿童欺负问卷；另外5条为通过开放式问卷调查而得出的初中生普遍认可的欺负行为。受欺负行为问卷Cronbach α 系数为0.85，分量表在0.51~0.76之间；欺负行为问卷的Cronbach α 系数为0.83，分量表在0.42~0.72之间。计分方式从"本学期从没发生过"到"每周好几次"1~5级评分；实施任何一项行为得分高于2分即为欺负者，承受过任何一项行为得分高于2分即为受欺负者，两者都低于2分者为未卷入者，两者都高于2分者为欺负/受欺负者；分数越高，欺负或受欺负越严重（刘丽琼，朱海研，熊晓等，2012）。

二、同伴报告法

同伴报告法是由同伴对学生的行为进行评估，按照评估的方式不同，可以分为同伴提名法与同伴评分法。

（一）同伴提名

同伴提名是一种社会测量方法，Wiggins与Winder等人于1961年应用其测量青少年的不适应行为。后来逐步用于欺负行为的测量。同伴提名法一般是列出一些典型的欺负行为，然后让同班同学将与这些行为特征相符合的同学代码或名字写上去。参与同伴提名的一般是同班同学甚至要求是同性别的同学，有时会对每位同学提名的人数有限制，如同性别的三位同学或者一定量的同班同学。

计分的方法一般是统计每个题目上的被提名次数，如果分量表是由几个题目组成，则将这些题目的被提名次数相加。最后选择一个划界点分数，一般取平均数以上一个标准差或0.75个标准差，在划界点分数以上的称之为欺负者或受欺负者。另外，也有一些是硬性标定要提名多少比例为欺负者或受欺负者。

已有研究中，也有一些比较标准化的同伴提名工具，如同伴介绍问卷（Introducing My Classmates，IMC）与修订版同伴提名工具（Modified Peer Nomination Inventory，MPNI）。

1. 同伴介绍问卷（IMC）

IMC是Gotthiel与Dubow于2001年编制的，共有8个同伴报告题目。每个题目虚构一个人物，介绍这个人物的特点，然后让同学根据已经编号的同学名单，将与虚构的同学名单相似的同学编号写在题目的下面。8个题目中有两个是测量欺负行为的，有两个测量受欺负行为。计分方式为分别计算每个同学在四个题目上的提名次数，然后将被提名次数除以班级学生数再乘100，从而得到0~100分。欺负项目的提名分数越高，表明欺负越严重；在受欺负项目的提名分数越高,表明受欺负越严重(Gottheil, N. F., &Dubow, E. F, 2001a)。

2. 修订版同伴提名工具(MPNI)

MPNI 是 Perry 等人于 1988 年修订的。虽然称之为修订版的同伴提名工具,但并不是直接修订 Wiggins 与 Winder 于 1961 年编制的同伴提名工具(Peer Nomination Inventory,PNI)。PNI 是用同伴提名的方法来测量学生的不适应社会的行为,包括攻击、依赖、退缩与抑郁四类,其中测量攻击行为的共有 12 个项目,但与 MPNI 中的欺负与受欺负项目不相同(Wiggins, J. S. &Winder, C. L, 1961)。

MPNI 共 26 个项目,其中测量欺负与受欺负的项目分别是 7 个,测量了言语欺负与身体欺负。计分方式为先计算每个题目上被同性别同学提名的百分比,欺负与受欺负的总分分别为各所属项目百分比之和。分数越高,则表明欺负或受欺负越严重。该量表适用于 10~14 岁的青少年,受欺负量表的 Cronbach's α 系数为 0.96,三个月后的重测信度为 0.93(Perry, D. G., Kusel, S. J. &Perry, L. C, 1988)。

(二)同伴评分

同伴评分也是一种由同伴报告欺负行为的方法,他与同伴提名的不同之处在于报告的方式不同。一般是一个班或一个小的团体给全班同学或团体内同学,根据某一固定的量表及选项进行评分。常用的量表主要有参与角色问卷(Participant Role Questionnaire,PRQ)、同伴评价冲突调查表(Peer Estimated Conflict Behavior Inventory,PECBI)。

1. 参与角色问卷(PRQ)

PRQ 是 Salmivalli 与 Voeten 于 2004 年编制的。该问卷共有 15 道题目 5 个分量表,分别测量学生实施欺负行为、成为欺负行为的帮凶、强化欺负行为、帮助受欺负者与置身事外的频率,五个分量表的 Cronbach's α 系数在 0.88~0.95 之间(Salmivalli, C., &Voeten, M, 2004)。

该问卷适用于 7~10 岁儿童,采用同伴评分的方法,问卷在指导语中给出欺负行为的操作定义,然后给学生一份名单,要求对名单中的每一位学生根据其表现在该问卷上进行评分。题目选项分别为"从来没有""有时""经常发生",分别计分 0、1、2 分。分量表的得分为先求所属量表的项目总分,然后再用项目总分除以项目数,得到项目平均分,因此每个分量的得分都在 0~2 分之间。

2. 同伴评价冲突调查表(PECBI)

PECBI 是 Österman 等人于 1997 年编制的,调查表也采用同伴评分法,要求接受调查的学生就每一位同班同学在欺负行为中的行为进行评分,但与其他的同伴评分法稍有不同的是,学生也要评价自己。问卷包括7个部分,分别针对身体欺负者、言语欺负者、间接欺负者、受欺负者、帮助解决问题者、干预者与回避者。要求学生报告符合上述七种角色中任意一个角色的同学名字,并报告其在这一行为中发生的次数(Österman, K., Björkqvist, K., Lagerspetz, K. M. J., Landau, S. F., Fraczek, A., &Pastorelli, C, 1997)。

该问卷适合于8~15岁青少年,计分方式从"从来没有"到"经常发生"为0~4的五级计分。每位同学在各分量表上的同伴得分的计算方式为排除掉自我评分后,计算全班同学给他/她在各量表上的评分的平均得分,因此分数的分布为0~4。分数越高,表明该行为越严重。

三、观察法

观察法是指研究根据一定的研究目的,直接或借助一定的辅助工具去观察被研究对象,从而获取研究资料的方法。根据观察地点与是否控制观察对象,分为自然观察法与实验室观察法。自然观察法是指在自然环境中对实验对象进行观察,研究者完全不影响实验对象的行为,实验室观察通常会设置实验环境,以引出需要观察的行为。欺负行为研究中一般采用自然观察法。相较于自我报告与同伴报告法,由于观察法费时费力,因此较少用于欺负行为的研究。

Atlas与Pepler采用观察法研究了6~12岁儿童的欺负行为。他们通过同伴提名与教师提名确定了欺负者和受欺负者,然后分别选择17名进行观察,另外还观察了1名欺负者与受欺负者。主要观察他们所处的欺负情境与班级气氛,观察地点在操场与教室,并借助摄像技术进行观察。

因为自我报告与同伴报告法对被调查者有一定的文化要求,因此对幼儿欺负行为的研究主要采用观察法。伏干与刘强(2009)采用结构性自然观察法,根据Salmivalli的欺负理论制定观察记录表,对欺负行为事件中儿童的行为反应进行系统的记录。观察对象为3~9岁儿童,对参与欺负的不同年龄段儿童,分别在10个相等的自由活动时间段内进行观察。

四、简短评价

(一)自我报告法

现有欺负行为自我报告法虽然具有使用方便、部分测验信效度良好的优点,但也存在以下问题。

1. 测评的时间取样与适用的年龄段不一致、不明确

现有欺负行为测量的时间取样从过去1周到过去1年不等,显然过去一

周受欺负的同学比过去一年受过欺负的同学的比率要低得多。还有些研究根本没有明确要求报告测量的时间取样,这样被调查者可能根据自己的理解报告出不同时间段内的欺负行为,从而使得调查出来的欺负行为发生率并不同质,从而无法进行比较。

另外,不同测量工具适用的年龄段不同也是一大问题,量表适用的年龄在10~15岁、10~17岁,10~18岁、12~18岁、8~11岁、8~14岁、6~9岁不等。这样对于不同研究的欺负行为发生率也无法比较,而且由于研究工具缺乏适用年龄的连续性,很难对欺负行为进行纵向追踪研究,难以发现欺负行为的发展特点。

2. 欺负测量的定义与内容不一致

虽然大家测量的都声称是欺负行为,但是对欺负行为的操作性定义并不一致,有些强调了欺负行为的力量不均衡性、重复发生性、后果的伤害性等特点,有些研究只强调了其中的部分特点,而有些研究甚至根本没有对欺负行为进行界定,只是简单列举了一些具体的行为,而这些行为本身并没有包含欺负行为的力量不均衡性等特点。从而未能有效地将欺负行为与侵犯行为、攻击行为相区分。

此外,欺负测量的内容也不一致。有些研究既测量身体欺负、言语欺负,也测量了关系欺负,还有些研究将网络欺负也包括进来,但有些研究却只关注了身体欺负的外显的欺负行为。

3. 对欺负行为划分的标准不同

欺负行为量表关注的是欺负行为的发生频率,并根据发生频率划分严重程度。但是各量表的选项并不一样,有些量表采用的是从"没有"到"每天一次"的0~4级计分,有些是从"0次"到"6次以上"的0~6级计分。这样,计分的标准不同,不同的研究结果之间也无法进行比较,欺负行为的发生率也会发生很大的变化。

另外,对欺负行为严重程度的划分也只注重频率,却忽视了同类型欺负行为中的不同欺负行为本身的轻重程度。如身体欺负中的推、挤等属于较轻较温和的欺负行为,而拳打脚踢是严重的欺负行为,甚至只发生一次,对个体的影响也会很大,因此在分数的合成时,要注意对不同行为进行加权。

4. 自我报告的方式会影响对欺负行为的准确测量

虽然我们在指导语中已经对欺负行为进行了操作定义,但事实上受测者在调查中还是只会根据自我感受来填写,因此调查得出的欺负行为是否是我们所定义的欺负行为,就不得而知了。

另一个影响欺负行为发生率准确性的是个体对欺负与受欺负的看法。如果个体认为受欺负是羞耻的，那么他在报告中可能会隐藏真实的情况，报告没有受过欺负。而如果个体从不认为自己是错误的，一切都是人家的错，那么他可能会更多地把自己的不开心归因为他人的欺负，从而谎报受欺负。

与受欺负不同，欺负者一般很少认为自己的行为是欺负他人，而且即使有些欺负者认可自己的行为是欺负行为，但由于欺负他人是校园文化所禁止的，因此自我报告的欺负发生率通常是低于真正的欺负发生率的。

(二) 同伴报告法

相较于自我报告法，同伴报告法更为客观。欺负行为总是发生在一定的情境中，且同伴对于青少年来说具有非常重要的地位，他们欺负或受欺负的情况一般会被同伴所知晓，因此用于测量欺负行为是可行的。但也存在以下一些缺陷。

1. 标准或划界分划定的主观性

同伴报告法中，武断地将划界标准定于平均数以上一个标准差或 0.75 个标准差，或者是 70%。但是为什么不可以是平均数水平或 50% 的水平？或者只要被提名就暗示他受过欺负或发动过欺负行为？事实上，如果欺负目标固定且隐蔽，那么能知晓其欺负行为的同学肯定有限，被提名的次数会很少，从而被判定为非欺负者。

2. 影响划界标准的因素很多，导致不同研究无法相互比较

影响划界标准的因素很多，如允许提名的人数、班级的大小、同伴关系与地位等。如允许提名的人数，如果班上有 20 个人，每次只能提名 3 个，且该班有 3 个同学是经常欺负其他同学的人，则有很多同学都提名这 3 个同学，这样班上可能很多同学的提名次数为 0；如果提名 4 个或 5 个，这 3 个同学仍然被提名，但其被欺负目标更少一些的同学被提名的可能性增加，最终在平均数以上一个标准差的人数就可能会发生改变。

班级人数的多少与班内欺负水平的差异大小也会影响这一标准。如果班级人数多，欺负目标分散，则某一同学被提名的次数可能会减少。

同伴提名会受到提名者情绪与偶然因素的影响。对于自己的好朋友或一起玩的人，即使他们是欺负者，由于朋友情谊，可能会使同伴提名失效。而对于很少有朋友的受欺负者，同学在提名时可能也会很少想到他，因此即使他是被欺负者，被提名的可能性仍然会很小。另外，如果某个同学是因为与欺负无关的事引起提名者的不愉快或嫉妒，或者提名者当时心情不好，这些都可能导致该同学被提名为欺负者。

(三) 观察法

观察法可以客观地观察到学生的欺负行为以及过程，可以帮助研究者在

自然的状态下观察学生欺负行为发生的起因、过程以及结局,为理解欺负行为的发生机制以及干预方案的制订提供了重要的参考。

观察法虽然有很多优点,但也存在很多问题。首先在执行观察法时就存在很大的问题,需要安装录像设备,需要大量的观察者,且欺负行为并不一定发生。其次,观察者得到结果的一致性与客观性也难以保证,结果难以量化,资料处理困难。另外,观察法也只能回答"是什么"的问题,却无法回答"为什么"的问题。

第三节 中学生欺负行为的影响因素及后果

是什么会让人成为欺负者或者受欺负者,又有哪些因素可以保护个体免于受欺负,这是校园欺负行为干预的重要方面,也是研究者感兴趣的问题。欺负行为会给欺负卷入的各方带来什么样的影响,也同样是校园欺负行为干预需要了解的事实。

一、欺负行为的影响因素

欺负行为会受到多种因素的影响,如家庭教养方式、个体的心理特征以及身体特征。如个子小的男生更易成为受欺负者,体型高大的男生更可能成为欺负者等。即使在网络欺负行为中,那些网络水平更高的人实施网络欺负的能力也会更强。

(一)个人内在心理特征

个人内在心理特征对欺负行为有着重要的影响,包括自尊、移情、人格特征中的外倾性、道德推脱等。但自尊、移情与欺负行为的研究较多,因此本书只介绍自尊与移情两个方面。

1. 欺负行为与自尊

目前比较一致的研究结果发现,自尊感低的学生更容易发生欺负行为(刘丽琼,2013),网络欺负行为的发生也与传统欺负行为一致,即欺负者的自尊水平更低(李一凡,2015)。但是研究者发现,只有自尊低的男生才容易成为欺负者,而女生低自尊者却没有这一现象(刘雯雯,2012)。

低自尊的个体在人际交往中对拒绝更敏感,甚至会注意到一些并不存在的拒绝(Murray SL, Holmes JG, Griffin DW. 2000),这种认知方式会给其带来更多的烦恼与压力,并且难以结交朋友,维持友谊。低自尊者应付压力的能力通常也较高自尊者低,对消极反馈表现出更为强烈的情绪反应(Bosson．JK, Swann WB, Pennebaker JW. 2000)。在面对生活中的压力或受欺负时,欺负他人或者报复欺负者成为低自尊者适应环境的一种方式,受欺负者可能只是其适应环境的牺牲品。低自尊可能并不是欺负行为的结果，也不能让个体减少受欺负的可能性，而是个体面对压力时是否采取欺负行为的一种中介效应。

研究认为受欺负也与低自尊相关（张文新，2003），有些研究认为受欺负者的自尊水平也低于未参与者（周海咏，丁云霞，郑希付，2003）。他们认为气质内向、自尊较低的儿童通常比较胆怯、退缩，因此更容易沦为"替罪羊"。

但刘丽琼（2013）的研究发现，单纯受欺负者的自尊并不低，与未参与者一致。也有研究发现，相对于低社交自我效能感的青少年，高社交自我效能感者在面对网络受欺负时会更少使用消极应对方式，自尊感也会更高（夏雨欣，汪倩倩，范翠英，2018）。因此，低自尊并不是受欺负者的一个必然特征，也可能是因为个体自我效能感较低而选择采用消极应对方式。

2. 欺负行为与移情

社会信息加工的情绪-认知整合模型认为，个体的移情反应影响着儿童对社会情境线索的编码和解释、对反应的提取和决策，是决定儿童攻击行为最终是否发生的关键因素。

皮忠玲、江叶萍、夏丽荣等（2013）则发现，移情并不能预测大学生会否发动欺负行为以及受欺负，但是移情能力高的大学生更愿意保护受欺负者。杨继平、杨力、王兴超（2014）的研究发现，观点采择与初中生网络过激行为之间呈严重的负相关，但移情关怀对初中生的网络过激行为却没有影响。李亚真与桑标（2017）的研究也发现，直接、间接攻击儿童的情感观点采择能力都低于认知观点采择能力；直接攻击儿童的观点采择、移情反应都处于低水平，间接攻击儿童具有高水平观点采择能力、高移情关怀能力而情绪反应低的特点，攻击—受欺儿童则表现为观点采择能力低但是移情反应高。

尽管欺负行为与移情能力的研究结果并不一致，但杜红梅与冯维（2005）的干预研究发现，通过对3～6年级的小学生进行移情与后果认知的训练，确实有效减少了小学生的欺负行为，但移情训练在其中所起到的作用却无法检测。

（二）外界因素

影响欺负行为发生的外界因素也很多，如学校与班级氛围、同伴关系、家庭教养方式、儿童期的情感、身体虐待等。其中家庭教养方式、班级氛围等方面的研究最多。

1. 父母教养方式与欺负行为

良好的父母教养方式有利于个体行为习惯的养成，个体心理发展水平更高，应对方式更积极，从而有利于保护自己免于卷入欺负行为。董会芹与张文新（2005）综合国内外文献发现所处的家庭环境对学生卷入欺负行为起着重要的作用。他们发现男孩受欺负者的家庭常常过分亲密，而女孩受欺负者的家庭成员则联系较少，母亲对孩子充满敌意与拒绝；欺负者的家庭通常具有高权利需求、低亲和性的特点，父母通常采用专制型的教养风格；欺负/受欺负者的家庭除了具有高暴力、低温暖的特征之外，父母管教方式通常不一致。兄弟姐妹关系也影响儿童的同伴交往技能和同伴地位，进而影响儿童卷入欺负行为。

范翠英、张孟与何丹（2017）的研究也发现，父母行为控制越严的初中生，网络欺负行为发生越少，但父母高水平的心理控制反而会使其网络欺负行为越高。可能父母行为控制越严，个体的行为自控能力更强，网络使用习惯更好，而高水平的心理控制则会使学生更易产生焦虑、抑郁等情绪，阻碍个体自主性的发展，从而通过网络发泄自己的情绪。

研究发现，随着统计方法的改进，父母的教养方式通常是通过其他的心理变量间接对儿童的欺负行为产生影响。何丹（2018）发现，父母的情感温暖与中学生网络欺负行为并无直接的联系，而是父母情感温暖可以让中学生隐性自恋更低，认知移情能力更高，从而间接减少中学生的网络欺负行为。

植凤英、杨旭宗、尹彩云（2018）的研究却发现，家庭教养方式可以直接作用于中学生的网络欺负行为，高水平的母亲拒绝让中学生更多实施网络欺负行为，父母情感温暖显著负向预测抑郁情绪和网络欺负行为。父母的教养方式还可以通过抑郁情绪间接作用于网络欺负。

2. 学校或班级氛围与欺负行为

校园氛围是指学校中被成员所体验并对其行为产生影响的相对持久而稳定的环境特征（Haynes，Emmons，Michael，1997），积极的校园氛围是学生身心发展的重要保护因素。班级氛围则是班级中的成员所体验到的，并对其产生影响的相对持久而稳定的特征。研究表明，良好的班级氛围有助于减少欺负行为的发生。如 Asha，Evian&Catherine P（2013）发现，初中生报告安全感与归属感高的班级，欺负与受欺负行为的发生率均更低。

国内研究也证实，未卷入者感知到班级氛围最和谐，而那些受欺负又欺负他人者感受到的班级氛围最不和谐（李梦娜，史慧静，张喆，2015）。谢家树等人也发现，学生感知的校园氛围越积极，其报告的欺负受害者就越少，但学生卷入程度在其中起到部分中介作用。学生感知到的校园氛围越积极，学生的卷入程度越高，学生报告的欺负行为会越少（谢家树，梅里，2018）。

由于这些研究并没有进行严格的因果关系的实验设计，因此无法证实是感知的学校或班级氛围越好而减少了欺负行为的发生，还是卷入的欺负行为的差异导致个体对校园或班级氛围的感知发生了改变。

二、欺负行为与心理健康的关系

欺负行为作为中学生成长过程中普遍发生的负面生活事件，必然会对个体产生重要的影响，Hawker DS 与 Boulton MJ（2000）对 1977 至 1998 年有关心理健康与欺负问题研究的元分析发现，受欺负与心理健康的关系虽然会受到欺负行为的测量方式、样本量大小的影响，但众多研究结果一致表明，受欺负与抑郁、社交焦虑呈显著的正相关关系，受欺负的学生比未受欺负者更有可能产生抑郁与社交焦虑。

欺负行为具有力量不均衡性、反复性的特点，经常受欺负又无法摆脱的处境会让个体产生习得性无助，从而出现抑郁、焦虑等症状。因此，研究者认为受欺负者的抑郁水平应该是最高的。国外纵向研究结果也表明，受欺负会显著提高个体的抑郁水平（Arseneault L，MTlne BJ，Taylor A，2008），网络受欺负者的抑郁水平比传统受欺负者更高，甚至会产生更严重的自伤与自杀意念。

但是刘小群、卢大力、周丽华等调查发现，初中阶段参与欺负行为的学生，其抑郁和自杀意念水平显著高于未参与的学生，其中欺负/受欺负者的得分最高（刘小群，卢大力，周丽华等，2013）。这一研究结果也与胡阳、范翠英、张凤娟等（2013）的研究一致，初中生网络受欺负者，网络欺负/受欺负者的抑郁水平高于未参与者，其中，欺负/受欺负者的抑郁水平更高，但他们的研究没有发现单纯欺负者有高抑郁水平的现象。潘丝媛、李武权、黎明（2018）的研究还发现，抑郁和欺负行为是网络成瘾与自杀尝试之间的中介变量，抑郁与和欺负行为可以促进学生进行自杀尝试。

关于欺负行为与心理健康关系整体水平研究的文献较少，黄晓琦、周家秀、郭兰婷（2005）的调查发现，欺负事件卷入的小学生较未卷入者体验到更高水平的孤独和更低的自尊，主诉不快乐的人更多，而报告自信的人更少。

史慧静、张喆、夏志娟（2015）的回顾性研究发现，与未卷入校园欺负者相比，曾经仅受欺负、仅欺负他人、既受欺负又欺负他人者大学时心理健康状况不良的危险性分别增加 49.1%、138.1% 和 123.8%；任意 1 个时期、任意 2 个时期和全部 3 个时期都卷入校园欺负者，心理健康状况不良的危险性分别增加 10.1%，124.9% 和 191.8%。

曹薇、罗杰（2013）对 3 至 6 年级流动儿童的调查结果发现，卷入欺负的儿童心理问题上的得分显著高于未卷入者，受欺负的流动儿童在敌对及情绪不平衡维度上显著高于欺负者，欺负/受欺负的流动儿童在敌对、抑郁及焦虑维度上显著高于欺负者，在人际关系紧张与敏感及抑郁维度上得分高于受欺角者。

第三章 中学生欺负行为的质性研究

第一节 对中学生欺负行为的认知

本研究的首要目的在于调查中学生对于欺负行为的理解,其次是中学生常见的欺负行为及其类型,以利于后续研究中欺负行为研究工具的编制。另一方面也调查教师与家长对于欺负行为的看法,以初步了解中学生欺负行为的保护性因素。

一、调查对象与方法

(一) 调查对象

学生样本来自三所中学的初一、初二、高一与高二学生共156人,回收有效问卷154份,有效回收率为98.72%。其中初中生41人,高中生112人,1人未填写。男生82人(53.2%),女生48人(31.2%),24人未填写性别(15.6%)。少数民族45人(29.2%),未填写民族25人(16.2%),汉族84人(54.5%),其中少数民族主要有黎族、苗族与回族。

家长与教师样本来自于学生样本的学校及家长。共发放了100份家长问卷与60份教师问卷。回收有效家长问卷61份,有效回收率61%。其中父亲25人,母亲22人,其他8人,未填与学生关系的6人。教师问卷共回收52份,有效回收率86.7%。

(二) 调查方法

1. 学生调查工具与方法

学生调查问卷采用自编开放式问卷调查,包括基本情况与主问卷。基本情况包括年级、班级、性别与民族,主问卷包括两道题:"你认为要达到哪些条件，一个行为才能称得上欺负"与"请分别就现实生活中面对面与网络两个方面，填写你看到过的或者听说过的，你们学校所发生的欺负行为"。采用匿名作答的方式，由所在学校心理健康教育教师安排抽取的学生集中在心理健康教育中心集体作答，问卷当场回收。

2. 家长调查工具与方法

将收集到的 9 种中学生常见的欺负行为罗列出来，要求家长判断这 9 种行为是否为欺负行为，并且回答"如果是您的孩子做了这些事，您怎么处理"与"如果别人这样对待您的孩子，您会怎么处理"两个问题。另外还要求家长回答欺负问题是否需要管、孩子是否受过欺负以及他是如何知道孩子受过欺负的。

所有问卷都放在信封中，由学生带回给家长，填好后由家长封好信封，再由学生交回给学校老师。

3. 教师调查工具与方法

将收集到的 9 种中学生常见的欺负行为罗列出来，要求教师判断是否为欺负行为，并回答如何处理欺负者和如何帮助受欺负者。问卷还要求教师回答对欺负行为是否需要干预以及他们对干预欺负行为的信心。所有教师问卷集体完成，并由研究者当场带回。

（三）数据处理方法

1. 开放式问题处理方法

将问卷中的每个句子进行摘抄、转录，提取关键句子或关键词，并请两名中文专业的研究生对问卷进行编码，编码一致性为 0.9 以上。然后将数据录入 SPSS20.0，对数据进行频率分析。

2. 非开放式问题处理方法

非开放式问题直接编码录入 SPSS20.0，进行卡方检验的统计分析处理。

二、中学生对欺负行为的认知

（一）中学生对欺负行为特征的理解

1. 欺负行为特征归类

关于欺负行为的理解，我们共收集了 20 个句子和词语，根据句子或词语所表达的意义，可以将其分为力量的非均衡性、伤害性、重复性、未受激惹性与强迫性（详见表 3-1）。

表3—1 欺负行为特征的句子或词语分布表

分类	句子或词语	N（%）	分类	句子或词语	N（%）
力量的非均衡性	以大欺小	42（33.9）	伤害性	感到恐惧	9（7.3）
	恃强凌弱	33（26.6）		感到受伤害	32（25.8）
	以多欺少	44（35.5）		心灵伤害，损害尊严，难为情	29（23.3）
	受害者无法反抗	8（6.5）		损害他人利益	7（5.6）
	受害者只能忍	1（0.8）		身体伤害	4（3.2）
未受激惹性	主观故意	8（6.5）	重复性	长期、经常、反复	8（6.5）
	无原因	13（10.5）			
	感到心理上的优越感	1（0.8）	强迫性	受害者不愿意	16（12.9）
	欺负者是恶意的	1（0.8）		受害者不能接受	2（1.6）

我们将上述形容词归类后，对数据进行整理，同类多次重复的数据只录入一个，如学生选择了以大欺小、恃强凌弱与以多欺少，则只录入一次。经过整理后，共收集到120位同学共201个答案（频率详见表3—1）。

通过表3—1可知，中学生对欺负行为中力量的非均衡性非常重视，选择比例高达73.4%，其次是伤害性，占50.8%。学生对欺负行为定义中的未受激惹性的选择比例仅占18.6%，重复性只占6.5%。除了学界定义的四个特点，13.7%的学生还提到了强迫性，认为只要是受害者不愿意接受的行为就称为欺负行为，哪怕并没有产生身体与心理的伤害。

相比于身体伤害，中学生更在乎心灵的伤害。他们提出伤害自尊心，让自己难为情、感到恐惧的比例最高，明确提出身体伤害的比例仅占3.2%。还有学生在问卷中明确写出："其实打一下还可以忍受，最痛苦的是孤立与心灵的摧残，我初一时有一个同学就是因为被同学孤立，又不知道怎么反抗而抑郁，在初二的时候她自杀了。"

2. 欺负行为特征的人口统计学差异

采用χ^2检验欺负行为特征上的人口统计学差异，结果见表3—2。男女生对欺负行为特征理解的差异没有统计学意义（$P>0.05$），仅在力量非均衡性上达到边缘显著（$P<0.1$）。

初中生与高中生在力量的非均衡性与重复性上的差异无统计学意义（$P>0.05$），在受伤害性、未受激惹与强迫性上均存在差异（$P<0.05$），且高中生选择的比例高于初中生。只有高中生提及强迫性、未受激惹性与重复性。

表 3—2　欺负行为特征的人口统计学差异分布表

	总计	性别			学段		
		男	女	χ^2	初中	高中	χ^2
力量的非均衡性	91 (73.4)	55 (77.5)	28 (62.2)	3.14	19 (86.4)	72 (70.6)	0.89
伤害性	63 (50.8)	39 (54.9)	24 (53.3)	0.03	5 (22.7)	58 (56.9)	8.44**
重复性	8 (6.5)	4 (5.6)	4 (8.9)	0.45	0	8 (7.8)	1.95
未受激惹性	22 (17.7)	11 (15.5)	11 (24.4)	2.67	0	22 (21.6)	5.24*
强迫性	17 (13.7)	9 (12.7)	8 (17.8)	0.57	0	17 (16.7)	4.25*

(二) 中学生对欺负行为方式的认知

1. 欺负行为方式分类

共收集到89条具体的欺负行为的描述，将相同或相似的描述合并后可以分为44种欺负行为。然后结合传统欺负行为与网络欺负行为相关研究，可以将这些行为分为面对面情境的四类欺负与网络情境下的三类欺负行为方式。面对面情境下可以分为身体欺负、言语欺负、关系欺负、权益侵占；网络情境下则可以分为言语欺负、网络散布隐私与网络财产侵权。另外，6.2%的学生还提到了冷暴力，并且提出如用眼神瞪别人、冤枉人等具体行为，这些行为无法简单归为面对面情境下的四类欺负行为。另外，还有36.3%的同学将犯罪行为，如抢劫、勒索、骗取钱财都归为欺负行为（详见表3—3）

表 3—3　欺负行为提及情况

	语句	N(%)		语句	N(%)
面对面身体欺负	打（暴打，拿武器或木棍打）	70 (47.9)	网络言语欺负	网络上骂人	11 (7.5)
	泼水	2 (1.4)		网络上乱评价他人	1 (0.7)
	伤害他人外在形象（在衣服或身体上乱画，把头发搞乱，用泡泡糖黏别人的头发）	11 (7.5)		网络上无休止地批评	1 (0.7)
				打电话或用手机短信恐吓他人	2 (1.4)
	恶作剧，如拿掉试卷，放冰，把椅子拿掉，把头推在一起，座位上贴双面胶	15 (10.3)		在微信和QQ上给别人起外号	3 (2.1)
				乱发说说	3 (2.1)
	使用暴力（凶器）、物质或亲人关系恐吓、威胁	44 (30.1)		在QQ群说别人的坏话，抹黑别人	4 (2.7)

续表3—3

类别	语句	N（%）	类别	语句	N（%）
面对面侵占他人权益	强迫他人做自己不想做自己的事，如做坏事、跑腿、洗衣服、做作业、替他隐瞒干的坏事	28（19.2）	网络散布隐私	在QQ上发恶意图片	2（1.4）
				发假消息，让他人在众人面前出丑	1（0.7）
				散布他人隐私	3（2.1）
	损害他人利益，如破坏或强占他人财物、座位等	23（15.8）		传播侮辱信息（如拍他人脱衣服照片或视频、将他人被家长老师打的图片或某些动作手势等发到网络）	18（12.3）
面对面言语欺负	骂人或用杀伤力的语言	64（43.8）	犯罪行为	敲诈勒索	6（4.1）
	嘲笑、讽刺、起绰号（智商低、成绩差、身体缺陷、衣服破旧、模仿动作和语言）	32（21.9）		搜身、抢劫	5（3.5）
				收保护费，讨要钱财	25（17.1）
	歧视（他人缺陷、成绩不好，他人梦想）	9（6.2）		偷别人东西	3（2.1）
				网络盗取信息，骗人钱财	8（5.5）
	提人家伤心事，往伤口上撒盐	2（1.4）		入侵他人电脑植入东西	1（0.7）
				用烟头烫伤他人	1（0.7）
	直呼家长姓名	3（2.1）		动手伤人	4（2.7）
关系欺负	背后造谣、诽谤，散布谣言	14（9.6）	网络财产侵权	在QQ上发一些恶意链接	2（1.4）
	孤立、排挤、冷落他人	13（8.9）		盗取他人密码与QQ号	2（1.4）
	揭露与传播他人隐私	8（5.5）		和别人一起用自己的QQ举报别人让别人的号被封	2（1.4）
冷暴力	冷暴力、精神摧残	7（4.8）			
	用眼神恨别人	1（0.7）		在QQ里骗或威胁别人，如发红包	4（2.7）
	冤枉他人	1（0.7）			

2. 欺负行为类型的人口统计学差异

我们将所有的语句转换成七类欺负行为，并将同一类欺负行为只保留一项，如既写了"孤立他人"，又写了"散布谣言"，那么只记一次。提及网络欺负的比例不高，任何一种欺负方式均低于10%，其中散布谣言与泄露隐私占比相对最高，为7.7%。学生对面对面情境中的欺负行为最敏感，其中提及身体欺负的比例最高，达69.9%，其次是侵占权益与言语欺负，关系欺负与冷暴力的比例相对很低。

在面对面情境中，高中生比初中生报告更多的权益侵占（$P<0.05$），

其他欺负行为的差异无统计学意义（$P>0.05$）；在网络情境下，初中生比高中生报告更多的言语欺负、散布谣言与财产侵权（$P<0.01$）；高中生报告的犯罪行为在边缘显著的水平上高于初中生（$P<0.1$）。

女生比男生报告更多的面对面情境下的关系欺负（$P<0.01$）与网络情境下的言语欺负（$P<0.05$），面对面情境下的言语欺负在边缘显著的水平上高于男生（$P<0.1$），其他欺负类型上的差异没有统计学意义（详见表3—4）。

表3—4 欺负行为类型的人口统计学差异分布表

		总计	学段			性别		
			初中	高中	χ^2	男	女	χ^2
面对面情境	身体欺负	102 (69.9)	32 (82.1)	70 (65.4)	3.75	52 (67.5)	30 (65.2)	0.07
	侵占权益	45 (30.8)	7 (17.9)	38 (35.5)	4.14*	25 (32.5)	16 (34.8)	0.07
	言语欺负	86 (23.5)	19 (48.7)	67 (62.6)	2.28	43 (55.8)	33 (71.7)	3.08
	冷暴力	9 (2.5)	0	9 (8.4)	0.01	4 (5.2)	5 (10.9)	1.37
	关系欺负	19 (5.2)	3 (7.7)	16 (15.0)	1.33	5 (6.5)	12 (26.1)	9.28**
网络情境	言语欺负	16 (11.0)	10 (25.6)	6 (5.6)	11.76**	1 (1.3)	5 (10.9)	5.68*
	散布谣言	28 (19.2)	10 (25.6)	18 (16.8)	8.72**	12 (15.6)	10 (21.7)	0.74
	财产侵权	8 (5.5)	6 (15.4)	2 (1.9)	10.08**	0	2 (4.3)	2.89
	犯罪行为	53 (36.3)	39 (36.3)	43 (40.2)	3.33	29 (37.7)	20 (43.5)	0.41
	N	146	39	107		77	46	

三、家长与教师对欺负行为的认知

（一）家长与教师对欺负行为的认知

将家长与教师对欺负行为的认知进行频率统计与排序，结果见表3—5。由表3—5可知，家长与教师均非常重视"拳打脚踢"与"威胁吓唬"，教师较家长更为重视。其次是"故意排斥同学，不让他参加游戏和活动"，教师也比家长更重视。而言语欺负中，家长更重视"对同学说脏话或难听的话"，对于"说同学坏话"，家长也较教师更为重视，而教师更重视"恶意取笑同学"。关系欺负中，家长也比教师更重视，如54.4%的家长认为"让他的朋友不要和某个同学玩"是欺负行为，但只有15.7%的教师认为是欺负行为。

表3—5　家长与教师对欺负行为认知的比较

孩子的行为	家长			教师		
	N	%	排序	N	%	排序
对同学进行拳打脚踢	42	71.2	1	51	100	1
对同学进行威胁吓唬	41	69.5	2	48	92.3	2
故意毁坏同学的物品	36	46.3	8	36	69.2	5
故意排斥同学，不让他参加游戏和活动	38	65.5	4	40	76.9	3
使其他同学都不喜欢某个同学	32	56.1	5	28	53.8	6.5
让他的朋友不要和某个同学玩	31	54.4	6	8	15.7	8
恶意取笑同学	27	47.4	7	36	70.6	4
对同学说脏话或难听的话	40	66.7	3	28	53.8	6.5
背后说同学的坏话	24	42.1	9	8	15.4	9

（二）家长与教师对欺负行为的处理方式

家长与教师对于是否需要对欺负行为进行干预的态度比较一致，100%的教师和91.4%的家长认为需要干预，但是在干预的方法上却存在差异。

如果自己孩子是欺负者的话，家长主要采用批评教育的方式，有2～3名家长表示会打骂孩子，还有部分家长表示会让孩子道歉、改正等，没有一个家长表示会告诉老师，甚至还有1～2名家长表示不管。调查孩子在欺负行为中的角色时发现，表示会打骂孩子的是在学校受欺负或未参与欺负行为的家长。

对于同样的行为，如果孩子是受欺负者，家长采取的方式就会多很多，主要是教育自己的孩子，如教育自己孩子不要理会、不要在意等；有的会告诉老师与批评教育欺负者；还有部分家长表示会与欺负者的家长沟通；另有3～6名家长表示会责骂或打欺负者。

家长的应对方式也因为欺负行为的不同而有差异，如针对"拳打脚踢"与"威胁吓唬"，没有一个家长表示会让孩子不理会。有4～5名家长表示会责骂或打欺负者；11～12名家长表示会告诉老师，让老师处理；8名家长会与对方家长沟通，告诉对方家长，其人数明显多于其他欺负行为（2～3名）。

教师对于欺负者主要采用的是制止、教育，如教育学生换位思考、严厉批评、要求道歉等，但对于"拳打脚踢"与"威胁吓唬"，3～4名教师表示会与家长面谈。教师对于受欺负者主要教育其自信、自我尊重、主动接近同学，并主动寻求教师的帮助。

（三）家长对孩子欺负行为的了解情况及了解途径

有28.1%的父母不知道孩子在学校是否受欺负。关于了解孩子在学校是否受欺负的途径，70.8%父母是通过孩子知道的，20.8%的父母是通过其他孩子知道的，12.6%是听其他家长说的，另外还有8.4%是听老师说的。（由于部分家长同时通过两种渠道了解情况，因此百分比的和不为1。）

四、对中学生欺负行为研究的启示

（一）学生对欺负行为定义的发展性

研究发现，随着年龄的增长，学生对欺负行为的定义会越来越接近学界的定义，如初中生未提及欺负行为定义中的重复性与未受激惹性，但到了高中就有21.6%的学生提到了未受激惹性，高中生提及伤害性的比例也比初中生更高。这一结果也得到了其他研究结果的支持。

此外，还有16.7%的高中生认为，只要是受害者不愿意接受的行为，不管有没有伤害性均应定义为欺负行为，表明中学生对欺负行为的定义更宽，对自身权益更关注。

这一研究结果也提醒研究者，在研究欺负时，我们所调查出来的欺负行为是否真的是我们所想要研究的欺负行为。其次，在我们对研究结果进行交流时，我们测量出来的欺负行为是否是同一个行为，如果不是，我们就无法进行比较。欺负行为定义的发展性严重影响了研究的生态效度。

我们在采用陈世平修订的Smith的欺负行为问卷调查时，会发现在不同题目中，调查出来的欺负行为比例是不同的。如在询问学生是否受过欺负时，他会选择没有，但在询问同学是怎么欺负他时，很多学生不会选择"我没有受欺负"，而是会选择那些具体的行为。表明学生在答题时，并不会完全按照指导语中界定的欺负行为进行判断，而是以自我内在的欺负行为标准进行分析。这样，不同年级的欺负率的比较就存在问题，因为测量出来的欺负行为并不是同一个概念。

（二）现有欺负行为涉及的范围较学界测量广

研究发现，中学生眼中的欺负行为范围要比学界测量的更广泛。在面对面情境中，学生不仅提及已有欺负行为测量工具中涉及的身体欺负、言语欺负与关系欺负，还包括各种强迫他人做坏事、洗衣服、做作业、替他人隐瞒干的坏事等。中学生表示这类行为反复发生，对他们产生的影响并不比被人打骂小，而且更难摆脱。

值得注意的是，中学生有泛化欺负概念的倾向，不能准确地区分犯罪行为与一般的欺负行为。如有36.3%的同学将敲诈勒索、收保护费、讨要钱财、偷别人东西、用烟头烫伤他人等犯罪行为也纳入欺负行为之中。调查中有学生提到:"我们在野外玩,喝了点酒,胆子很大。刚好看到一个中学生骑着自行车从旁边走,我们就把他拦下,死命地打。然后把他摔到河里,把头压水里,一会又拉上来,打到这个学生瘫在地上一动也不动,我们才满意地走了。"这已经是严重的暴力犯罪行为,但这位学生却依然将其归为欺负行为。

相对而言,高中生反而比初中生提及更多的犯罪行为,这表明随着年级的增长,犯罪行为在增加,但是对犯罪行为的定义却并没有随着年级的增长而更清晰。对犯罪行为的这种认知也不存在性别差异,可能学校并未对学校欺负行为进行清晰的界定与教育。

(三) 间接欺负与网络欺负常被忽视

调查显示,父母与家长最关注的是身体欺负,其次是言语欺负,关系欺负常常被忽视,仅有 15.7% 的教师会认为"让他的朋友不要和某个同学玩"是欺负行为。在面对面情境中,中学生也常常更容易关注到身体欺负、侵占权益与言语欺负,而关系欺负则较少被关注。原因可能在于前三类行为与中学生心目中的欺负行为更接近,而且发生的比例较高,隐匿性也较低;关系欺负则可能发生更少,或者更具有隐匿性,从而被忽视。

在网络情境中,散布谣言与隐私由于隐匿性相对较低,所以提及的比例也最高。相对而言,女生比男生提及更多的网络欺负行为,传统欺负中也提及更多的言语欺负与关系欺负,这与女生比男生更多遭遇这类欺负有关(张文新,2002;刘丽琼,肖锋,饶知航,2012),也与这两类欺负与网络欺负的共发性高有关(黎亚军,2015)。由于身体欺负的外显性特点,因此虽然女生遭遇此类欺负比男生少(张彩,柯李,张兴慧,2016;张文新,谷传华,王美萍,2000),但选择比例并不比男生低。

学段不同,提及欺负行为的类型也不一致,随着年级的增长,侵占权益的比例上升,而其他类型的比例没有显著下降,表明高中生对传统欺负的认知比初中生更好。但高中生提及的网络欺负行为均显著低于初中生(刘丽琼,朱海研,熊晓,2013),原因可能在于相较于初中来说,高中对学生使用手机的管控更为严格,因此网络欺负的实施受到限制;另一方面,这也与高中生对欺负行为的定义更为全面有关。

(四) 传统欺负与网络欺负行为共发性高

现有研究通常将传统欺负与网络欺负行为分开测量与研究,但研究中却发现两者有很高的共发性。如很多学生提出"有同学不仅欺负自己,而且会将欺负的视频放到网上""看到有人强迫受欺负者脱光衣服,或者强迫他们摆着屈辱的姿势等拍成照片或视频上传到网络上"。这些共发的欺负行为比单一欺负行为对受欺负者的伤害可能会更大，影响时间也可能会更长。

如果将传统欺负行为与网络欺负行为单独进行研究，我们得到的研究结果通常无法满足统计方法要求的数据独立性要求，也无法进行解释。比如说如果我们只研究学生在面对面情境中所受到的伤害，那么我们就无法解释为什么面对面情境中受伤害较轻的个体所受到的伤害可能比面对面情境中受伤害较重的个体还要重，原因可能在于那个受伤害较轻的个体可能同时受到了网络欺负，扩大了他的伤害。也可能受到传统欺负的个体其受伤害性反而没有未受传统欺负的个体大，原因在于未受传统欺负的个体可能受到了网络欺负行为。

也有些学生是传统欺负行为的受害者，因为个人身体上或体力上的弱势无法达到报复的目的，但是由于网络可以克服力量不均衡的缺陷，从而更可能在网络情境中实施报复行为。这些在线上实施欺负行为的受欺负者，与单纯传统受欺负者在自尊、心理健康等方面均可能存在差异（王建发，刘娟，王芳，2018），欺负行为对他们的影响也可能不同。

因此，只有充分认识到传统欺负行为与网络欺负行为的共发性，将其纳入同一框架进行研究，我们才能更好地去解释欺负行为对个体的伤害以及比较不同伤害形式对个体产生的影响。

第二节 初中生受欺负心理状态的质性分析

欺负行为给中学生带来的伤害得到了众多研究的支持。美国网络欺负研究中心 2015 年的调查显示，18.5%的 12~17 岁青少年在过去一年中有因为害怕校园欺负而逃课的经历（朱丽，雷雳，2005）。中小学有受欺负经历的学生在大学阶段心理健康不良的危险性增加了 49.1%（谢家树，谢璐，Chunyan Yang，2016），受欺负者容易焦虑、自尊水平低（张文新，2002），抑郁的可能性更高（高秋凤，李晓东，2012），有自杀意念的比例也最高，有些甚至会发生自杀行为（张喆，史慧静，王群等，2015）。但也有研究发现，单纯受欺负者的自尊水平与未卷入者一致，只有欺负者、欺负/受欺负者的自尊水平是低的（刘丽琼，朱海研，熊晓，2013）。

受欺负行为作为一个负性生活事件，是否只有消极的作用，而不会产生积极的结果？那些能摆脱受欺负困境的学生与持续处于受欺负状态的学生在面对受欺负时，其内心状态是否存在差异？这些差异是否有助于个体摆脱受欺负，有利于个体的心理发展呢？鉴于此，我们试图通过让受欺负者自己描述受欺负时的想法，采用纵向追踪研究设计来探索受欺负对个体的影响以及变化过程。

一、研究对象与方法

（一）研究对象

抽取海南省寄宿制与非寄宿制初中各一所，两所学校均为省一级学校。整群抽取两校初一学生9个班共537名学生，于2014年4月至2015年4月进行为期一年的追踪研究。第一次有效应答人数为474人，有效应答率为88.26%，筛选出受欺负者284人；第二次发放问卷515人（部分学生转学或请假），有效应答人数为419人，有效应答率为81.35%，初二筛选出受欺负者217人。两次均有效作答者为381人，初一时点平均年龄为13.14±1.72岁。

（二）测量方法

1. 受欺负行为测量

采用国际上通用的"二分法"分类标准（张彩，柯李，张兴慧，2016），将在"在这个学期你在学校里被别的同学欺负过吗？"和"在这个学期，你在学校欺负过其他同学吗"中选择"有时发生""每周一次"和"每周几次"的被试分别确定为"受欺负者"与"欺负者"。将只受欺负者称为"单纯受欺负者"，将既欺负他人也受他人欺负者称为"欺负/受欺负者"。根据这一标准，初一、初二分别筛选出单纯受欺负者190人（40.1%）与134人（32.0%），欺负/受欺负者94人（19.8%）与83人（19.8%）。将在两个年级均受欺负者，称为"稳定受欺负"，只在某个年级受欺负的分别称为"初一受欺负"与"初二受欺负"。分别筛选出稳定受欺负者140人（37.3%）、初一受欺负者89人（23.7%），初二受欺负者51人（13.6%），还有101人两次均未被欺负。

2. 受欺负时的心理状态测评

让学生用五个形容词描述"你被别的同学欺负时的感觉"。

（三）施测方式

以班级为单位进行团体测试，给每个同学编制一个对应的追踪码，答题时采用匿名方式进行纸笔测试。主试由受过培训的心理学研究生担任，中学心理健康教师当助手。学生在课堂上完成问卷后当场回收，由主试带回。两次测试的程序与研究工具完全相同。

（四）统计方法

将所有数据录入统计软件SPSS21.0中进行描述统计与卡方检验。

二、结果分析

（一）受欺负时的心理状态

在初一与初二两个时点上共收集到 319 个描述自己受到他人欺负时的形容词，请两名心理学的研究生就同义词进行分类，共归为 45 类，将 16 类两次合并选择人数均小于 5 人的词语删除，将剩下的 29 类形容词进行分析。通过对 29 类形容词的分析，可以分为情绪、生理、认知和应对四个方面，发现与应激反应的心理状态与心理过程部分一致。

1. 受欺负时的情绪状态

受欺负者描述的情绪均为消极情绪，如愤怒、悲伤、抑郁、恐惧、激动、羞辱、自卑、孤独、失望、后悔等。无论初一还是初二，描述最多的是愤怒、抑郁，选择比例均在 64.7% 以上，这也是应激情绪反应中的两种主要情绪，因此在后续的分析中对此进行单独分析。高度紧张的情绪，如恐惧、焦虑、激动、不满等也是应激情绪反应中的典型情绪反应，但填写的比例相对较低，在 19.3% 以上。第四类为中度紧张的情绪，包括委屈、不公平、厌恶、羞辱、自卑、孤独、失望、后悔、不开心，选择比例在 65.8% 以上，这些不属于典型的应激情绪反应。第五类为仇恨，选择比例较低，但也在 9% 以上，这种情绪虽然也不同于应激的情绪反应，但实质是应激行为反应敌对与攻击的内在心理反应，由于受欺负具有的恃强凌弱的特点，导致受欺负者对欺负者很憎恨，但是又不敢报复与攻击，这与 12.5% 的学生描述不服又不敢的心理一致。

2. 受欺负时的生理反应

在生理方面，极少数受欺负者提到如呼吸急促、心怦怦直跳、面红耳赤、天昏地暗、脑子发热等应激生理反应。也有少部分受欺负者提到了外显的生理伤害与疼痛，如鼻青脸肿、腰酸背痛等，但选择比例很低。表明受欺负对初中生的生理伤害是比较小的，而心理伤害才是主要的。

3. 受欺负时的认知方式

在认知方面，也存在应激性休克的表现，如迷惘、困惑、不知所措；初中生会对应激事件与所处情境进行评价，从而出现矛盾心理，如想报复又不敢、怕惹事等，这种心理也导致了他们对欺负者的仇恨和对自己的自怜与自卑，但这种心理也减少了由受欺负者转变成欺负者的可能。

4. 受欺负时的应对方式

受欺负者描述的应对方式很多，可以归纳为五种，第一种是针对受欺负事件进行指责报复，或者延迟报复；第二种则是针对受欺负事件采取诸如主动控制、求助、回避情境等积极应对方式；第三种更多针对受欺负引起的情绪进行自我调节，如平息情绪、哭泣，或者告诉自己"算了"；第四种是主动对受欺负事件进行认知重评，如自我解嘲，比如说"至少我不惹事"或者告诉自己"我是好孩子"等，看到受欺负事情后面的积极性；第五种则是针对自己的消极应对方式，如自杀、自虐、沉默、忽视、忍耐、麻木、扔东西，对个体的伤害性可能最大（详见表3-6）。

表3-6 受欺负心理状态及年级差异分布表①

维度	分类	形容词	初一 N=248	初二 N=187	χ^2
情绪	高紧张	恐惧、焦虑、激动、不满	63（25.4）	36（19.3）	3.38
	仇恨	仇恨、敌对、憎恨、痛恨	23（9.2）	18（9.6）	0.02
	愤怒	愤怒、气愤、恼怒、愤懑	215（86.7）	134（71.7）	15.20**
	抑郁	悲伤、抑郁、痛苦、心碎	196（79.0）	121（64.7）	11.07**
	中紧张	委屈、不公平、厌恶、羞辱、自卑、孤独、失望、后悔、不开心	183（73.8）	123（65.8）	3.28
生理	生理反应	呼吸急促、心怦怦直跳、面红耳赤、天昏地暗、脑子发热	17（6.9）	4（2.1）	5.16*
	生理伤害	鼻青脸肿、起不来、受内伤、腰酸背痛、受伤、头痛头晕	4（1.6）	10（5.3）	4.77*
认知	认知性休克	迷惘、困惑	19（7.7）	7（3.7）	2.91
	矛盾心理	不服又不敢、不想惹事	31（12.5）	30（16.0）	1.11
应对方式	指责报复	报复、延迟报复、指责、诅咒	67（27.0）	69（36.9）	4.84*
	积极应对	主动控制、求助、回避情境	18（7.3）	12（6.4）	0.12
	应对情绪	平息情绪、哭泣、算了	25（10.1）	6（3.2）	7.61**
	认知重评	自我安慰、自我解嘲、玩笑	14（5.6）	21（11.2）	4.49*
	消极应对	想自杀、自虐、沉默、忽视、忍耐、麻木、扔东西	25（10.1）	18（9.6）	0.02

(二) 心理状态的人口统计学差异

1. 心理状态的年级差异

采用卡方检验心理状态的年级差异发现，初一学生的愤怒、抑郁、生理

---

① 表3-6的人数与表3-7、表3-8中的初一初二人数之和不同，是由于其他表格需要考虑的变量更多，如果其他变量存在缺失值，有效样本量就会减少。表1的样本量少于方法部分，在于删除了16类形容词，所以人数减少。

反应、应对情绪的比例高于初二学生[①]，而生理伤害、认知重评、指责报复的比例低于初二学生，其他方面的差异无统计学意义。

2. 心理状态的性别差异

初一男生在抑郁与应对情绪方面均低于同年级女生，而指责报复与生理反应高于女生。表明初一男生受欺负时会体验到更多的生理反应，这种生理反应驱使个体采用更主动的指责报复行为，而女生的抑郁情绪会阻碍个体采用针对他人的行为，更易采用直接针对情绪的调节行为，这也保护女生不易沦为欺负/受欺负者。

随着年级的增长，男生在初二时会比女生体验到更少的中度紧张情绪，采用更少的积极应对方式，但是指责报复与女生的差异只达到边缘显著（$\chi^2=3.82$，接近临界值 3.84），原因在于虽然男生随着年级的增长，采用指责报复的比例有所提升，但是女生增长的比例更高。

初二男生体验到的中度紧张情绪比初一男生低 16.3 个百分点（$\chi^2=6.86$，$P<0.01$）。表明随着年级的增长，男生会更冷静地去面对受欺负困境，情绪困扰更少，但这一特点也会使男生采取更多报复行为。

初二女生比初一时体验的抑郁情绪比例下降了 26.9%，采用应对情绪策略的比例也降低了 13.7%；初二女生采取积极应对策略的比例高于同年级男生 10.5%。表明随着年级的增长，女生能采用更积极的方式去应对受欺负困境，体验的消极情绪大幅减少，耗费在应对消极情绪上的资源也大幅减少，表明女生在受欺负后出现了创伤后成长，详见表 3-7。

表 3-7 受欺负心理状态的性别差异

	初一		初二		检验值		
	男	女	男	女	χ^2_1	χ^2_2	χ^2_3
中紧张情绪	108 (71.5)	72 (79.1)	53 (55.2)	47 (79.7)	1.72	4.81*	0.01
抑郁	112 (74.2)	80 (87.9)	62 (64.6)	36 (61.0)	6.54*	1.85	14.77**
指责报复	51 (33.8)	15 (16.5)	41 (42.7)	16 (27.1)	8.56**	3.82	2.47
积极应对	12 (7.9)	6 (6.6)	3 (3.1)	8 (13.6)	0.15	6.03**	2.05
生理反应	16 (10.6)	1 (1.1)	4 (4.2)	0	7.84**	2.52	0
应对情绪	11 (7.30)	14 (15.4)	4 (4.2)	1 (1.7)	4.02*	0.72	7.45**
人数	151	91	96	59			

注：χ^2_1、χ^2_2 分别表示初一与初二时的男女之间的比较，χ^2_3 表示女生的年级比较。

[①] 本书研究判断差异显著的标准是 $P<0.05$，如果大于 0.05 则不显著，在文中不再注明 P 值。

（三）心理状态的受欺负情况差异

1. 心理状态的受欺负稳定性差异

我们分别检验初一与初二时，稳定受欺负者与只在一个年级上受欺负者之间的差异，以及稳定受欺负者自身在两个年级之间的差异。

结果显示在初一时，稳定受欺负者在抑郁与认知重评上均低于只在初一受欺负者（$P<0.05$），而愤怒高于初一受欺负者（$P<0.05$）。表明抑郁可能会促使个体思考如何去摆脱受欺负的困境，对情境与目前的处境进行积极的认知重评，而愤怒情绪却会消耗个体的认知资源，使之更难以摆脱受欺负的困境。

到了初二，稳定受欺负的学生只在生理伤害上低于初二才受欺负的学生（$P<0.05$），愤怒边缘显著低于初二才受欺负的学生（$\chi^2=3.72$，接近3.84），在其他方面的差异均无统计学意义（$P>0.05$）。随着年级的增长，稳定受欺负者在受欺负时的心理状态也发生了改变，在初二受欺负时，愤怒情绪下降了26.4%，认知重评提升了9.5%，表明反复受欺负在给个体带来心理创伤的同时也促进了个体的心理发展。原因可能在于个体反复受欺负后，相当于进行了压力接种训练，使个体的愤怒大幅减少，并且为了恢复心理平衡，个体主动对受欺负事件进行认知重评，从而促进了个体心理发展（详见表3-8）。

表3-8 心理状态的受欺负稳定性差异

	初一		初二		检验值		
	稳定受欺负	初一受欺负	稳定受欺负	初二受欺负	χ^2_1	χ^2_2	χ^2_3
愤怒	96 (88.9)	44 (77.2)	55 (62.5)	23 (82.1)	5.71*	3.72	19.09**
抑郁	73 (67.6)	51 (89.5)	51 (58.0)	15 (53.6)	9.57**	0.17	1.94
生理伤害	1 (0.9)	3 (5.3)	2 (2.3)	4 (14.3)	2.96	6.25*	0.58
认知重评	2 (1.9)	6 (10.5)	10 (11.4)	3 (10.7)	6.08*	0.01	7.63**
人数	108	57	88	28			

注：χ^2_1表示稳定受欺负者与单纯初一受欺负者之间的差异、χ^2_2表示稳定受欺负者与单纯初二受欺负者之间的差异，χ^2_3表示稳定受欺负在两个年级差异

2. 心理状态的受欺负角色差异

初一单纯受欺负者的愤怒高于欺负/受欺负者（$P<0.01$），指责报复（$P<0.01$）与积极应对（$P<0.05$）均低于欺负/受欺负者，而在其他方面的差异无统计学意义（$P>0.05$），详见表3-9。对初二受欺负心理状态的

受欺负角色进行卡方检验，结果发现只在抑郁上存在差异，单纯受欺负者高于欺负/受欺负者（66.2%：47.3%，$\chi^2=4.58$，$P<0.05$），其他方面的差异均无统计学意义（$P>0.05$）。

相较于欺负/受欺负者，单纯受欺负者感觉自己很无辜，积极应对策略较少，因而体验到更多的愤怒情绪。欺负/受欺负者拥有更多的积极应对策略，并且用更激烈的指责报复来发泄个体的愤怒，因此他们体验到的愤怒情绪会更少。随着年级的增长，单纯受欺负者无力去反抗受欺负事件的发生，因习得性无助而导致抑郁情绪无法排解（详见表3—9）。

表3—9 初一受欺负角色的心理状态差异

	单纯受欺负 N=131	欺负/受欺负 N=75	χ^2
愤怒	124（94.7）	57（76.0）	35.66***
指责报复	35（26.7）	29（38.7）	17.87***
积极应对	6（4.6）	9（12.0）	4.10*
人数	131	75	

三、校园欺负行为建议

（一）校园欺负行为的干预应更关注受欺负者的心理伤害

目前无论是社会舆论还是学校管理层面，都更重视学生受欺负时的生理伤害而往往忽视了心理伤害。如果受欺负者没有生理伤害，无论是管理者还是家长，可能会认为这只是儿童之间的打打闹闹，或者只是一个过分的玩笑而已。

但本研究发现，仅有1.6%~5.3%的受欺负者会体验到生理伤害，而70%以上的受欺负者会体验到抑郁、愤怒等消极情绪，有10%左右的受欺负者会采用自我伤害、麻木等方式去应对。如果只根据生理伤害来判断欺负行为是否需要干预，则会导致绝大部分受欺负者无法获得学校的支持，因此体验到更多的无助情绪，并难以摆脱受欺负的困境。

针对受欺负的这一特点，教育管理部门或学校在定义校园欺负行为时，要以身心两方面的伤害为依据，即如果一个行为能够引起他人的心理伤害，我们就应该将其定义为欺负行为，如造谣、恶意中伤、故意孤立等。

由于欺负行为的特点是恃强凌弱，受欺负者常常难以反抗（张文新，谷传华，王美萍，2000），而且受欺负对象明确，因此，不同于其他负性生活事件，受欺负者会产生憎恨心理，且会产生今后再报复的想法或者自杀、自伤的行为，如果不及时干预，会给学生带来长期不利影响（张文娟，马晓春，2016）。

（二）受欺负干预应更关注男生受欺负者

研究发现，初一男生受欺负时会比女生体验到更少的抑郁情绪与更多的生理反应，这使得男生情绪表达受到抑制，从而减少积极思考如何有效应对受欺负事件的可能性，直接选择更多的指责报复，不利于创伤后成长（刘丽琼，肖少北，2010）。因此，到了初二后，男生的抑郁情绪仍然没有得到大幅降低，而女生体验到的抑郁却直线下降，与男生持平。男生体验到的中度紧张还是有所下降，生理反应的降低也达到了边缘显著，但积极应对的方式却仍然没有提高，表明男生难以自行提升应对受欺负的积极策略，情绪体验的减少也不利于男生的心理健康。

女生在初二之后体验到的抑郁情绪频率直线下降，因此应对情绪的比例也直线下降，而采用积极应对方式的比例显著高于男生，表明女生在初二后，情绪管理能力显著提升，能更好地采用积极的应对方式去面对受欺负行为。

因此，在干预校园欺负行为时，我们可以更关注受欺负的男生。对于男生受欺负者而言，重要的干预措施是帮助他们体验到自己的消极情绪，鼓励他们表达情绪，从而促使他们积极思考自己拥有的应对资源、可以采用的应对策略（陈佳敏，2013），减少采用对抗性的指责报复方式，以阻断受欺负—报复—受欺负的恶性循环，甚至是极端事件的发生。

（三）要减少受欺负的创伤，更要促进学生创伤后的成长

关于受欺负者的创伤研究已经非常多（胡阳，范翠英，张凤娟，2014），本研究也发现，受欺负会给个体带来抑郁、愤怒、伤害等，尤其是单纯受欺负者。初一单纯受欺负者会比欺负/受欺负者体验到更多的愤怒情绪，但却更少有积极应对与指责报复行为，这种情绪的强烈体验消耗了个体大量的资源去抑制情绪，到了初二，单纯受欺负者的愤怒减少，形成习得性无助与抑郁。因此，干预中应更关注对受欺负者提供社会支持、鼓励情绪表达、培养积极应对技巧、发展友谊，以使其尽快从受欺负困境中摆脱出来。

认知重评在帮助个体脱离受欺负困境中起到了积极作用，只在初一受欺负者采用认知重评的比例显著高于稳定受欺负者。稳定受欺负者在初二时会比初一体验到更少的愤怒和更多的认知重评；相对于初二才受欺负的同学，稳定受欺负者在初二时体验到更少的生理伤害，愤怒也边缘显著少于初二才受欺负的同学，这些均表明稳定受欺负促进了个体创伤后的成长（胡阳，范翠英，张凤娟，2013）。

目前反欺负行为的主要目标是阻止校园欺负行为的发生，但无论学校、

社会与家庭如何共同努力，想要完全阻止欺负行为的发生是几乎不可能的。因此，学校在制定欺负行为方案时，既要努力营造安全的学校氛围，将欺负行为按后果的严重性进行分类、分级管理，更要关注可能会受欺负的弱势学生群体，为他们提供包括情绪管理、发现自身积极的应对资源、寻找积极应对方式与建立社会支持系统在内的指导与训练，促进创伤后的成长。

第四章 欺负行为研究工具的编制

科学有效的研究工具是课题顺利完成的保证，也是收集到翔实、有效、可信数据的保证。因此，在课题开始之前，要对研究的目的、内容进行梳理，并编制相关的研究工具。

第一节 欺负与受欺负行为测量工具

因为要研究在网络背景下中学生欺负行为的发生特点，所以编制的问卷要包括网络与面对面两种情境下的欺负行为，并要注意使其适合中学生使用，信效度良好。为了达到这一目的，需要严格按照心理测量学的要求进行编制。

由于受欺负与欺负行为其实涉及两个群体，所以欺负行为量表与受欺负行为量表应该是两个独立的量表，两个量表之间应该没有太大的相关性，在做项目分析时应分开进行分析。只是为了写作的方便，且两个量表确实存在相似性，如欺负者的行为是施加给受欺负者，其结构可能会一致，因此我们将编制过程放在同一节内进行。

一、量表初稿的编拟

（一）量表理论框架的建构

结合第二章的文献分析内容与第三章的质性研究结果，本研究测量面对面情境下的欺负行为，即传统网络欺负，也测量网络情境下的欺负行为，即网络欺负。具体量表的结构见表4-1。由于量表的编制过程也是理论探讨的过程，因此，该量表理论也会被不断地修正。

表 4—1　欺负与受欺负行为量表理论框架

	分测验	代码	测验内容
受欺负	传统受欺负	V1	身体欺负、言语欺负、关系欺负、权益侵占
	网络受欺负	V2	言语欺负、网络散布隐私与网络财产侵权
欺负	传统欺负	B1	身体欺负、言语欺负、关系欺负、权益侵占
	网络欺负	B2	言语欺负、网络散布隐私与网络财产侵权

（二）项目库的建立

为了保证项目内容能真正反映测验内容，我们严格按照量表的理论框架收集项目。项目来源于两个方面：一是借鉴国内外现有相关量表（张文新，谷传华，王美萍，2000；陈世平，乐国安，1999；Osworth K．，Espelage D. L．，&Simon T. R．，1999），二是采用自编开放式问卷中所获得的项目。

项目均采用选择题，按欺负行为已有量表的方式选择测量时距为本学期，计分方式选择利克特 1~5 级记分，即：①本学期没有欺负（受欺负），②本学期只发生过一两次，③时常发生，④约一周一次，⑤一周好几次。分数越高，欺负（受欺负）程度越严重。

将收集来的 40 条题目，请两名心理健康教育的研究生按量表的理论框架共同审定内容与表述，然后汇总到心理学副教授处进行修改。最后保留了 11 条欺负行为问题的题目，分别修改表述成为受欺负与欺负行为量表中欺负形式（V1 与 B1）分测验的题目。具体题目见表 4-2。

第 9 至第 11 题并不属于欺负行为，而属于犯罪行为，因为打伤不同于简单的打人，程度严重到足以入罪。但是保留在欺负行为中的目的是想了解中学生中有多少学生已涉及犯罪行为，但在分析欺负行为及其影响时并不记入其中。

表 4—2　欺负与受欺负行为量表的题目

受欺负	欺负
A1 有人打、踢、推、撞等用肢体欺负过你吗？	B1 你会打、踢、推、撞等用肢体欺负他人吗？
A2 有人损坏、拿或抢走你东西，或逼着给他钱吗？	B2 你会损坏、拿或抢走他人东西，或逼着他人给钱吗？
A3 有人当面强迫你做自己不想做的事，如写作业、买东西、替人隐瞒事情等吗？	B3 你会当面强迫他人做自己不想做的事，如写作业、买东西、替人隐瞒事情等吗？

续表4—2

受欺负	欺负
A4 有人在网上发恶意的链接，盗取你的密码或QQ号，或者恶意举报你使你的QQ号被封，在QQ里骗或威胁你（如逼你发红包）吗？	B4 你会在网上发恶意的链接，盗取他人的密码或QQ号，或者恶意举报使他人的QQ号被封，在QQ里骗或威胁他（如给你发红包）吗？
A5 有人在网上散播你的隐私，或者发一些与你有关的不好的信息或图片吗？	B5 你会在网上散播他人的隐私，或者发一些与他人有关的不好的信息或图片吗？
A6 有人在网络上，如在微信、QQ等上骂你、说坏话、起外号或嘲笑过你吗？	B6 你在网络上，如在微信、QQ等上骂人、说坏话，起外号或嘲笑过人吗？
A7 有人当面或背后骂你、说你坏话、嘲笑或歧视过你吗？	B7 你当面或者在背后骂过、说他人坏话、嘲笑或歧视过他人吗？
A8 有人孤立过你吗？如故意不让你参加他们的游戏，不让其他人和你玩。	B8 你孤立过他人吗？如故意不让他参加游戏，不让其他人和他玩。
A9 有人对你敲诈勒索，收保护费吗？	B9 你会向他人敲诈勒索，收保护费吗？
A10 你被人打伤过吗？	B10 你打伤过人吗？
A11 你被人搜身、抢劫过吗？	B11 你搜身、抢劫过他人吗？

二、项目分析

采用第一节介绍的数据进行频率分析、信度分析与相关系数的计算。通过SPSS程序中数据随机化的程序随机将数据分为相等的AB两部分，每部分为1107份。A部分问卷做探索性因子分析，B部分数据做验证性因子分析。探索性因子分析用SPSS22.0分析，验证性因子分析用MPLUS7.4分析。①

（一）发生频率分析

由于欺负行为量表的目的是测量出学生是否受到欺负或实施欺负，因此不需要严格控制题目的通俗性水平，但考虑到题目的代表性，因此考查了选择1次及以上的频率（即发生率）作为项目通俗性的考查指标，选择比率低于2%的项目则予以删除。

经统计，各项目在受欺负中的选择比率都超过了2%，只有敲诈勒索、收保护费与搜身抢劫两条明显属于犯罪行为的项目在欺负中的选择比率低于2%（结果见表4—3）。但考虑到一些项目对个体伤害性很大，因此不予删除，暂时保留，等到因子分析后再决定。

---

① 后续量表的分析数据与分析软件均一致，不再详细介绍。

表4—3 项目的发生率（%）

	项目号	发生率	项目号	发生率	项目号	发生率
受欺负	A1	28.3	A5	11.7	A9	2.4
	A2	13.9	A6	34.5	A10	11.9
	A3	18.9	A7	49.3	A11	3.2
	A4	21.7	A8	18.9		
欺负	B1	16.5	B5	3.5	B9	1.5
	B2	2.7	B6	17.1	B10	5.4
	B3	6.3	B7	24.4	B11	1.8
	B4	4.2	B8	8		

（二）探索性因子分析

为了保证题目的区分度与量表的结构效度，我们主要采用探索性因子分析与验证性因子分析来筛选题目。我们将2214份样本分成两部分，一部分做探索性因子分析，另一部分做验证性因子分析。

我们先对不删除项目的受欺负与欺负各11条项目分别做KMO与Bartletts球形检验，欺负行为的KMO虽然没有达到0.9，但只要高于0.6就可以做因子分析。

表4—4 KMO值与Bartletts球形检验结果及解释方差

	欺负未删题	欺负删题	受欺负未删题	受欺负删题
KMO值	0.854	0.832	0.862	0.854
χ^2	4132.325	2546.774	3514.306	2208.326
df	55	36	55	36
P	<0.001	<0.001	<0.001	<0.001
因子数	3	2	2	1
解释方差（%）	62.55	54.368	51.108	40.952

采用主成分法、方差极大法进行因子分析，在未删除犯罪行为时，欺负行为抽取了三个因子。第一个因子由七个项目组成，全部是传统欺负行为，第二个因子由四个项目组成，两个项目是面对面与网络情境下的言语欺负，但有三个题目都同时在两个因子上高度相关。第三个因子由三个网络欺负的题目组成，但网络言语欺负在第一个因子上的相关更高（结果见表4—5）。受欺负未删题前抽取两个因子，但是五个题目在两个因子上都有高的负荷，且明显不是同一因子的题目却在一个因子上。

表 4—5 欺负/受欺负量表未删除因子负荷表

受欺负	V1	V2	欺负	B1	B2	B3
A11	0.871		B11	0.829		
A9	0.857		B9	0.805		
A10	0.583	0.310	B10	0.746		
A2	0.559	0.429	B2	0.743		
A3	0.353	0.491	B3	0.619		
A1		0.558	B1	0.533	0.396	
A7		0.821	B7		0.855	
A6		0.712	B6		0.679	0.384
A8		0.677	B8	0.461	0.485	
A4	0.481		B4			0.850
A5	0.554	0.315	B5			0.812

结合发生率以及量表的理论构想,将敲诈勒索、收保护费与搜身抢劫两个项目从被欺负与欺负两个测验中删除。打伤人其实是对肢体欺负严重程度的测量,因此也将其删除。将删除三道题后的项目再进行探索性因子分析,结果被欺负得到两个因子,除了面对面言语欺负同时在两个因子上有高负荷外,其他项目都归属清晰。从所属因子的题目来看,第一个因子为传统欺负行为,第二个因子为网络欺负行为,因此分别命名为网络欺负与传统欺负,并将面对面言语欺负根据理论构想划归于第一个因子。

受欺负删题后的因子分析结果显示只有一个因子,所有题目都归属于一个因子。但单因子结构解释的变异太少,仅为 40.952%。因此,在验证性因子分析中将分别检验单因子模型以及参照欺负行为分测验结果的两因子模型。结果详见表 4—6。

表 4—6 欺负/受欺负删题后因子负荷表

受欺负	V	欺负	B1	B2
A7	0.702	B2	0.780	
A6	0.690	B3	0.724	
A2	0.688	B1	0.720	
A8	0.654	B8	0.591	
A1	0.620	B5		0.779
A3	0.616	B4		0.764
A5	0.593	B6		0.690
A4	0.534	B7	0.371	0.467

（三）验证性因子分析

为了验证模型是否合理，采用另一半数据进行验证性因子分析。验证的模型有两个，一个是欺负行为的两因子模型，另一个是受欺负行为的单一因子模型。模型采用 MPLUS7.4 软件进行分析。

受欺负行为的两因子模型拟合指数均达到优秀水平，但两因子之间的相关系数为 0.753，相关太高。接着我们做一因子模型，模型拟合指数虽然也较为优秀，但较两因子模型要差。从模型的因子负荷来看，两个模型均符合要求，但两因子模型更符合理论构想，因此综合比较下选择两因子模型（结果详见表 4-7 和表 4-8）。

表 4-7 欺负/受欺负验证性因子分析拟合指数

	χ^2	df	SRMR	CFI	TLI	AIC	BIC
欺负两因子模型	202.595	17	0.046	0.913	0.857	6870.779	7005.366
欺负单因子模型	230.267	18	0.048	0.901	0.846	6896.451	7026.054
受欺负两因子模型	103.393	17	0.035	0.956	0.928	17070.159	17204.896
受欺负单因子模型	165.949	18	0.043	0.925	0.884	17130.715	17260.462

欺负行为的两因子模型的拟合指数也优于单一因子模型，两个模型均可以接受。但两因子之间的相关高达 0.866，选择作为一个因子也是恰当的，只是两因子模型更适合我们的理论构想，因此还是决定接受两因子模型（结果详见表 4-7 与表 4-8）。

表 4-8 受欺负模型的因素负荷

受欺负	两因子模型 V1	两因子模型 V2	一因子模型	欺负	两因子模型 B1	两因子模型 B2	一因子模型
A1	0.594		0.553	B1	0.458		0.438
A2	0.599		0.563	B2	0.525		0.514
A3	0.710		0.665	B3	0.455		0.449
A7	0.554		0.407	B7	0.534		0.500
A8	0.520		0.540	B8	0.684		0.643
A4		0.458	0.570	B4		0.658	0.628
A5		0.625	0.567	B5		0.761	0.724
A6		0.644	0.528	B6		0.581	0.588

三、欺负与受欺负行为的信效度分析

我们用全部样本,共2214份问卷的数据估计量表的信效度进行分析。

(一)欺负与受欺负行为量表的信度分析

我们采用Cronbach's α 系数估计量表的内部一致性信度。结果显示,量表的内部一致性信度良好。虽然没有达到理想人格测验要求的0.8以上,但总量表都在0.7以上。分量表中除网络受欺负的相关只有0.577之外,其他分量表都在0.6以上,因此内部一致性信度可以接受(详见表4—9),可以用于团体测评与研究。

表 4—9 分量表与总量表的信度系统及相关系数表

	α	r					
		V1	V2	V	B1	B2	B
V1	0.742	1					
V2	0.577	0.540**	1				
V	0.789	0.939**	0.796**	1			
B1	0.665	0.400**	0.271**	0.394**	1		
B2	0.612	0.220**	0.386**	0.310**	0.508**	1	
B	0.743	0.387**	0.357**	0.418**	0.937**	0.777**	1

注:**表示 $P<0.01$,下同

(二)量表的效度分析

1. 结构效度

欺负行为量表作为人格结构,所以我们主要采用结构效度分析。在项目分析中,验证性因子分析的结果表明模型拟合良好,量表的结构效度良好。

从量表间的相关来看,受欺负两个分量表之间的相关为0.54,低于分量表与总量表的相关。这表明量表的结构归属清晰。欺负行为的两个分量表之间的相关为0.508,也低于分量表与总量表的相关,表明归属清晰(结果详见表4—9)。所以,从分量表与总量表的关系来看,两个量表的结构效度良好。

从项目与总分、分量表的相关来看,每个项目与所属分量表的相关均高于与总分、非所属分量表的相关,与总分的相关又高于与非所属分量表的相关。这表明项目归属清晰,分量表间所测量的心理结构不同,但都是总量表中的一部分。

表 4—10 题目与总分及分量表的相关系数

欺负	总分	所属分量表	非所属分量表	受欺负	总分	所属分量表	非所属分量表
A1	0.652**	0.721**	0.313**	B1	0.673**	0.750**	0.305**
A2	0.638**	0.679**	0.366**	B2	0.588**	0.628**	0.339**
A3	0.649**	0.694**	0.371**	B3	0627**	0.673**	0.346**
A4	0.519**	0.708**	0.329**	B4	0.506**	0.721**	0.298**
A5	0.564**	0.691**	0.391**	B5	0.559**	0.729**	0.372**
A6	0.681**	0.818**	0.486**	B6	0.683**	0.854**	0.461**
A7	0.722**	0.759**	0.438**	B7	0.665**	0.681**	0.426**
A8	0.651**	0.686**	0.386**	B8	0.602**	0.628**	0.387**

注：** 表示 $P<0.01$，下同

2. 区分效度

从不同量表间的相关来看，欺负行为量表与受欺负行为量表的相关仅为 0.418，不同量表的分量表之间的相关在 0.22 至 0.40 之间。表明欺负行为与受欺负行为虽然应用的是相同的方法，但测量的是不同的结构，因此它们之间的相关低，证明区分效度良好。

两量表之间有一定的相关度，原因在于在欺负行为中存在着部分欺负/受欺负者，他们既在欺负行为量表上有高分，也在受欺负量表上有高分，因此两个量表具有低度的相关。当然这种相关性中也可能混合了一定的共同方法偏差，但检验发现偏差并不显著，但这也或多或少会高估变量之间的相关系数。

第二节 受欺负求助对象的分类研究

中学生在受欺负后，他们是否求助，他们的求助对象是否不同，这些求助行为对于减少他们受欺负的可能性是否存在帮助，这些问题都是我们在欺负行为的研究中需要了解的，也是校园欺负行为干预方案制订时需要掌握的信息。因此，我们又进行了受欺负求助行为量表的编制。

在陈世平修订的量表中，已经包括了测量受欺负者求助对象的问题，但是这一问题只包括朋友、老师与父母，且没有介绍这些求助对象之间的关系以及如何计分的问题。我们通过开放式的问卷调查，将陈世平的求助对象进行了扩展，修改为"你受欺负时，你告诉过哪些人？①朋友；②同学；③班主任；④科任老师；⑤父母；⑥我没有告诉任何人；⑦我没有受过欺负"。受计分方式采用 0，1 计分，即在受欺负后告诉了老师等，则记为 1 分，没有则记为 0 分。没有告诉任何人与没有受过欺负者不进行分析。

然后将每个选项当作一个题目进行因素分析，以了解这些求助对象之间的关系或者说分类问题，以便更方便地统计不同求助对象给受欺负者带来的影响的差异性。

一、项目的选择频率分析

项目选择频率分析是衡量项目通俗性的一个重要指标。经过统计，发现选择求助朋友的比例最高，达 40.6%；其次是父母，选择比例为 29.5%。选择班主任与同学的比例一致，而选择科任老师的比例最低[①]，但也达到了3.6%，因此不将此条项目删除，全部予以保留。

二、探索性因子分析

为了探索求助对象的分类，我们对求助的班主任、科任老师、父母、朋友、同学进行了因素分析，以便分析学生的求助情况，结果发现 KMO 值为 0.624，$\chi^2=359.179$，在 0.001 水平上显著。因此我们采用主成分法进行因素分析，用方差极大法抽取因子，结果抽取了两个因子，解释总变异 56.17%。班主任、科任老师与父母归属于一个因子，因子负荷分别为 0.79、0.732 与 0.554，第二个因子由朋友与同学组成，因子负荷分别为 0.852 与 0.696。分别命名为求助成人与求助同伴（详见表 4—11）。

表 4—11　求助对象因子分析结果

	频率（%）	探索性因子分析		验证性因子分析	
		S1	S2	S1	S2
班主任	17.0	0.790		0.596	
科任老师	3.6	0.732		0.544	
父母	29.5	0.554		0.435	
朋友	40.6		0.852		0.334
同学	17.0		0.696		0.743

三、验证性因子分析

为了验证数据模型跨样本的稳定性，我们用另一半数据进行验证性因子分析。结果发现验证性因子分析的模型拟合良好，除 TLI 低于 0.9 之外，其他指数均显示优秀，CFI 大于 0.9，SRMR 小于 0.05（详见表 4—12）。从项目的因子负荷来看，因子负荷均大于 0.3，也满足因子分析的要求。因此我们选择两因子模型，且该模型与最初的理论构想也是一致的。

---

① 这也表明在校园欺负行为中，科任老师所起到的作用较小，为中学生提供的帮助较少。

表 4—12 欺负/受欺负验证性因子分析拟合指数

	χ^2	df	SRMR	CFI	TLI	AIC	BIC
求助	38.718	4	0.038	0.911	0.778	3864.561	3944.138

四、信效度分析

(一) 信度分析

我们采用 Cronbach's α 系数估计量表的内部一致性信度。结果显示，量表的内部一致性相对较差，总量表的信度仅为 0.5。求助同伴的信度仅为 0.388，求助成人的信度为 0.456。原因可能在于题目数量太少，或者是 0，1 计分方式的缘故。因此后续计总分分析时可能会影响变量之间的关系，毕竟信度太低，可能会影响对其他变量进行分析时结果的一致性。

(二) 效度分析

求助行为属于广义的人格测验范畴，因此我们主要分析结构效度。在项目分析中，我们进行的验证性因子分析结果表明模型拟合良好，这是量表具有良好结构效度的依据之一。

从量表间的相关来看，求助行为两个分量表的相关为 0.218，而分量表与总量表的相关在 0.7 以上，表明两个分量表有较弱的相关关系，但它们独立地测量受欺负者的求助行为的不同方面，同时也表明中学生很少同时求助同伴与成人，因此它们之间的相关较低。项目与总分的相关在 0.454～0.647 之间，明显低于与所属分量表的相关（0.546～0.849），但高于与非所属量表的相关（0.109～0.258），表明项目的归属清晰，量表的结构效度优良（结果详见表 4—13）。

项目的归属，以及分量表的分类均与理论构相一致，表明量表的内容效度也非常好。只是为了提高信度，下次有必要将 0，1 计分改为利克特 5 点计分。

表 4—13 题目与总分及分量表及相之间的相关系数

欺负	S1	S2	总分	C1	C2	C3	C4	C5
S1	1							
S2	0.218**	1						
总分	0.798**	0.762**	1					
C1	0.109**	0.849**	0.597**	1				
C2	0.257**	0.723**	0.617**	0.249**	1			

续表4—13

欺负	S1	S2	总分	C1	C2	C3	C4	C5
C3	0.745**	0.110**	0.562**	0.030	0.164**	1		
C4	0.546**	0.148**	0.453**	0.075**	0.173**	0.352**	1	
C5	0.786**	0.202**	0.647**	0.121**	0.211**	0.241**	0.188**	1

第三节 旁观者行为问卷的编制

在陈世平修订的中学生欺负行为量表中，编制了旁观者行为的问题，如"如果你看到一个小朋友在学校里被欺负，你会怎么办？"选项有"①看热闹，②走开，③只管做自己的事，④帮助受欺负的同学，⑤报告老师，⑥也跟着欺负这个同学"（陈世平，1999）。但是没有根据这些选项对旁观者的行为进行分类，所以在讨论变量与旁观者行为之间的关系时不方便使用。受欺负者与旁观者的关系也会影响旁观者的行为，但陈世平修订的量表中却没有进行区分。我们为了满足研究中要对旁观者行为进行细致分析的目的，特意编制了旁观者行为问卷。

一、项目的编制

我们参考了陈世平（1999）修订的中学生欺负行为问卷的旁观者问题，结合质性分析的资料，将旁观者问卷分为两个部分，即受欺负者与欺负者是好朋友与不是好朋友两种情境。选项也根据质性分析收集到的数据进行了重新编制。

情境分为两类："你看到一个同学在学校里受欺负，这个同学不是你的好朋友，你会怎么办？""你看到一个同学在学校里受欺负，这个同学是你的好朋友，你会怎么办？"

选项都是"①看热闹；②走开；③在旁边看，但不说话；④帮助受欺负者；⑤报告老师；⑥也跟着欺负；⑦安慰受欺负者；⑧让欺负者住手"。

陈世平的问题是单选，但其实一个旁观者并不会总是用一种方式去面对他人受欺负的情境，因此，我们将题目改成了多选，采用0，1计分的方式，选择了某个选项就记为1分，没有记为0分。

二、项目分析

（一）分析项目的选择频率

我们统计了选择各项目的次数与频率，发现相比于不是好朋友的情景，是好朋友的情境下人们帮助受欺负者以及试图阻止欺负的行为会增加。但是有点难以理解的是在好朋友受欺负的情境下，跟着欺负的比例没有太大的差异。虽然看热闹、也跟着欺负的选择比例比较低，但在访谈中，很多学生均提到有人看热闹会助长欺负的行为，因此我们仍然保留所有的选项（结果详见表4—14）。

表4—14 旁观者行为的选择频率

	不是好朋友	是好朋友
D1 看热闹	34 (2.0)	19 (1.2)
D2 走开	365 (21.7)	40 (2.5)
D3 在旁边看，不说话	277 (16.5)	41 (2.6)
D4 帮助受欺负者	398 (23.7)	725 (45.4)
D5 报告老师	936 (55.7)	928 (58)
D6 也跟着欺负	20 (1.2)	27 (1.7)
D7 安慰受欺负者	532 (31.7)	857 (53.7)
D8 让欺负者住手	544 (32.5)	999 (62.6)

（二）探索性因子分析

我们分别对好朋友与非好朋友情境下，旁观者的行为类型进行KMO值与Bartletts球形检验。结果发现在非好朋友情境下，虽然KMO值偏小，但也达到了0.6以上，可以进行因素分析。因此我们采用主成分法进行因素分析，用方差极大法抽取因子，结果抽取了两个因子。解释总变异的38.742%。从因子分析的内容来看，因子1由4条负面的题目组成，命名为负性行为，因子2由帮助、安慰受欺负者的4个条目组成，命名为正性行为。但是让欺负者助手在两个条目上均有较高的负荷，但这个条目也很重要，予以保留。

表4—15 KMO值与Bartletts球形检验结果及解释方差

	KMO值	χ^2	df	P	因子数	解释方差（%）
非好朋友	0.668	857.519	28	<0.001	3	59.000
好朋友	0.625	345.608	28	<0.001	2	38.742

因此我们采用主成分法进行因素分析，用方差极大法抽取因子。在非好朋友的情境下，我们共抽取三个因子，解释总变异的59%，但是题目归属很混乱，"在旁边看""不说话"却与"报告老师"归属于一个因子。有一个因子的条目数不足3条。

我们在好朋友的情境下，抽取了两个因子。解释总变异的 38.742%。从因子分析的内容来看，第一个因子由 4 条负面的题目组成，命名为负性行为；第二个因子由帮助、安慰受欺负者的 4 个条目组成，命名为正性行为。让欺负者住手在两个条目上均有较高的负荷，但这个条目也很重要，故予以保留，等待验证性因子分析进行决定。非好朋友情境下的分类也拟用好朋友情境下的模型进行验证性因子分析。

表 4—16 旁观者行为因子分析结果

	非好朋友			好朋友	
	Y1	Y2	Y3	Y1	Y2
Y2 走开	−0.517			.642	
Y1 看热闹			0.825	.641	
Y3 在旁边看，不说话		−0.756		.588	
也跟着欺负			0.835	.577	
安慰受欺负者	0.732				.803
报告老师		0.843			.647
让欺负者住手	0.702			−.331	.469
帮助受欺负者	0.749				.398

（三）验证性因子分析

采用另一半数据对其行为进行验证性因子分析。结果显示，在非好朋友的情境下，模型拟合指数无法计算出。在好朋友的情境下，模型拟合较好，$\chi^2=44.355$，$df=19$，SRMR$=0.035$，CFI$=0.921$，TLI$=0.884$。但是帮助受欺负者的因素负荷只有 0.097，在正性因子上的四条项目的因子负荷均在 0.097~0.269 之间，均不符合要求。而且正性因子与负性因子之间的相关为−0.030，表明不适合将这些题目组合在一起当作一个量表处理。

因此后续不再分析量表的信效度，而是将其当作分类变量的数据来处理。原因可能在于人们在帮助受欺负者时同时采用多种方式的较少，如让欺负者住手后可能就不会再报告老师，则这两个指标之间的相关性很低，每个指标的独立性均很强，不能将其合并作为一个因子处理。

第五章　中学生欺负行为及各心理变量的发展现状

第一节　中学生欺负行为的现状

调查中学生在网络背景下对欺负行为特点的认知、欺负行为的发生率以及发生特点、学校反欺负情况的现状是对欺负行为进行深入分析以及进行干预的重要依据。

一、中学生欺负行为的发生率及特点

（一）中学生欺负行为的发生率

关于欺负行为的分类，我们参照国际通用的二分法（赵莉，雷雳，2003），将在一个学期中被他人实施欺负行为"有时至每周几次"的学生划分为受欺负者，而将对他人实施欺负行为"有时至每周几次"的学生划分为欺负者。根据这一标准，我们将在受欺负行为量表的 8 个外显指标的任意一个指标选择"有时至每周几次"的学生划分为受欺负者，将在欺负行为的 8 个外显指标的任意一个指标选择"有时至每周几次"的学生划分为欺负者。结果发现受欺负者为 35%，欺负者为 1.7%。传统受欺负与欺负的比例均高于网络受欺负与欺负。

将只受欺负的学生称为单纯受欺负者，将只欺负他人的学生称为欺负者，将既欺负人也被他人欺负者称为欺负/受欺负者，将两者均未参与的称为未卷入者。结果显示有 61.4% 的学生未卷入欺负行为，仅有 3.6% 的学生是单纯欺负者（详见表 5-1）。

表 5-1 中学生欺负行为的发生率

	N（%）		N（%）
受欺负	732（35.0）	网络欺负	249（11.6）
传统受欺负	644（29.2）	单纯欺负	73（3.6）
网络受欺负	393（18.3）	单纯受欺负	522（25.65）
欺负	393（18.3）	欺负/受欺负	194（9.5）
传统欺负	293（13.7）	未卷入	1257（61.4）

（二）中学生欺负行为的人口统计学差异

采用卡方检验来检验中学生欺负行为在人口统计学上的差异，结果发现在是否是学生干部以及是否寄宿上均无显著差异①，在性别与年级上差异有统计学意义。

1. 中学生欺负行为的性别差异

男生在所有情境中的受欺负与欺负的比例均高于女生（详见表 5-2）。

表 5-2 中学生欺负行为发生率性别差异

	男	女	χ^2
受欺负	424（40.4）	290（29.2）	28.696***
传统受欺负	364（34.2）	265（26.4）	14.948**
网络受欺负	228（21.1）	152（14.8）	16.460**
欺负	177（16.6）	104（10.1）	23.739***
传统欺负	147（13.7）	91（8.9）	17.692**
网络欺负	71（6.5）	39（3.8）	8.35*

2. 中学生欺负行为的年级差异

各类欺负/受欺负行为均存在年级差异，总的欺负与受欺负行为均随年级的增长呈下降趋势，初三是受欺负行为下降最快的时期，较初二下降了近 21 个百分点，直至高一均保持在 21.5%，但高二又反弹至 32%。高一是欺负行为发生率最低的时期，高二有小幅回升。

初一至高一，传统受欺负的比例持续下降，但高二较高一回升了 9.6 个百分点。初二与初一年级的网络受欺负比例高，高一最低，仅为 10.3%。传统欺负行为到高中时下降较快，但高二有小幅回升，网络欺负以初二初三

---

① 无差异表明 $P>0.05$，有差异表明 $P<0.05$，后续不再标记。

最高，其他年级均比较低（详见表5-3）。

表5-3 中学生欺负行为的年级差异

	初一	初二	初三	高一	高二	χ^2
受欺负	184 (38.7)	203 (43.2)	165 (21.5)	68 (21.5)	99 (32.0)	43.936***
传统受欺负	177 (36.3)	168 (35.6)	144 (29.1)	57 (17.9)	89 (28.5)	38.407***
网络受欺负	85 (17.4)	112 (23.2)	103 (20.0)	33 (10.3)	51 (16.1)	23.561***
欺负	74 (15.0)	81 (17.0)	77 (15.0)	20 (6.3)	33 (10.5)	23.051***
传统欺负	64 (12.9)	63 (13.2)	68 (13.2)	18 (5.7)	29 (9.3)	15.723**
网络欺负	23 (4.6)	38 (7.8)	35 (6.7)	5 (1.6)	10 (3.1)	20.759***

二、中学生对欺负行为特点的认知及人口统计学差异

（一）中学生对欺负行为特点的认知

在质性研究中，我们发现中学生对欺负行为的理解具有发展性，但质性研究的样本量少，在这次大样本的调查中又针对欺负行为的特点进行了调查。结果与质性研究中的发现基本一致，中学生对恃强凌弱的认可度最高，但仅有73.5%的学生认可这一点，其次是故意性；对伤害性与重复性的认可度均没有超过50%（详见表5-4）。这再次表明中学生对欺负行为的定义与学界存在差异，所以采用自我报告法所调查出来的欺负行为与学界想调查的欺负行为之间是存在差异的。

表5-4 中学生对欺负行为特点认知及性别差异

	总计	性别		χ^2
		男	女	
恃强凌弱	1628 (73.5)	799 (73.2)	799 (77.4)	5.153*
伤害性	933 (42.1)	478 (43.8)	443 (42.9)	0.155
故意性	1394 (63.0)	647 (59.2)	717 (69.5)	24.154***
重复性	951 (43.0)	445 (40.8)	488 (47.3)	9.092**

（二）中学生对欺负行为特点认知的人口统计学差异

对中学生在欺负行为特点认知上的人口统计学差异进行检验，结果显示在是否寄宿上差异不显著，但在性别与年级上差异显著。

1. 中学生对欺负行为特点认知的性别差异

性别差异除在伤害性认知上无统计学意义外，其他差异均有统计学意义，女生对欺负行为的恃强凌弱、故意性与重复性的认同度均比男生高（详

见表 5-4)。

2. 中学生对欺负行为特点认知的年级差异

表 5-5 中学生对欺负行为特点的年级差异

	恃强凌弱	伤害性	故意性	重复性
初一	374 (74.2)	203 (40.3)	318 (63.1)	218 (43.3)
初二	371 (75.9)	252 (51.5)	302 (61.8)	221 (45.2)
初三	397 (76.8)	225 (43.5)	346 (66.9)	223 (43.1)
高一	236 (74.0)	112 (35.1)	207 (64.9)	137 (43.1)
高二	233 (74.0)	130 (41.3)	204 (64.8)	143 (45.4)
χ^2	1.588	24.597***	3.315	0.911

年级差异上除对伤害性的认同度有差异外,其他三个特点上的认同均无差异($P>0.05$)。高一学生对伤害性的认同度最低,认为只要是受害者不愿意的行为均可以称之为受欺负行为,而不一定要造成身心的伤害或负面的感受,而初二学生对此的认同度高,但也刚过半数(详见表 5-5)。

3. 中学生对欺负行为特点认知在是否担任学生干部上的差异

是否担任学生干部上的差异在伤害性上无统计学意义($P>0.05$),在其他三个特点上的差异有统计学意义($P<0.001$)。担任学生干部的学生在恃强凌弱、故意性与重复性的认同度上均较未担任过学生干部的学生高,表明担任过学生干部的学生对欺负行为的特点的认知更好,更接近学界的定义(详见表 5-6)。

表 5-6 中学生对欺负行为特点认知在是否担任学生干部上的差异

	恃强凌弱	伤害性	故意性	重复性
未担任	580 (70.7)	331 (40.4)	475 (57.9)	320 (39.0)
担任	1006 (78.0)	574 (44.5)	885 (68.7)	605 (47.0)
χ^2	14.374***	3.549	25.200***	12.851***

三、中学生对学校反欺负规定的认知及人口统计学差异

(一)中学生对学校反欺负规定的认知

28.9%的学生认为"学校没有规定,欺负人才处理",仅有 26.5%的学生表示知道学校有专门处理欺负行为的部门,表明可能部分学校对欺负行为真的没有规定,也没有专门的处理部门,直到有欺负行为发生时才临时处理。

52.8%的学生表示"学校明确界定欺负行为与处理方式",还有46.1%的学生表示"学校告诉学生看到他人受欺负怎么办、告诉谁"(详见表5-7)。

表5-7 中学生认知到学校反欺负规定及性别差异

	总计	性别 男	性别 女	χ^2
1	570 (28.9)	322 (32.6)	231 (24.5)	15.359**
2	1040 (52.8)	461 (46.8)	560 (59.4)	31.157***
3	1061 (46.1)	430 (43.6)	463 (49.2)	5.947*
4	587 (26.5)	287 (29.1)	285 (30.3)	0.321

注:1表示学校没有规定,欺负人才处理;2表示学校明确界定欺负行为与处理方式;3表示学校告诉学生看到他人受欺负怎么办、告诉谁;4表示知道学校有专门处理欺负行为的机构。

(二)中学生对学校反欺负规定认知的人口统计学差异

对中学生在学校反欺负规定认知的人口统计学差异进行检验,结果显示在是否寄宿、欺负/受欺负的类别上差异不显著($P>0.05$),但在性别、年级与是否担任学生干部上差异显著($P<0.05$)。

1. 中学生对学校反欺负规定认知的性别差异

对中学生认知到的学校反欺负规定的人口统计学差异进行检验,结果发现性别差异在"知道学校有专门处理欺负行为的机构"上无统计学意义外,其他差异均有统计学意义。女生表示知道"学校明确界定欺负行为与处理方式"以及表示"学校告诉学生看到他人受欺负怎么办、告诉谁"的比例均高于男生,而认为"学校没有规定,欺负人才处理"的比例低于男生7.9个百分点。表明女生对学校欺负行为的规定比男生的知晓度更高,这可能会使女生更少欺负他人而更愿意帮助欺负者(详见表5-7)。

2. 中学生对学校反欺负规定认知的年级差异

中学生在学校反欺负规定的认知的各个维度上的年级差异均有统计学意义。随着年级的增长,表示"学校没有规定,欺负人才处理"的比例呈上升趋势,而"知道学校有专门处理欺负行为的机构""学校明确界定欺负行为与处理方式"与"学校告诉学生看到他人受欺负怎么办、告诉谁"的比例则均呈下降趋势(详见表5-8)。可能学校只在初一学生进校时进行了反欺负行为教育,随着年级的增长,反欺负行为教育也随之减少。减少比例最明显的是高一与高二之间,这也可以在一定程度上解释高二受欺负的比例为什么会反弹这么大。

表 5—8　中学生认知到学校反欺负规定的年级差异

	1	2	3	4
初一	95 (20.6)	278 (60.4)	231 (50.2)	164 (35.7)
初二	112 (26.0)	229 (53.3)	207 (48.1)	133 (30.9)
初三	140 (29.7)	240 (50.8)	223 (47.2)	136 (28.8)
高一	87 (29.8)	158 (54.1)	134 (45.9)	83 (28.4)
高二	120 (41.4)	128 (44.0)	106 (36.4)	67 (23.1)
χ^2	39.535***	20.729***	15.023**	14.407**

注：1 表示学校没有规定，欺负人才处理；2 表示学校明确界定欺负行为与处理方式；3 表示学校告诉学生看到他人受欺负怎么办、告诉谁；4 表示知道学校有专门处理欺负行为的机构

3. 中学生对学校反欺负规定认知在是否担任学生干部上的差异

中学生除在"知道学校有专门处理欺负行为的机构"上与是否担任学生干部差异无统计学意义外（$P>0.05$），在其他三个维度上的差异均有统计学意义（$P<0.05$）。担任班干部的学生在知道"学校明确界定欺负行为与处理方式"与"表示学校告诉学生看到他人受欺负怎么办、告诉谁"上的比例均高于未担任过学生干部的学生，而在"学校没有规定，欺负人才处理"上的比例显著低于未担任过学生干部的学生（详见表 5—9）。

表 5—9　中学生认知到学校反欺负规定在是否担任学生干部上的差异

	1	2	3	4
未担任	244 (33.5)	346 (47.5)	309 (42.4)	206 (28.3)
担任	308 (25.9)	672 (56.5)	576 (48.4)	369 (31.0)
χ^2	12.843***	14.505***	6.453*	1.612

四、小结

中学生欺负行为的发生率较低，我们 2012 年调查海口市初一至高二学生的数据显示网络欺负与受欺负的发生率为 27.5% 和 40.2%，而本次调查的比例却仅有 6.5% 与 21.1%。由于目前鲜有同时分析两种情境下的欺负行为，因此欺负行为的发生率是否显著降低仍需要更多的调查来验证。本研究后续还会对欺负/受欺负行为进行潜在变量分析，因此在此不展开讨论。

女生欺负、受欺负的比例均低于男生，这与女生的移情能力更高有关，但也可能与女生知晓学校对欺负行为的规定的比例更高有关。学生对欺负行为规定的知晓度上也存在年级差异，初一学生知晓学校有关反欺负行为的规定的比例最高，高二最低，这也与高二学生受欺负与欺负的比例较高一有较

大反弹是一致的。表明很多学校更重视对初一新生进行反欺负行为教育,随着年级的增长,反欺负行为教育也随之减少。

女生、担任过学生干部的学生对欺负行为的认知与学界界定的行为最为接近,他们对学校有关欺负行为规定的知晓比例也相应最高。但是是否担任学生干部在欺负行发生率上却没有差异,原因有待于进一步研究。

第二节 中学生心理健康状况

一、中学生心理健康问题的检出率

按照量表的划分标准,各分量表大于8分的就记为有心理问题。根据这一标准,发现中学生检出率最高的是学习焦虑,高达55.8%的学生有学习焦虑;最低是对人焦虑,仅为7.8%。

表5-10 心理健康问题检出率及性别差异

	总计	男生	女生	χ^2
对人焦虑	172(7.8)	44(4.3)	109(9.9)	25.105***
孤独倾向	187(8.5)	63(6.2)	105(9.6)	8.454**
自责倾向	437(19.8)	170(16.6)	239(21.8)	9.086**
过敏倾向	475(21.5)	174(17.0)	270(24.6)	18.487***
恐怖倾向	245(11.1)	81(7.9)	139(12.7)	12.861***
冲动倾向	195(8.8)	67(6.5)	106(9.7)	6.848**
学习焦虑	1231(55.8)	527(51.5)	655(59.7)	14.40***

二、中学生心理健康检出率的人口统计学差异

(一)中学生心理健康检出率的性别差异

中学生在心理健康的所有维度上均存在性别差异。女生在所有心理健康维度上的检出率均高于男生,尤其是对人焦虑,女生比男生高5.6个百分点,比男生的两倍还多(详见表5-10)。

(二)中学生心理健康检出率的年级差异

中学生只在过敏倾向与学习焦虑上存在年级差异,在过敏倾向上,初三至高二年级的比例明显高于初一与初二的学生。在学习焦虑上,初一与初三学生的比例均最高,高达60%(详见表5-11)。

表 5—11　心理健康问题检出率的年级差异

	初一	初二	初三	高一	高二	χ^2
过敏倾向	87（17.2）	89（17.9）	122（23.1）	89（27.6）	81（25.4）	20.216***
学习焦虑	306（60.4）	256（51.4）	317（60.0）	165（51.1）	169（53.0）	15.949***

（三）中学生心理健康检出率在是否担任学生干部上的差异

担任过学生干部与未担任过学生干部的中学生在对人焦虑、孤独倾向、自责倾向、恐怖倾向与冲动倾向上均存在差异，担任过学生干部的学生在上述心理健康问题上的检出率均低于未担任学生干部的学生，但是除对人焦虑的差异显著性水平达到 0.01 外，在其他方面差异的显著性水平仅为 0.05。

表 5—12　心理健康问题检出率在是否担任学生干部上的差异

	对人焦虑	孤独倾向	自责倾向	恐怖倾向	冲动倾向
未担任	80（9.5）	84（10.0）	181（21.6）	106（12.6）	85（10.1）
担任	74（5.7）	91（7.0）	233（18.0）	120（9.3）	98（7.6）
χ^2	11.067**	5.999*	4.14*	6.068*	4.245*

（四）欺负角色在心理健康问题检出率上的差异

中学生心理健康问题检出率在过敏倾向、冲动倾向与自责倾向上存在差异。总的来说，未卷入者在过敏倾向与冲动倾向上的检出率均显著低于欺负卷入者，但是在自责倾向上，未卷入者的检出率反而高于欺负/受欺负者。

欺负/受欺负者与单纯受欺负者在过敏倾向上的检出率高于未卷入与单纯欺负者，单纯欺负者的冲动倾向检出率最高（详见表 5—13）。

表 5—13　心理健康问题检出率的欺负角色差异

	未卷入	单纯欺负	单纯受欺负	欺负/受欺负	χ^2
过敏倾向	219（17.4）	14（19.2）	139（26.6）	53（27.3）	24.614***
冲动倾向	82（6.5）	9（12.3）	51（9.8）	20（10.3）	9.278*
自责倾向	215（17.1）	15（20.5）	121（23.2）	27（13.9）	12.124*

三、讨论与小结

（一）讨论

中学生心理健康检出率最高的是学习焦虑，高达 55.8% 的中学生有学习焦虑的现象，自责倾向与过敏倾向的比例也在 20% 左右，其他在 8% 至 10% 左右。这与国内其他研究结果具有相似性，现有的调查结果发现中学生有心理问题的比例约在 42% 至 56%（林琳等，2013；孙经等，2015）。陶龙翔等（2015）的研究发现中学生中最普遍的心理问题就是学习焦虑，北京、上海与广州三地中学生的学习焦虑检出率为 42.6%，而刘亨荣等（2014）却发现齐齐哈尔市中学生的重度学习焦虑发生率高达 63.2%。

海南省内优质高中资源有限，高中学位也紧缺，虽然职业学校学位充足，但大部分学生与家长都不接受职业教育，在这一背景下，初中生的学业压力不论成绩好坏均很大，有学习焦虑的学生自然很多。因此本次调查的结果显示从初一至高二，学生的学习焦虑分布在 51.4% 至 60.4%。

初二与高一学生的学习焦虑最低，原因可能在于初中与小学教育管理模式不同，教学方式方法也与小学有很大的差异，因此初一学生的学习焦虑程度较高，而到初二后缓解，初三面临中考，因此压力会增大。但是高一学生的学习焦虑反而低于高二学生则有待于进一步研究，可能是因为高二马上面临高考，学习焦虑开始显现。

女生在所有心理健康维度上的检出率均高于男生，这与林琳等（2013）的研究结果不一致，他们的调查发现，男生较女生心理健康水平更差，与孙经等（2015）的研究结果也不完全一致。与陶龙翔等的研究结果较为一致，他们的研究发现女生学习焦虑、身体症状、自责倾向、过敏倾向、恐怖倾向及冲动倾向的异常检出率均高于男生，但是在对人焦虑、孤独倾向上的检出率低于男生。其次，他们调查出来的检出率与本次调查也稍有出入。原因可能在于研究的地域不同，以及对中学生的定义不一致。陶龙翔等的研究包括职业中学的学生，这类学生的学习焦虑显著低于普通学生，而且他们调查的是北京、上海与广州的中学生，教育条件明显优于海南。更重要的是海南传统文化中重男轻女，这给女生的人格成长与心理健康带来了很大的影响。

研究中也发现担任过学生干部的学生，其心理健康水平高于从未担任过学生干部的学生，原因可能在于心理健康的学生才更可能被选拔出来担任学生干部，也可能是心理健康的学生才更可能愿意担任学生干部。当然也可能学生干部的工作确实可以锻炼学生的各项能力，包括促进学生的心理健康发展。

未卷入欺负行为的中学生，其过敏倾向、冲动倾向的检出率显著低于欺负卷入者，原因可能在于过于敏感，为一些小事就烦恼的学生更容易将同学间的一些小冲突知觉为欺负行为，而敏感性低的个体却认为这只是同学中的一些小问题而已。敏感性低的个体也更能处理好日常事务，从而减少与其他同学发生冲突，降低受欺负的可能。同时，冲动性低的个体自制力强，在与同学交往时能更好地克制冲动，采用更理性的方式解决问题，因此他们卷入欺负的可能性较低,而单纯欺负者冲动倾向与过敏倾向的检出率最高。

单纯受欺负者的自责倾向检出率最高,原因可能在于自责倾向得分高的学生常常自卑,常怀疑自己的能力,常将失败、过失归咎于自己,因此他们很容易成为他人欺负的对象。

(二)小结

中学生心理健康问题的检出率高,过半数学生存在学习焦虑的问题。表明目前的教育体系与人才培养模式存在很大的问题。

女生的心理健康问题显著高于男生,表明女生的心理健康问题更需要受到关注。

未卷入学生的过敏倾向、冲动倾向检出率最低,而单纯欺负、欺负/受欺负的检出比率高,单纯受欺负者的自责倾向异常检出率最高。

第三节 中学生积极心理品质状况

一、中学生积极心理品质的一般状况

由于积极心理品质的各分量表与分测验的项目数不相等,无法直接比较中学生发展得最好与最差的积极心理品质。为了解决这一问题,我们将积极心理品质各分量表与分测验的得分分别除以各自的项目数,则所有分量表与分测验的计分都变成1~5级计分,从而可以进行比较。

从分值来看,中学生的律己均分最高,高于4分。排名第二的是情感分量表,接近4分。而认知分量表得分最低,低于中位数3分,其他分量表的得分也低于4分(如图5-1所示)。

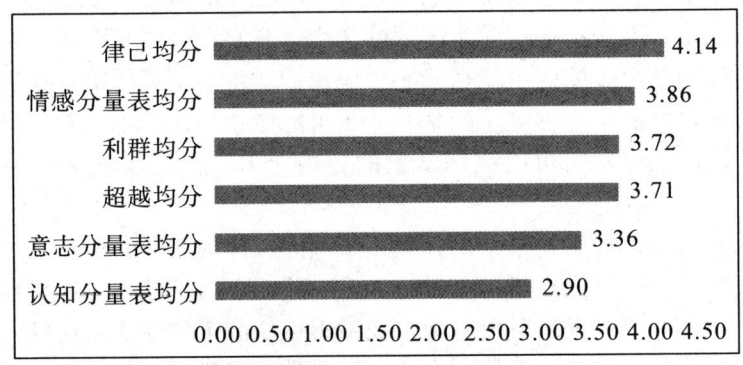

图5-1 中学生积极心理品质分量表项目均分

从分值来看,中学生的谦虚得分最高,其次是爱,得分均在4分以上。

创造性得分最低,仅为 2.63 分,未达到中位数的还有领导力、思维与洞察力。爱学习的得分也仅为 3.18 分,刚过中位数(如图 5-2 所示)。

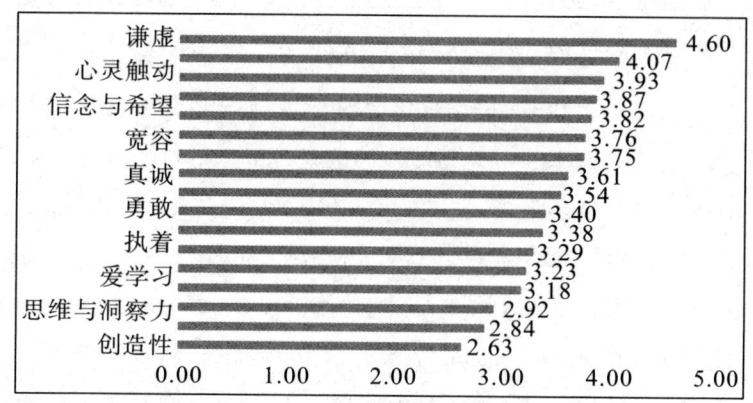

图 5-2 中学生积极心理品质分测验项目均分

二、中学生积极心理品质的人口统计学差异

我们采用 t 检验来分析中学生积极心理品质在城乡、家庭所在地以及是否寄宿上的差异,用单因素方差分析检验中学生积极心理品质的年级差异①,结果显示除在是否寄宿上不存在差异外,在城乡、家庭所在地上均存在显著差异。

由于女性年龄越大越不如男性的性别刻板印象在社会中广泛存在,因此,性别与年级之间可能存在交互作用。为了检验这一假设,我们采用双因素方差分析检验性别、年级的主效应与交互效应。结果发现除在爱学习、幽默上性别主效应、年级主效应与交互效应均不显著外,在其他品质上存在显著差异。

(一) 中学生积极心理品质的城乡差异

中学生在积极心理品质六个分量表上的得分城乡差异均有统计学意义,城市学生均比农村高。在分测验上,除爱学习、真诚、持重、宽容四项上的差异无统计学意义外,在其他分测验上均有统计学意义,城镇学生在所有 13 个分测验上的得分均高于农村学生(详见表 5-14)。

---

① 由于本章对欺负行为的分类主要是依据外显指标进行的,群体内的个体差异较大,因此不做欺负角色在积极心理品质与生活满意度上的差异检验。

表 5—14 中学生积极心理品质的城乡差异

	城市	农村	t 值		城市	农村	t 值
思维与洞察力	12.19±3.55	11.28±2.91	6.212***	执着	16.47±4.34	15.95±3.75	2.883***
创造力	11.04±3.12	9.49±2.57	7.302***	勇敢	10.48±2.95	9.90±2.56	4.698*
社交智力	14.87±3.21	10.09±2.67	5.623***	谦虚	17.89±1.71	17.36±2.01	6.359***
友善	11.86±2.44	11.44±2.79	3.578***	认知	32.95±7.13	31.05±6.05	6.221***
爱	16.50±2.84	16.12±3.23	2.819**	情感	43.26±7.34	41.89±7.85	3.901***
合作力	19.43±3.74	18.27±3.89	6.740***	意志	37.60±7.09	36.63±6.23	3.142**
领导力	11.67±3.40	11.12±3.03	3.771***	律己	42.46±5.82	41.91±5.50	2.165*
幽默	17.52±4.87	16.54±4.60	4.609***	利群	35.00±6.66	33.15±6.38	6.127***
信念与希望	19.72±4.12	18.55±4.81	5.81***	超越	49.44±9.14	47.11±9.23	5.476***
心灵触动	12.09±2.34	11.58±2.38	4.83***				

（二）中学生积极心理品质在是否担任学生干部上的差异

中学生积极心理品质在六个分量表上的得分在是否担任学生干部上的差异均有统计学意义，担任过学生干部的学生在所有分量表上的得分均高于从未担任过学生干部的学生。

中学生积极心理品质除"宽容"一项的得分在是否担任学生干部上无统计学差异外，在其他 16 个分测验上均存在统计学差异，担任过学生干部的学生在 16 个分测验上的得分均高于从未担任过学生干部的学生（详见表 5—15）。

表 5—15 中学生积极心理品质在是否担任学生干部上的差异

	未担任	担任	t 值		未担任	担任	t 值
思维与洞察力	11.00±2.96	12.19±3.40	7.383***	执着	15.33±4.33	16.72±3.85	6.056***
爱学习	9.29±2.68	9.75±2.16	3.883***	真诚	10.45±2.22	10.72±2.20	2.707**
创造力	10.08±2.66	10.90±3.07	5.748***	勇敢	9.76±2.32	10.48±3.00	4.607***
社交智力	13.69±3.19	14.95±3.15	7.885***	持重	12.90±3.23	13.40±3.28	3.190**
友善	11.15±2.69	11.96±2.51	6.527***	谦虚	17.32±2.02	17.83±1.74	6.532***

续表5—15

	未担任	担任	t 值		未担任	担任	t 值
爱	15.84±3.25	16.64±2.82	5.417***	认知	30.54±6.00	32.93±6.95	6.961***
合作力	17.95±3.99	19.45±3.62	7.225***	情感	40.92±7.78	43.60±7.25	6.980***
领导力	10.47±2.98	11.95±3.26	8.912***	意志	35.69±6.48	37.96±6.70	5.998***
幽默	15.93±4.62	17.68±4.74	7.098***	律己	41.50±6.06	42.62±5.36	4.209***
信念与希望	18.37±4.62	19.65±4.29	6.142***	利群	32.02±6.26	35.40±6.44	9.531***
心灵触动	11.29±2.46	12.17±2.26	7.576***	超越	46.05±9.10	49.68±9.04	7.539***

（三）中学生积极心理品质的性别与年级差异

1. 中学生积极心理品质在分量表上的性别与年级差异

表5—16　中学生积极心理品质分量表得分性别描述统计与性别年级检验值

	男	女	$F_{性别}$	$F_{年级}$	$F_{性别×年级}$
认知	32.39±7.25	31.61±8.41	11.231***	1.330	4.361***
情感	41.97±8.07	43.07±7.22	7.786**	4.179**	2.4*
意志	37.32±6.56	36.87±6.88	4.476*	4.132**	2.072
律己	41.96±5.78	42.32±5.59	1.090	2.789*	1.728
利群	34.03±6.77	34.17±6.46	0.176	1.267	5.852***
超越	47.99±9.47	48.58±9.23	1.051	2.357	1.664

超越的性别主效应不显著，年级主效应不显著，交互效应也不显著。意志品质的交互效应不显著，性别主效应显著，男生显著高于女生（详见表5—16），年级主效应也显著，事后检验结果显示高二年级显著高于初一与初三年级，初一年级高于初二年级，其他年级之间的差异无统计学意义。

律己分量表的性别主效应与交互效应不显著，但年级主效应显著。事后检验结果显示：在律己分量表上，初二学生得分最低，低于初一与高一学生，初一学生高于高一学生（详见表5—17）。

表5—17　积极心理品质分量表得分的年级差异

	N	情感	意志	律己
初一	461	43.07±7.22	37.86±6.46	42.67±5.54
初二	425	41.17±8.98	36.68±6.88	41.59±6.39

续表5—17

	N	情感	意志	律己
初三	467	42.65±8.10	37.38±7.48	42.07±5.86
高一	307	43.16±6.44	37.00±6.32	42.63±5.01
高二	303	42.77±6.54	36.10±5.87	41.74±5.16
F值		4.487*	3.624**	2.967*

中学生心理品质在认知分量表上性别主效应显著,男生高于女生。交互效应也显著,结合图5—3与简单效应分析可知初二($F=4.145$,$P<0.05$),高一($F=6.197$,$P<0.05$)与高二男生($F=12.569$,$P<0.001$)得分均显著高于同年级女生。女生在年级上的差异显著($F=4.644$,$P<0.01$),高二年级女生的认知分量表得分显著低于初一与初三年级,其他年级差异无统计学意义。

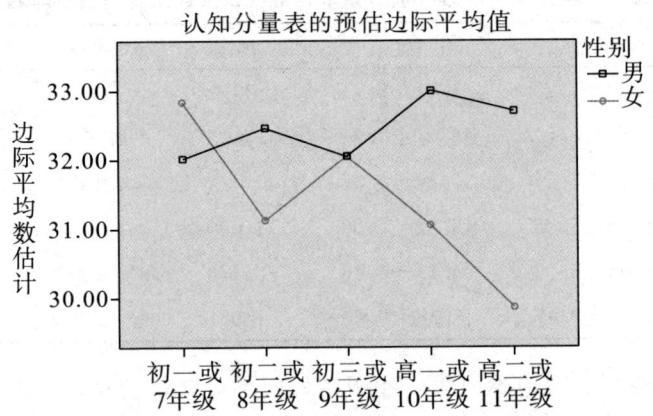

图5—3 认知分量表得分的性别与年级交互作用

情感分量表的性别主效应显著,女生显著高于男生。年级主效应显著,事后检验结果显示在情感分量表上,初二学生的得分显著低于其他年级,而其他年级之间的差异不显著;高二学生的得分最低,低于初一与初二学生,但也其他年级差异不显著,初一学生的得分还高于初二学生。

结合图5—4与简单效应分析可知,初一年级女生高于男生($F=14.975$,$P<0.001$),但在其他年级上差异无统计学意义。男生年级差异显著($F=2.733$,$P<0.05$),高二男生的得分显著高于初二男生,但其他年级之间的差异无统计学意义。女生年级差异也显著($F=4.092$,$P<0.01$),初二年级显著低于初一年级,但其他差异无统计学意义。

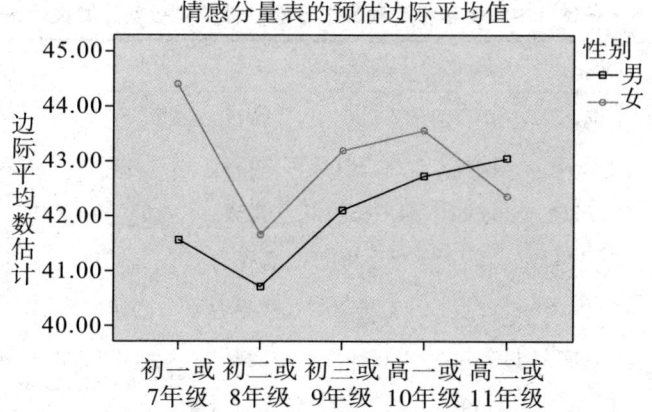

图5—4 情感分量表得分的性别与年级交互作用

在利群上性别主效应与年级主效应均不显著,但交互作用显著。结合图5—5与简单效应分析结果可知,初一男生的利群得分显著低于女生($F=13.911$,$P<0.001$),高二男生显著高于女生($F=6.242$,$P<0.001$)。女生的年级效应显著($F=5.224$,$P<0.001$),高一与初二年级的女生低于初一年级,而其他年级之间的差异无统计学意义。

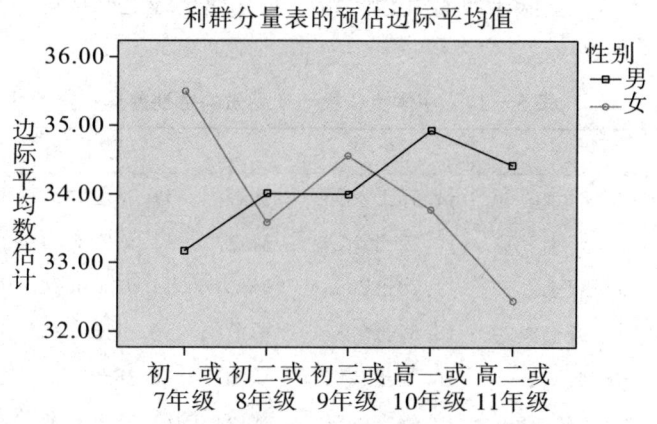

图5—5 利群分量表得分的性别与年级交互作用

2. 中学生积极心理品质在分量表上的性别与年级差异

勇敢的年级主效应与交互效应不显著,性别主效应显著,男生高于女生(详见表5—18与5—19)。

表5－18　中学生积极心理品质分测验性别年级差异的检验值

	$F_{性别}$	$F_{年级}$	$F_{性别×年级}$		$F_{性别}$	$F_{年级}$	$F_{性别×年级}$
思维与洞察力	18.660***	0.650	2.986*	持重	5.306*	1.455	3.301*
爱学习	0.648	1.343	1.701	宽容	17.335***	2.103	0.464
创造力	5.703*	2.446*	4.265**	谦虚	0.910	5.971***	0.867
社交智力	0.154	2.901*	3.076*	合作力	0.221	2.573*	3.927**
友善	6.494*	6.251***	0.672	领导力	7.906**	1.348	4.516*
爱	19.195***	6.107***	1.761	幽默	0.033	1.724	0.597
执着	4.872*	3.091*	2.882*	信念与希望	0.923	3.670**	1.083
真诚	0.062	5.953***	1.327	心灵触动	12.452***	2.71*	1.819
勇敢	4.756*	1.721	1.969				

宽容的性别主效应显著，女生高于男生，但年级主效应与交互效应均不显著（详见表5－18与表5－19）。

友善与爱的交互效应不显著，性别主效应与年级主效应均显著，女生均显著高于男生（详见表5－18与表5－19）。事后检验显示年级差异显著，初二学生的得分都显著低于所有其他年级，而其他年级之间的差异无统计学意义（详见表5－19）。

表5－19　中学生积极心理品质的性别差异

	男	女		男	女
思维与洞察力	12.01±3.55	11.45±2.96	宽容	11.05±2.37	11.54±2.82
创造力	10.66±3.17	10.22±2.69	持重	13.33±3.30	13.05±3.22
友善	11.47±2.66	11.79±2.63	领导力	11.52±3.24	11.24±3.24
爱	15.97±3.22	16.59±2.87	勇敢	10.31±2.46	10.05±3.06
执着	16.31±4.06	16.04±3.92	认知	32.38±7.25	31.60±6.06
心灵触动	11.63±50	12.04±2.26	情感	41.95±8.07	43.07±7.21

真诚的年级主效应显著，性别主效应与交互效应不显著。初一年级的得分高于初二、初三与高二年级，高二年级的得分最低，低于所有其他年级，但是初二、初三、高一年级之间没有差异（详见表5－18与5－20）。

谦虚的性别主效应与交互效应均不显著，但年级主效应显著（详见表5－18）。事后检验结果显示初二年级的得分低于所有其他年级，高二比高一年级低，其他所有年级之间没有差异（详见表5-20）。

心灵触动的交互效应不显著，性别主效应显著，女生显著高于男生。年级主效应也显著（详见表5-18与表5-19），事后检验结果显示初二学生在心灵触动上的得分显著低于初一、初三与高一学生，但其他年级之间的差异无统计学意义（表5-20）。

表5-20 积极心理品质分测验得分的年级差异

	初一 （N=489）	初二 （N=481）	初三 （N=507）	高一 （N=316）	高二 （N=314）
创造性	10.86±2.74	10.26±2.74	10.61±2.82	10.46±2.53	10.54±3.96
社交智力	14.64±3.31	14.00±3.71	14.59±3.28	14.63±2.73	14.38±2.81
友善	11.85±2.33	11.12±2.96	11.60±2.76	11.97±2.62	11.72±2.35
爱	16.45±2.95	15.70±3.44	16.28±3.18	16.62±2.67	16.58±2.69
执着	16.63±3.98	15.97±25	16.26±4.69	15.93±3.49	15.84±3.58
真诚	10.93±2.30	10.54±2.28	10.63±2.07	10.75±2.18	10.19±2.14
宽容	11.55±2.36	11.11±3.32	11.21±2.40	11.43±2.21	11.14±2.33
谦虚	17.68±1.89	17.26±2.15	17.68±1.94	17.92±1.52	17.61±1.70
合作力	19.21±3.82	18.44±4.40	18.81±3.95	19.10±3.20	18.71±3.51
信念与希望	19.55±4.42	18.45±5.20	19.24±4.56	19.30±3.66	19.09±4.34
心灵触动	11.82±2.44	11.55±2.64	12.01±2.43	11.85±2.14	11.90±2.12

思维与洞察力的年级主效应不显著，性别主效应显著，男生高于女生（详见表5-17与5-18）。性别与年级交互效应显著（5-18与表5-19）。结合图5-6与简单效应分析可知在初一时性别差异无统计学意义，但女生在初二有一个较大的下降趋势，而男生开始平缓上升，因此初二男生高于女生（$F=4.508, P<0.05$）。随后女生在初三的缓慢上升后又开始下降，至高二时，男生又显著高于女生（$F=18.085, P<0.001$）。

男生的年级差异无统计学意义（$F=0.918, P<0.05$），差异主要发生在女生群体（$F=2.408, P<0.05$），初三女生的得分显著高于高二女生。

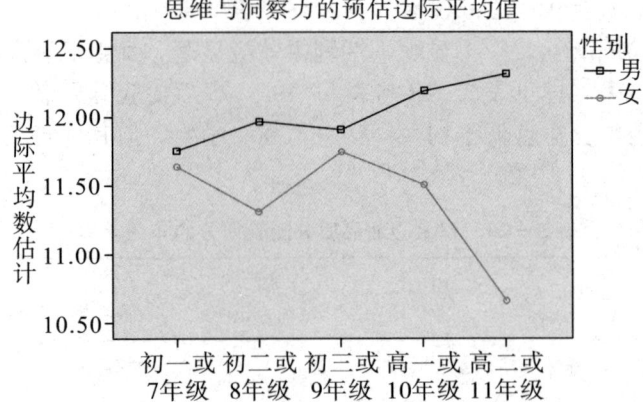

图5—6 思维与洞察力的性别与年级交互效应

创造力的性别主效应、年级主效应与交互效应均显著（详见表5—17），男生在创造力上的得分高于女生（详见表5—18）；初一学生的创造性最高，但只与初二存在差异，其他年级之间均无差异。初二年级社交智力、友善、爱三项得分较其他所有年级都低，但其他年级之间没有差异（详见表5—20）。

结合图5—7与简单效应分析可知，女生在初一时的创造力得分显著高于男生（$F=4.194$，$P<0.05$），但在初二时下降明显，初三有小幅回升后又开始下降，而男生经过初一的缓慢下降后呈上升趋势，至高一时，男生显著高于女生（$F=7.738$，$P<0.01$），高二时这一差异持续存在（$F=7.120$，$P<0.01$）。简单效应分析发现差异发生在女生群体（$F=5.633$，$P<0.001$），初一年级除与初三年级无差异外，高于所有其他年级，但其他年级之间的差异无统计学意义。

社交智力存在年级主效应，初二年级除与高二年级无差异外，低于其他所有年级，而其他年级之间无差异（详见表5—20）。结合图5—8与简单效应分析，初一时女生（15.05±3.21）的社交智力显著高于男生（14.18±3.38，$F=8.372$，$P<0.01$），但初二至高一时性别差异不明显，到高二时女生社交智力下降明显（13.93±3.03），而男生反而平缓上升（14.67±2.63），反超女生（$F=8.372$，$P<0.01$）。简单效应分析发现女生的年级差异明显（$F=4.652$，$P<0.01$），初一年级（15.05±3.21）显著高于初二（13.97±3.74）与高二（13.93±3.74），而男生差异无统计学意义（$F=1.337$，$P>0.05$）。

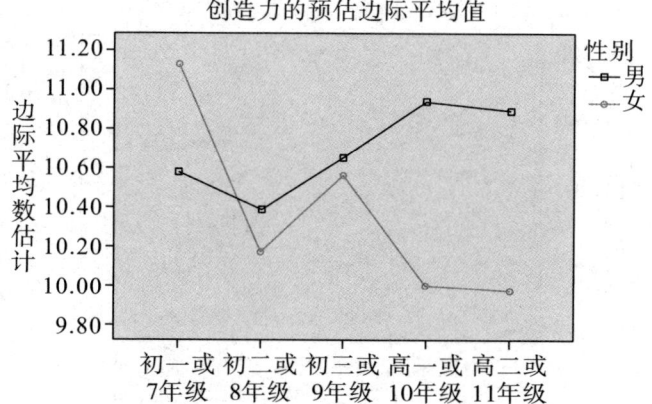

图 5-7　创造力的性别与年级交互效应

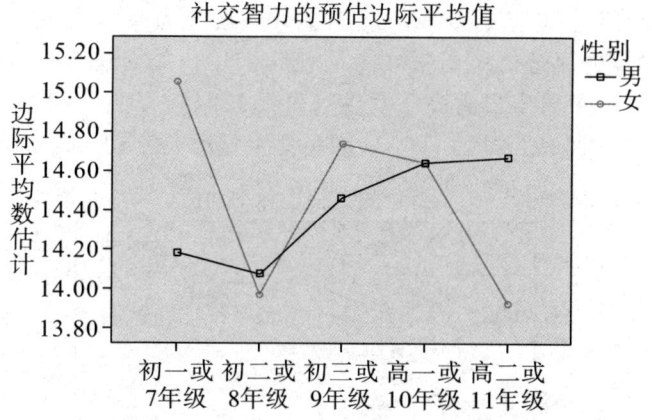

图 5-8　社交智力的性别与年级交互效应

在执着上，性别主效应、年级主效应与交互效应均显著（详见表 5-18），男生高于女生（详见表 5-19），年级效应事后检验显示初一年级在执着上的得分显著高于初二、高一与高二年级，其他年级之间的差异不显著（详见表 5-20）。

结合图 5-9 与简单效应可知，女生在初二有一个大的下降，但与男生差异不显著，直到高二时才显著低于男生（$F=5.969$），男生的年级差异无统计学意义（$F=0.143$），女生的年级差异显著（$F=5.654$），初一女生的得分显著高于高一与高二，但与初三年级的差异学有统计学意义，其他年级之间的差异也无统计学意义。

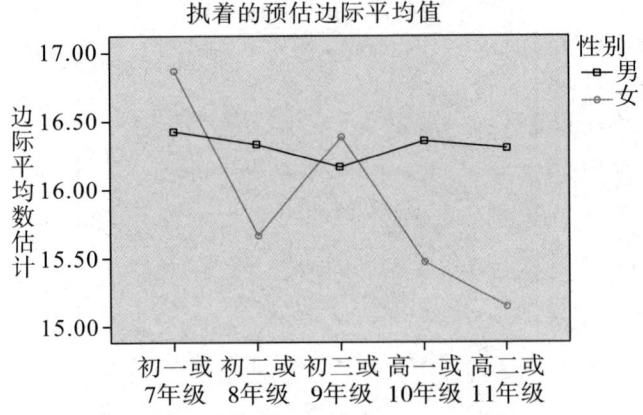

图 5-9　执着的性别与年级交互效应

持重的年级主效应不显著，性别主效应与交互效应显著（详见表 5-18）。女生的得分显著低于男生（详见表 5-19）。结合图 5-10 与简单效应分析可知高二年级男生显著高于女生（$F=11.246$，$P<0.01$），女生的年级差异显著（$F=4.119$，$P<0.01$），初一女生显著高于初二与高二的女生。

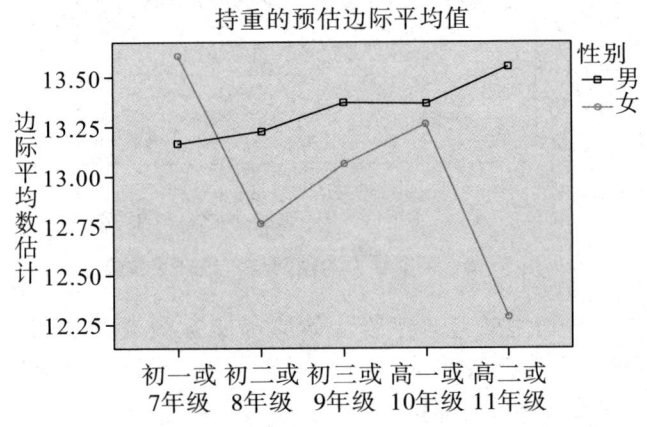

图 5-10　持重的性别与年级交互效应

合作力的性别主效应不显著，但年级主效应与交互效应显著。事后检验发现初二年级的合作力显著低于初一、高一，与其他年级之间的差异不显著。结合图 5-11 与简单效应检验结果可知，初一年级女生的合作力显著高于男生（$F=13.147$，$P<0.001$），女生在年级上的差异显著（$F=5.905$，$P<0.001$），初一年级显著高于初二与高二年级，而其他年级之间无显著差异。

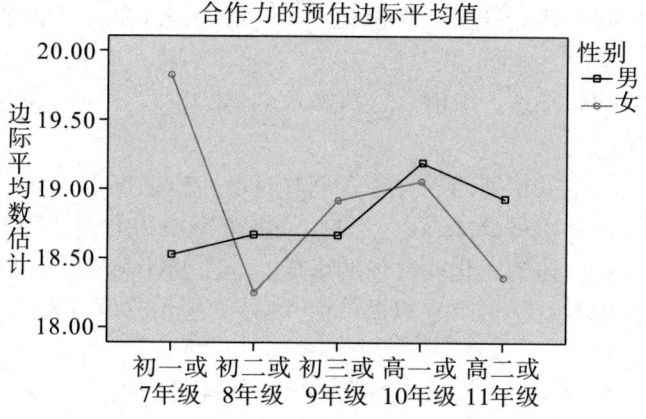

图 5-11　合作力的性别与年级交互效应

领导力的年级主效应不显著，但性别主效应显著，男生高于女生（详见表 5-16 与表 5-117）。性别与年级的交互效应显著，结合图 5-12 与简单效应分析的结果可知女性的年级差异显著（$F=4.22$，$P<0.01$），高二年级女生的领导力显著低于初一与初三年级，但其他年级之间的差异无统计学意义；高一年级（$F=8.308$，$P<0.01$）与高二年级（$F=9.396$，$P<0.01$）男生的领导力均高于女生。

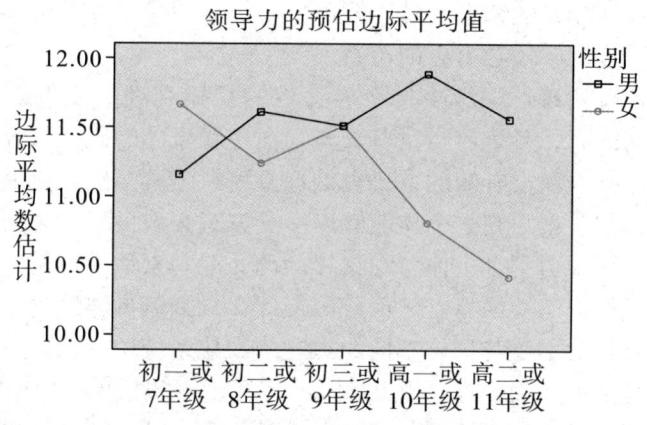

图 5-12　领导力的性别与年级交互效应

三、讨论与小结

（一）讨论

1. 中学生积极心理品质的发展现状

积极心理品质是普遍存在的，是审美观点不同的文化所普遍承认的性格特征，但也具有个体差异性。调查显示，中学生心理品质发展水平从高至低依次是律己、情感、利群、超越、意志与认知，除认知未达到理论中值外，其他五个方面均高于理论中值。这与高永金（2017），王燕、葛爱荣（2019）等的研究结果部分一致。

律己是在与他人相处的过程中管理好自己，包括持重、宽容与谦虚三个方面。虽然律己品质得分最高，但主要是因为谦虚得分是17项积极心理品质中最高的。我国传统文化非常强调谦虚，学生自小就被家长教育做人要谦虚，中小学校会教育学生"满招损，谦受益"，害怕"枪打出头鸟"，因此学生的谦虚得分高。

宽容的得分排名第7，而持重排名低至11名，刚超过理论中值0.29分。宽容是指个体能够原谅那些曾经做错了事的人，不会对他人进行打击报复。严于律己、宽以待人是中华民族的传统美德，但中学生正处于青春期，正处于争强好胜的年龄阶段，再加上国内对中学生的学业成绩极为看重，学业竞争激烈，易对学生形成宽容的性格品质产生不利影响。

持重是指个体不做不适当的冒险，不说以后可能会后悔的话，不做自己以后可能会后悔的事的性格品质。中学生的心理还未完全成熟，冲动性是这一时期的主要心理特点，因此持重的品质还需要逐步养成。刘在花（2010）的调查发现，高中生心理品质排在后四位的品质是领导力、持重、创造力、真诚；张冲（2010）的调查发现，初中生积极心理品质排在后五位的品质是持重、宽容、真诚、领导力、创造力。

本次调查也发现，中学生排在后五位的积极心理品质是创造力、领导力、思维与洞察力、爱学习与执着，与刘在花和张冲的研究部分一致。创造力是指个体能够以新奇有效的方式去处理事情，强调与前人成果的差异性与新颖性，思维与洞察力则是个体能够以多种方式去看世界，为他人提供明智的参与意见。领导力则是个体组织集体活动并能观察活动效果，鼓励与带领团体成员共同努力的性格特点。但我国传统文化强调群体性，个人的成长是要获得群体身份而不是与群体不同，在这一文化系统中，我们更要求个体做出合乎群体规范的行为，强调顺从而不是创新。家庭也受文化传统的影响，家长们希望孩子听话而不是自行其是，希望孩子按照社会要求的模样成长，更强调孩子长大能有一份稳定的工作。学校教育更是如此，尤其是在中考与高考的强大压力下，孩子们不敢按照自己的方式去处理学业问题，而是寻求标准答案以追求高分，因此学生们的创造力、思维与洞察力、领导力发展严重滞后，均低于理论中值3分。

中学生在长期的学业压力下，日复一日地学习学科内容以追求一个令人满意的卷面分数，不断重复地背诵、做题，而不是思考与创作，使中学生的学习热情也遭受了很大的挫伤。很多学生表达在学校中的学习没有一丝快乐的体验，只有拿到高分时才会开心一点。因此爱学习，掌握新技术、新知识的热情低下，排名倒数第四，为3.18分，刚达到理论中值。

本次调查显示排在前五名的心理品质是谦虚、爱、心灵触动、友善、信念与希望，也与刘在花（2010）与张冲（2010）的研究部分一致，他们调查发现高中生心理品质排名前四名的是爱、信念希望、友善、合作力，初中生心理品质排名前四名的是合作力、幽默风趣、爱、信念希望。高永金（2017）也发现初中生的仁爱得分最高。

爱是指重视与人的亲密关系，能够亲近他人。友善是指对他人友好，愿意帮助他人。幽默是指个体心中充满阳光，在团体中能逗笑他人，活跃气氛，给别人带来快乐。信念与希望是指对未来有美好的期待，并相信美好未来可以实现。心灵触动则是指能欣赏生活中的美好，如欣赏艺术以及品味生活中的美好。这几项品质都是集体主义文化中的传统美德，海南传统的生产方式是渔业与农耕，在这一文化下生存的个体更强调合作，尤其是更在乎家族成员的亲密关系，因此注重亲密关系的品质爱发展得比较好，达到4.07分，友善也发展得不错。海南有得天独厚的自然地理环境，物质丰富，因此海南的生活传统就是慢生活，让人学会享受与品味生活中的美，因此中学生的心灵触动也发展得很好。

2. 中学生积极心理品质发展的城乡差异

城镇学生在积极心理品质六个分量表上的得分均高于农村学生，除爱学习、真诚、持重、宽容四项得分无差异外，在其他十三项品质上均高于农村学生。这与高永金（2017）的调查部分一致，他们发现除谨慎因子无差异外，城镇学生在所有积极心理品质上均高于农村学生。无论城镇还是农村，家庭都同样重视孩子的学习，孩子们所受到的压力与所处的环境一致，因此他们爱学习与真诚、宽容没有差异。持重是要随着年龄的增长才能逐步养成的，并且与个体的人格因素也有关系，因此城乡差异也不显著。但是城镇学生家庭经济状况，父母的文化程度也往往更高一些，交往圈子更大，接触不同书籍的可能性也更多，社会生活也更丰富。因此他们的积极心理品质会比来自农村的学生发展得更好更全面。

3. 中学生积极心理品质的性别与年级差异

研究发现超越在性别与年级上均无差异，男生在意志、认知上的得分高于女生，而在情感量表上低于女生。但李军兰（2017）的研究却发现男生除情感量表上的得分低于女生外，在其他五个分量表上均高于女生。这可能与样本差异以及统计方法不同有关，李军兰（2017）采用的是单独检验性别差异，而本研究采用是双因素方差分析，以便分析性别与年级的交互效应。

男生在勇敢、思维与洞察力、创造力、执着、持重、领导力六项心理品质上高于女生，而女生只在宽容、友善、爱、心灵触动四项心理品质上高于男生。卫萍（2013）的调查发现男生在创造力、信念与希望、持重、执着四项品质上得分显著高于女生，而女生在心灵触动、友善两项品质上得分显著高于男生。原因可能是所采用的量表及调查对象不同。卫萍（2013）的研究针对中小学生，且采用的是中小学生积极心理品质量表，该量表只有十五项积极心理品质。男生与女生在积极心理品质上的差异也体现了社会的性别刻板印象，认为男性应该更为理智，而女生更偏重情感，从而女生只能在情感维度超过男生。

从年级来看，中学生的各项心理品质在初二呈现出较大的下降趋势，如社交智力、谦虚、友善、爱、心灵触动、创造力与执着，高二时部分积极心理品质又开始下降，但并不是完全随年级的增长而下降，这与卫萍（2013）的研究不一致，也与王燕、葛爱荣（2019）的研究部分不一致，她们的研究发现，中学生积极心理品质中只有爱、执着和真诚随着年级的增加而不同程度地降低。

分年级来看性别差异，男生在所有积极心理品质方面的年级差异都无统计学意义，从发展曲线来看，男生除在领导力上高一有个缓慢下降的过程外，其他积极心理品质上呈现出随年级而平缓上升的趋势。女生在思维与洞察力、创造力、社交智力、执着、持重、合作力上均存在年级差异，且呈现出初一高，然后在初二急速下降，到初三时缓慢回升，初三后又开始下降的趋势。

女生的社交智力、合作力、创造力在初一时是高于男生的，但到了高一或高二年级时，女生在所有积极心理品质上反而低于男生。但张红英（2016）的调查却发现，除17~18岁男、女孩积极心理品质发展水平无差异外，其余各年龄段女孩的积极心理品质发展水平均高于男孩。这可能与她所采用的量表不同有关，而且他们抽样的地点主要在北、上、广、深等一线城市，人们的性别观念更加平等。海南的很多家长，甚至老师仍然坚信女生到了中学之后各方面都不如男生。在这 环境的长期影响下，女生也会逐步内化这一信念，从而导致自我实现的预期下降，女生的积极心理品质呈现出一种下降的螺旋现象，而男生则出现了平缓的上升，从而反超女生。

（二）小结

1. 中学生在认知方面的积极心理品质亟待改善

参与本次调查的中学生在认知方面的积极心理品质得分最低,其中创造力排名最低,思维与洞察力、爱学习也位列倒数前五位。表明现有学校教育与家庭教育忽视了学生创造力、思维与洞察力的培养。在现有追求分数与学业成就的教育体制下,学生的创新意识、批判精神与质疑能力也被有意无意地忽视甚至是压制,正如钱学森之问,没有创造力与批判精神的教育是不可能培养出优秀的科学家的,因为科学工作的首要要求就是要有批判精神与创新意识,而不单纯是知识的积累。与忽视创新相一致的是,学生们在现有要求服从、重复的学习状况下,学习的兴趣也被慢慢磨灭,因此他们爱学习的品质得分也很低,仅为 3.18 分,刚超过理论中值。

中学生的领导力排名也低,得分达不到一般水平(即理论中值 3 分)。由于传统文化鼓励服从,学校与家庭也更偏好听话、顺从的孩子,因此也影响了学生的领导力品质,这是与国家对人才的要求相悖的。随着国力的上升,中国在世界舞台上的领导力会随之增加,此时国家更需要具有领导力的公民来承担领导者的角色。

2. 农村学生积极心理品质需要更多的培养

农村学生除了爱学习、真诚、持重、宽容与城市学生无差异外,其他方面的积极心理品质较城镇学生低。这缘于农村学生的家庭难以像城镇家庭那样为学生提供更丰富的社会环境,如外出旅游更少,提供的课外书的数量与种类更少,教育的投入也更少,从小学习的幼儿园与小学条件可能更差,父母的直接指导水平也存在差异。因此到了中学,要注意关注农村学生,为他们提供扩大视野的资源,有针对性地安排社会实践活动,在生涯规划教育与心理健康教育中进行积极心理品质培养,为学生提供更多的暑期社会实践机会。

3. 性别刻板印象对中学生积极心理品质的影响巨大

长期以来,人们对男性或女性的角色特征形成了固有印象,这一固有形象即为性别刻板印象。社会按照这一刻板印象对人们的行为进行评判,而现有研究发现,人们违背性别刻板印象的行为都会受到他人的非议甚至导致损失,而且女性蒙受的损失要明显大于男性。

长期以来,人们认为男性的正面特征应该是独立的、主动的、自信的、竞争心强、抱负宏大等,因此男生在勇敢、思维与洞察力、创造力、执着、持重、领导力六项心理品质上高于女生,因为这些特质明显符合男性刻板印象。人们认为女生的正面印象应该是亲切、善解人意、心地善良、温柔、顺从、善于照顾他人、善于生活的。因此女生在宽容、友善、爱与心灵触动上的得分高于男生。

从发展来看，性别刻板印象对女生产生的负面影响大于男生。男生在各项心理品质上的得分在各年级之间均没有差异，而且在数值上呈现平缓上升的趋势，但是女生在初二却经历了一个极大的下滑，就像是社会对女生的诅咒"女生在小学时优于男生，但到了初中后就会比男生越来越差"开始实现一样。由于我们调查的是上学期，因此初一女生在某些积极心理品质上是高于男生的，但经过一年的学习，女生可能会在学习上遇到一些困难，学业压力开始增加，但这种压力最多影响女生对自己认知方面的心理品质的下降，不至于让女生在其他各方面均呈现急剧下滑的趋势。另外，不仅女生会遇到学业压力，男生同样会遇到学业压力，并从现有的学业成绩公布的结果来看，女生升入重点高中、重点大学的比例并未低于男生，而且所谓的中考状元、高考状元中，女生数量也并未比男生少。因此，积极心理品质的差异更应该归结为对女生的刻板印象使得女生对自我产生了较低的自我实现的预期，从而引导自我的积极心理品质呈现出下降的螺旋，与男生的差异越来越大，这也部分解释了女生职业发展也呈下降趋势的螺旋现象的原因。

因此，社会、家庭与学校要共同努力，减少社会对女性的不公平刻板印象的影响，如男性科学家与女性科学家的形象在教科书与媒体中要基本保持平等，从根本上解决性别刻板印象对女生的负面影响。家庭与学校要多为女生提供那些突破性别刻板印象的女性形象与传记，如居里夫人等，并且让学生理解性别刻板印象的理论以及对个体所产生的不利影响。在生涯教育中，帮助女生寻找自己的优势与资源，从而培养女生的积极心理品质以及优势能力。

第四节　中学生生活满意度分析

一、中学生生活满意度的一般状况

中学生对自己的家庭生活评分最高（85.68±20.49），学校生活得分（76.59±25.51）与自己得分（73.98±26.14）均低于家庭生活得分。

二、中学生生活满意度的人口统计学差异分析

（一）中学生生活满意度的性别差异

中学生在学校生活、家庭生活评分上的性别差异无统计学意义（$P>0.05$），但在自我评分上存在差异（$t=4.667$，$P<0.001$），男生的自我评分（76.54±25.86）显著高于女生（71.26±26.19）。

（二）中学生生活满意度的城乡差异

中学生在生活满意度的三个维度上均存在城乡差异，来自城镇的中学生在三个维度上的得分均高于来自农村的学生（详见表5-21）。

表 5—21　中学生生活满意度的城乡差异

	学校生活	家庭生活	自我评分
城镇	80.61±22.46	87.19±18.83	76.70±23.61
农村	73.18±27.29	84.43±21.68	71.81±27.76
t	6.787***	3.114**	4.325***

（三）中学生生活满意度在是否担任学生干部上的差异

中学生的生活满意度在是否担任班干部上存在差异（$t=3.462$，$P<0.001$），担任过学生干部的学生（78.51±23.87）得分高于未担任过的学生（74.64±26.63）。在家庭生活与自己评分上的差异无统计学意义（$P>0.05$）。

（四）中学生生活满意度在是否寄宿上的差异

中学生在家庭生活评分上的差异无统计学意义（$P>0.05$），但学校生活评分与自我评分上均存在是否寄宿的差异（$P<0.001$），非寄宿的学生评分显著高于寄宿生（详见表 5—22）。

表 5—22　中学生生活满意度在是否寄宿上的差异

	寄宿	非寄宿	t
学校生活评分	75.04±26.53	79.59±23.02	4.609***
自己评分	72.11±27.24	76.76±23.73	4.039***

（五）中学生生活满意度的年级差异

中学生在家庭生活评分上不存在年级差异（$P>0.05$），但在学校生活评分与自己评分上的差异均有统计学意义（$P<0.05$）。随着年级的增长，学生的学校生活与自己评分均呈下降趋势。初一年级的学校生活得分高于所有其他年级，初二年级高于高一和高二年级；高二学生的自己评分低于初中阶段的三个年级，但与高一无差异，高一与初中的三个年级之间相互均无显著差异（详见表 5—23）。

表 5—23　中学生生活满意度的年级差异

	初一	初二	初三	高一	高二	F
N	501	492	524	315	314	
学校生活	82.05±24.14	78.26±25.82	75.41±26.40	72.45±24.04	72.02±25.17	11.365***
自己评分	75.56±26.87	74.89±27.12	74.81±24.87	73.21±23.14	69.57±27.79	3.040*

三、讨论与小结

（一）讨论

目前，很多研究将生活满意度作为青少年主观幸福感的唯一指标。本次调查显示，中学生的生活满意度会因性别、年级，是否担任过学生干部、是否寄宿而存在显著差异。

这与幸福锚定点理论相悖，该研究认为，每个个体都拥有一个比较稳定的幸福锚定点，无论生活事件如何变化，在一定时间后个体的幸福水平又会回复到原有的锚定点，生活事件只是短时影响个体的主观幸福感，而个体的幸福感水平却是由遗传决定的（Lykken&Tellegen，1996）。

但是这一理论正被越来越多的研究者质疑，后续纵向研究的结果表明生活满意度或幸福感的发展仍受生活事件、家庭环境及社会条件的影响而发生变化，不能回到之前的锚定点（Headey，2010）。

国内研究证实青少年的生活满意度会随着年龄的增长呈下降趋势（种媛，杨俊龙，夏小燕，2017；谭千保，曾苗，2007）。王鑫强、张大均（2012）的研究发现，初中生生活满意度在初一下学期到初三下学期的两年时间内存在显著的下降趋势，且不受性别与学校地区发展差异的影响，在初二下学期至初三下学期之间下降明显，但本研究发现初一上学期至初二上学期之间下降明显，但初二与初三上学期则并无太大的变化。原因可能在于时点的不同，初一学生初进校可能因为自己是一名初中生而感到非常的开心，但到了初二则新鲜感不再，兴奋度也随之降低，因此初一至初二时间段下降很快。这也得到了王钢的研究证实（王钢，张大均，梁丽，2008）。初三上学期的学校生活满意度在数值上也下降明显，只是未达到显著性水平，原因可能在于初三上学期的学业压力还没有初三下学期大，并且升学的选择压力还没有开始，这也是与王鑫强等的研究不一致的原因。

Huebner（2004）综述众多研究发现，3~12年级儿童和青少年的生活满意度不存在性别差异，田丽丽、刘旺、GiLma（2003）在综述国外青少年生活满意度的研究时也发现，人口学变量对青少年生活满意度的影响有限。国内也有大量研究认为，中学生的生活满意度无性别差异（李雷雷，王宏，汪洋，2009）。也有研究发现，初中生的生活满意度不存在性别差异，但高中生的家庭满意度、学校满意度之间存在差异（杨进，周建立，2007），但本研究显示性别与年级并无交互作用①。

---

① 由于性别与年级的交互作用不显著，因此不报告双因素方差分析结果，而只报告单因素的检验结果。

国内也有很多研究发现，中学女生的生活满意度高于男生（邱达明，殷晓旺，2008），有些研究则发现，女生在家庭满意感、自我满意感、同伴交往满意感和生活条件满意感上均显著高于男生（王极盛，丁新华，2003）。这与本研究中男生的自我评分显著高于女生的结果存在差异。主要原因在于抽样的方式不同以及生活满意度的测量不一致。本研究由于问卷题目太多，怕影响调查数据的有效性，因此只简单测量中学生在学校、家庭与自己三个维度上的综合自我评分，相较于成熟的量表，其信效度不够。最主要的原因在于抽样地在海南，海南虽然改革开放时间较早，但传统的性别分工在社会生活中仍然普遍存在，重男轻女思想依然比较严重，性别刻板印象渗入家庭教育之中，从而导致女生对自我的评分显著低于男生，但他们在学校与家庭生活上的评分并无差异。

调查还发现城镇学生在家庭生活、学校生活与自我评分上的评分均高于农村学生，这与胡芳等人（2011）的研究不一致，但与王宏（2013）等人的研究一致。原因可能在于农村家庭的经济水平、父母的学历水平与教育水平均较城镇家庭的父母低，而且海南很多农村家庭的父母是渔民，与孩子在一起的时间少，从而导致农村学生的家庭生活得分要低于城镇家庭的学生。农村家庭的中学生更可能需要离家住宿，并且在学校中与城镇家庭的孩子一起学习生活，直观感受两种家庭的生活差异从而间接影响学生对自己的评分。这也是本研究中非寄宿生的学校生活满意度与自己评分均显著高于寄宿生的原因之一。

非寄宿生的学校生活满意度与自己评分均显著高于寄宿生，这与胡芳等人（2011）的研究成果部分一致。除寄宿生一般是来自农村的学生这一原因之外，也因为寄宿生与其他同学同处一室，会遇到更多的人际交往矛盾，他们也更希望获得同学与老师的接纳，因而如果外在条件没有满足其期望水平，则会导致孤独与自我评价低。

（二）小结

中学生对家庭生活的评分远高于学校生活与中学生对自我的评分，但学校生活评分与自我评分之间的差异不大。

男性中学生、来自城镇家庭、没有寄宿的学生对自我的评分更高，他们对自己更满意。随着年级的增长，中学生的自我评分也随之降低，学校生活的评分也随之下降。

担任过班干部的中学生对学校生活更满意，来自农村、寄宿生对自己的学校生活满意度较低。因此，学校需要为寄宿生提供更多的心理支持，以帮助他们适应学校生活。

第六章　中学生欺负行为的潜在类别及相关因素分析

有关欺负行为的研究多按国际通用的二分法（赵莉，雷雳，2003），将在"这个学期，你在学校里被别的同学欺负过吗？"或"这个学期，你在学校里欺负个别的同学吗？"中选择"有时发生""每周一次"和"每周几次"的被试确定为受欺负者或欺负者，发生频率越多，表明受欺负或欺负程度越严重。

这一笼统的划分无法呈现受欺负者之间的差异，而现有研究表明，不同受欺负的亚类型之间存在高度的相关，个体可能同时遭受多种欺负，也可能会同时实施多种欺负（Nylund K, Bellmore A, Nishina A, 2007）。张文新（2001）的研究发现，女生遭受更多的言语欺负与关系欺负，而男生更多地受到身体欺负。不同类型的欺负行为对个体的影响也存在差异，干预方案也应有所不同（张文新，王益文，鞠玉翠，2001；Owens L, Shute R, Slee P, 2000; Peskin MF, Tortolero SR, Markham CM, 2006）。

欺负他人的个体也是存在差异的，有些可能会同时采用多种欺负行为，如既采用传统欺负，也采用网络欺负，有些欺负者同时也是受欺负者。因此，不同类型的欺负以及在欺负行为中联合的角色群体之间也会存在差异。

潜在类别分析是根据个体在观测指标上的反应模式即不同的联合概率来进行参数估计的统计方法。这一方法使得在特定潜类别内部个体在外显变量的反应一致，通俗地说就是通过联合概率的方法将被试分为不同的类，使得同类别的差异最小，而不是同类别的差异最大。这一方法可以很好地解决欺负、受欺负异质性的问题。

国内有研究对儿童的潜在类别进行分析，发现在面对面情境中的受欺负者可以划分为言语—身体受欺负组、言语—身体—关系受欺负组、言语—关系受欺负组（张兴慧，李放，项紫霓，2014；张彩，柯李，张兴慧，陈福美，2016）。

但是这些研究没有将传统欺负与网络欺负同时考虑进来，而且研究对象主要是受欺负者，对欺负者的研究却非常少，这样难以全面反映中学生受欺负行为的现状。

第一节 受欺负行为与欺负行为的潜在类别分析

为了分析学生所受欺负行为的类型，我们分别将受欺负的与欺负行为的8个外显行为指标分开进行探索性潜在类别分析，以方便对受欺负者与欺负的行为进行分类。

一、潜在类别分析的数据准备

潜在类别分析处理的是0，1计分的问题，而我们的欺负行为量表为1~5级计分，因此需要对数据进行转换。我们按照国际通用的标准，将在1个条目上的得分>2（发生过2次及以上）的被试划分为受欺负者，编码为1，而将≤2分的划分为没有受过欺负，编码为0。

二、受欺负行为的探索性潜在类别分析

（一）受欺负行为潜在类别模型的确定

按照探索性潜在类别分析的步骤，以单类别基线模型为起点，每次增加1个类别探索能够充分解释中学生欺负行为8个外显指标之间的关系的最小潜类别数。我们一共检验了5个类别的模型（模型拟合信息详见表6-1）。

结果显示4类别模型最为理想，Entropy达到0.814，虽然较2类别模型要稍低，但是AIC、BIC与aBIC均较2类别模型减少更多，BLRT<0.001，类别概率较为理想，按类别概率来看，分类也更拟合研究假设，因此我们选择4类别模型。3类别模型的Entropy较4类别要小，且LMR不显著，虽然4类别模型较3类别模型的AIC更大，但是BIC与aBIC还是有较大的改善，最重要的是3类别模型的分类不合理，第一类与第二类之间的概率分布相差不大。5类别模型的Entropy低于0.8，表明分类精确度不够，LMR与BLRT差异均不显著。因此，综合来看，我们选择4类别模型。

表6—1 受欺负潜在类别分析拟合信息汇总表

	K	G^2/LL	df	χ^2	AIC	BIC	aBIC	Entropy	LMR	BLRT	潜在类别概率
C1	8	275.403	215	2532.761	10469.136	10514.654	10489.237	—	—	—	1
C2	17	369.271	230	614.322	9040.723	9137.450	9083.439	0.816	<0.001		0.19671/ 0.80329
C3	26	279.486	222	524.818	8969.258	9117.193	9034.588	0.808	0.0573	<0.001	0.021/ 0.185 /0.794
C4	35	221.462	212	392.462	8928.754	9127.898	9016.698	0.814	0.0213	<0.001	0.016/ 0.11/ 0.080/ 0.796
C5	44	194.341	202	273.900	8922.849	9173.201	9033.407	0.797	0.2037	0.050	0.066/ 0.0412/ 0.7955/ 0.0142/ 0.083

(二) 潜在类别变量的命名

根据前人的研究,"打、踢、推、撞等肢体欺负"与"损坏、拿或抢走东西,逼着给钱"为身体欺负;"当面或背后骂、说坏话、嘲笑或歧视"与"在网络上骂、说坏话,起外号或嘲笑"分别属于传统欺负中的言语欺负与网络欺负中的言语欺负;"孤立"为传统欺负中的关系欺负,"强迫做不想做的事"为被强迫;"在网上发恶意的链接,盗取密码或QQ号,或者恶意举报你使你的QQ号被封,在QQ里骗或威胁你(如逼你发红包)"为网络财产侵权,"在网上散播隐私,或者发一些不好的信息或图片"为网络隐私侵权。表6-2列出了被试每道题中的条件概率与潜在类别估计的人数。

第一类别有36名学生,占总群体的1.6%。从分布在受欺负行为8个指标的条件概率来看,该类别的学生在所有8个指标上的概率分布在0.629~0.971之间,表明他们在所有指标上均有很大概率受到他人欺负,因此命名为全类型受欺负组。

第二类别有236名学生,占总群体的11%。该类别在面对面言语欺负上的条件概率为0.622,在肢体欺负上的条件概率为0.579,而在其他指标上的条件概率较低,因此命名为面对面言语—身体受欺负组。

第三类别有174名学生,占总群体的8%。该群体在"网络上骂、说坏话,起外号或嘲笑"与"当面或背后骂、说坏话、嘲笑或歧视"上的概率分别为0.591与0.729,因此命名为面对面—网络言语受欺负组。

第四类别有1741名学生,占整个群体的79.4%。他们在所有8个指标上的概率均低于 0.1，因此命名为未受欺负者。

表 6—2　欺负行为 8 个题目在六类别上的条件概率及潜在类别人数

内容	类别 1	类别 2	类别 3	类别 4
打、踢、推、撞等肢体欺负	0.629	0.579	0.033	0.043
损坏、拿或抢走东西，逼着给钱	0.673	0.237	0.000	0.004
强迫做不想做的事	0.760	0.412	0.044	0.019
在网上发恶意的链接，盗取密码或 QQ 号，或者恶意举报你使你的 QQ 号被封，在 QQ 里骗或威胁你（如逼你发红包）	0.632	0.176	0.196	0.025
在网上散播隐私，或者发一些不好的信息或图片	0.710	0.083	0.135	0.002
在网络上骂、说坏话、起外号或嘲笑	0.971	0.368	0.591	0.022
当面或背后骂、说坏话、嘲笑或歧视	0.910	0.622	0.729	0.062
孤立	0.661	0.262	0.243	0.003
潜在类别个案数	36	236	174	1741

三、欺负行为的探索性潜在类别分析

（一）欺负行为潜在类别模型的确定

我们对欺负行为进行探索性潜在类别分析，共检验了 4 个类别的模型检验。结果发现 4 类别模型的分类精确度最高（Entropy=0.935），但是 AIC、BIC、aBIC 均比 2 类别模型高，且 LMR 在 0.001 水平上不显著。4 类别模型的潜在类别概率有两个类别太低，使得所在类别人数分别只有 11 人与 19 人。

3 类别模型的分类精确度也高于 2 类别模型（Entropy=0.915），但是 AIC、BIC、aBIC 均比 2 类别模型高很多，LMR 高达 0.083。因此也不选择。

2 类别模型的分类精确度也很高（Entropy=0.904），且 AIC、BIC、aBIC 是所有模型中最小的。因此，我们选择 2 类别模型。

表 6—3　欺负行为潜在类别分析拟合信息汇总表

	K	G^2/LL	df	χ^2	AIC	BIC	aBIC	Entropy	LMR	BLRT	潜在类别概率
C1	8	187.116	215	737.426	4379.016	4430.241	4401.647	—	—	—	1
C2	17	158.390	230	280.585	3583.337	3693.031	3632.666	0.904	<0.001	<0.001	0.949/0.051

续表6—3

	K	G^2/LL	df	χ^2	AIC	BIC	aBIC	Entropy	LMR	BLRT	潜在类别概率
C3	26	148.608	221	359.012	3748.227	3913.285	3821.148	0.915	0.093	<0.001	0.014/ 0.945/ 0.040
C4	35	98.424	208	180.352	3721.527	3943.502	3819.593	0.935	0.0063	<0.001	0.041/ 0.005/ 0.008/ 0.946

（二）欺负行为潜在类别模型的命名

第一类别有 2033 名学生，占总群体的 94.9%。从分布在欺负行为 8 个指标的条件概率来看，该类别的学生在所有 8 个指标上的概率分布在 0.000～0.031 之间，表明他们在所有指标上欺负他人的概率都很低，因此命名为未欺负者。

第二类别有 105 名学生，占总群体的 5.1%。该类别在面对面言语欺负上的条件概率为 0.622，在肢体欺负上的条件概率为 0.579，而在其他指标上的条件概率较低，因此命名为面对面言语—身体欺负组。

表6—4 欺负行为 8 个题目在 2 类别上的条件概率及潜在类别人数

内容	类别1	类别2
打、踢、推、撞等肢体欺负	0.031	0.487
损坏、拿或抢走东西，逼着给钱	0.000	0.118
强迫做不想做的事	0.007	0.217
在网上发恶意的链接，盗取密码或 QQ 号，或者恶意举报你使你的 QQ 号被封，在 QQ 里骗或威胁你（如逼你发红包）	0.004	0.144
在网上散播隐私，或者发一些不好的信息或图片吗？	0.000	0.119
在网络上骂、说坏话，起外号或嘲笑	0.010	0.501
当面或背后骂、说坏话、嘲笑或歧视	0.026	0.059
孤立	0.000	0.012
潜在类别个案数	2033	105

由于只分为两类，但是被划分为未欺负者的学生较显变量分类人数比直接计算的未受欺负者人数多了 167 人，即按外显标准只有 1846 人会被划分到未卷入组，而 167 人应该被划分为欺负组。因此，我们采用外显标准对样本进行分析。

四、讨论

由于前人研究多是将网络欺负与传统欺负分开进行，因此鲜见有就网络背景下同时包括网络欺负与传统欺负行为发生率的报告。调查显示，根据外显变量直接调查的受欺负与欺负发生率分别为35%与18.3%，采用潜在类别分析的受欺负比例为20.6%。这与黎亚军（2015）报告的57.8%存在很大的差异，虽然黎亚军调查的对象不包括初三年级，但差距过大，可能与测量的量表存在差异有关，原因有待进一步的研究。但与张兴慧等人（2014）的研究结果较为一致，他们调查发现四、六、八年级学生的受欺负行为的发生率为27.1%。张彩（2016）等人调查八年级的数据发现，27.6%的中学生受过传统欺负，这与本研究中初二年级24.3%的受欺负行为发生率非常接近。

潜在类别分析结果表明，中学生的受欺负情况可以分为全类型受欺负、面对面言语—身体受欺负、面对面—网络言语受欺负与未卷入者，潜在类别比例分别为1.6%、11%、8%与79.6%。这与黎亚军（2015）的研究也存在差异，他的研究只分为三类，即全类型受欺负类（10.3%）、网络/言语/关系受欺负类（47.5%）和非受欺负类（42.2%）三类。在他的研究中，传统欺负并未单独成为一类，而是与网络欺负行为完全共发。我们的研究发现，有一类学生只受到传统欺负行为中的言语欺负与身体欺负，仅有9.6%的学生同时受到传统欺负与网络欺负。王建发（2018）的研究也发现，传统欺负与网络欺负行为的相关仅为0.26，这也可以推导出两者的共发比率不会太高。原因可能是在不同区域中的欺负行为确实存在差异性。张彩（2016）等人对初二学生受欺负行为的潜在类别研究发现，初二学生受欺负行为可以分为言语—身体—关系受欺负组、言语—身体受欺负组、言语—关系受欺负组与未受欺负组。

潜在类别分组的差异不仅会受到变量客观分类的影响，也会受到样本量的影响。黎亚军（2015）的样本数为954人，本研究用于潜在类别分析的样本数为2187人，而张彩（2016）的样本数为10191人。样本量少会影响到后续分类中，部分类别数量过少而没有太多实践意义从而使得研究者选择类别少但更有实践意义的模型。

此次按外显指标算出的初一与初二学生的受欺负行为发生率为38.7%与43.2%，欺负行为发生率分别为15%与17%。显著低于刘丽琼等人在海南调查的初一与初二学生的受欺负发生率（62%与40.1%）与欺负发生率（41.5%与32%）。此次调查的初一至高二学生的网络欺负与受欺负的发生率分别为18.3%与11.6%，也远低于刘丽琼2012年调查海口市初一至高二学生的受欺负发生率（40.2%与27.5%）。

原因一方面在于社会对中小学校园的欺负行为的关注度较以前高，电视等主流媒体也在呼吁反对校园欺负行为的发生。这也是教育部2016年出台《关于防治中小学生欺凌和暴力的指导意见》的主要社会背景。学校与家长更为重视中小学生的欺负行为，对学生的干预增加，从而切实减少了欺负行为的发生。

根据潜在类别分析得到的欺负与受欺负行为发生率较根据外显指标计算的发生率要低，原因在于潜在类别是基于条件概率的方法针对个体外在指标上的表现来进行划分，充分考虑了被试在不同指标上的作答模式，从而将作答模式一致的个体划分至一个类别，而作答模式不一致的个体则划分到不同类别中去。但可能会低估发生率。

按照国际通用的标准，在某一指标上发生两次就划分为受欺负者或欺负者，没有考虑欺负行为的严重性而只考虑了欺负行为发生的重复性。根据国际通用标准划分的类别没有相应的统计指标去衡量划分结果的有效性，即使同一组内不同个体的得分相同，他们在各个题目的作答模式也可能不同，组内的个体差异往往被忽略，导致划分出来的群体内部异质性较大（黎亚军，2015）。

此次调查显示，中学生欺负他人的比例按潜在类别分析的结果为5.1%；而黎亚军（2015）的调查显示，中学生的网络欺负行为的发生比例高达6.1%；但毋瑞朋（2018）调查山西省中学生过去30天的欺负发生率仅为6.5%。可能与调查的时间与地域存在差异有关，我们调查的是过去一学期，11月进行调查，所以调查的时间跨度是三个月左右。

由于暂未查阅到有关欺负行为的潜在类别分析数据，因此无法与他人比较欺负行为的类型。本次研究中欺负者都被归为同一类别，无法区分不同类别之间的差异性，因此采用观察值直接判断的方法比潜在类别分析更准确。直接采用观察值判断的欺负行为发生率为12.72%。

第二节　欺负行为潜在类别的人口统计学差异

一、受欺负潜在类别上的人口统计学差异

我们采用卡方检验潜在类别在人口统计学的差异，结果发现受欺负潜在类别在性别与年级上的差异有统计学意义（$P<0.001$），但在学生是否寄宿、学生是来自城市还是农村、学生在家庭中的排行以及是否独生上均没有差异（$P>0.05$）。

(一) 受欺负潜在类别在性别上的差异

受欺负行为在性别上的差异有统计学意义（$\chi^2=18.472$，$P<0.001$）。女生未被欺负的比例较男生高7.4个百分点。面对面－网络言语受欺负的性别差异不大，而面对面言语－身体受欺负的男生比女生高5.2个百分点。全类型受欺负者在整个学生群体中比例太少，因此虽然男生只比女生高了0.9个百分点，但仍是值得关注的现象。这表明男生较女生受欺负情况更为严重。

表6－5 受欺负潜在类别在性别上的差异

	男		女	
	N	%	N	%
全类型受欺负	22	2.1	12	1.2
面对面言语－身体受欺负	132	12.6	74	7.4
面对面－网络言语受欺负	84	8.0	76	7.6
未受欺负者	811	77.3	832	83.7

(二) 受欺负潜在类别在年级上的差异

受欺负行为潜在类别在年级上的差异有统计学意义（$\chi^2=41.574$，$P<0.001$）。随着年级的增长，未卷入的比例增加，但是高二未卷入的比例反而较高一学生低9个百分点，这需要进一步的研究。

初二学生在面对面言语－身体受欺负上的比例最高，比初一年级高近15个百分点，比初三年级高21个百分点。初二、初三与高三学生在面对面－网络受欺负的比例相对较高，高一最低。

表6－6 受欺负潜在类别在年级上的差异

	初一	初二	初三	高一	高二
全类型受欺负	8 (1.7)	12 (2.6)	9 (1.8)	1 (0.3)	5 (1.6)
面对面言语－身体受欺负	67 (14.1)	61 (29.0)	39 (8.0)	17 (5.4)	24 (7.8)
面对面－网络言语受欺负	31 (6.5)	41 (8.7)	43 (8.8)	14 (4.4)	30 (9.7)
未受欺负者	369 (77.7)	356 (75.7)	398 (81.4)	285 (89.9)	250 (80.9)

二、欺负/受欺负类别的人口统计学差异

(一) 欺负/受欺负潜在类别的人数分布情况

我们采用外显变量的欺负行为划分标准，并与受欺负的潜在类别进行分析，以考查欺负/受欺负综合分类时的人口统计学差异。这样，我们共分了

八大类型。具体类型与分布情况详见表6－7。

从表6－7可以看出,单纯受欺负的中学生共有470名,又可分为全类型受欺负(欺负)、面对面言语－身体受欺负、面对面－网络言语受欺负三个亚型。欺负/受欺负者共有131人,也可分为全类型受欺负－欺负、面对面言语－身体受欺负－欺负、面对面－网络言语受欺负－欺负者三个亚型。

通过表6－7可以看出,未卷入欺负行为的学生一共是1509人,占73.8%。表明有26.2%的学生卷入欺负行为。

表6－7 欺负/受欺负类别的人数分布

单纯受欺负 （N＝470）	全类型受欺负	18	0.9
	面对面言语－身体受欺负	140	6.8
	面对面－网络言语受欺负	112	5.5
未卷入	未卷入	1509	73.8
欺负/受欺负 （N＝131）	全类型受欺负－欺负	15	0.7
	面对面言语－身体受欺负－欺负	70	3.4
	面对面－网络言语受欺负－欺负者	46	2.2
单纯欺负者	单纯欺负者	136	6.6

（二）欺负/受欺负类别的人口统计学差异

研究发现欺负/受欺负类别不存在家庭所在地、是否担任学生干部、是否寄宿上的差异（$P>0.05$），仅在性别（$\chi^2=41.742$, $P<0.001$）与年级上存在差异（$\chi^2=64.921$, $P<0.001$）。差异主要发生在未卷入的这一类,女生未卷入欺负行为的比例比男生高11.1个百分点,单纯欺负者的比例较男生低4.1个百分点,男生在面对面言语－身体受欺负的比例也比女生高4.4个百分点。

表6－8 欺负/受欺负类别的人口统计学差异

	男	女
全类型受欺负	10 (1.0)	7 (0.7)
面对面言语－身体受欺负	92 (9.0)	45 (4.6)
面对面－网络言语受欺负	58 (5.7)	53 (5.4)
未卷入	697 (68.4)	781 (79.5)
全类型受欺负－欺负	10 (1.0)	5 (0.5)
面对面言语－身体受欺负－欺负	38 (3.7)	28 (2.8)
面对面－网络言语受欺负－欺负者	24 (2.4)	22 (2.2)
单纯欺负者	90 (8.8)	42 (4.3)

从年级差异来看，高一年级未卷入的比例最高，初一与初二最低，高一比初一高15.5个百分点，表明随着年级的增长，更多的学生摆脱了欺负行为。但值得关注的是高二学生未卷入的比例又有所减少，较高一低9.2个百分点。

高二学生在面对面－网络言语受欺负的比例最高，高一学生最低，初一学生也达到了6.0%。初中生的单纯欺负者的比例均高于高中生，初二以前学生在面对面言语－身体受欺负的比例也高于初三至高二的学生。综合未卷入与各类欺负/受欺负的亚型来看，初三是学生传统欺负减少的关键点（详见表6-9）。

表6-9 欺负/受欺负分类的年级差异

	初一	初二	初三	高一	高二
全类型受欺负	4（0.9）	7（1.5）	4（0.8）	1（0.3）	2（0.7）
面对面言语－身体受欺负	43（9.2）	42（9.2）	23（4.8）	14（4.5）	16（5.2）
面对面－网络言语受欺负	28（6.0）	23（5.0）	26（5.4）	11（3.5）	22（7.2）
未卷入	326（69.8）	312（68.3）	357（74.7）	266（85.3）	232（76.1）
全类型受欺负－欺负	4（0.9）	4（0.9）	0	3（1.0）	15（0.7）
面对面言语－身体受欺负－欺负	23（4.9）	18（3.9）	16（3.3）	3（1.0）	8（2.6）
面对面－网络言语受欺负－欺负者	2（0.4）	17（3.7）	16（3.3）	3（1.0）	8（2.6）
单纯欺负者	37（7.9）	34（7.4）	32（6.7）	14（4.5）	15（4.9）

三、讨论

调查显示，男生比女生更多地卷入欺负行为，也比女生受到更多的欺负，尤其是面对面情境中的言语欺负与身体欺负，这与前人研究一致（克里斯蒂娜·德尔·巴里，埃伦娜·马丁伊格纳西奥·蒙特罗，伊莎贝尔·弗那德等，2009；张文新，2001）。原因在于与男生相比，女生对受欺负者抱有更为同情的态度，移情能力也更强。同时，女生对欺负者有更强的否定或反对倾向，对正在发生的欺负行为表现出更强的不安、不满情绪和干预倾向。因此她们更难以对他人实施欺负行为而会为受欺负者提供更多的帮助（张文新，谷传华，王美萍等，2000）。

随着年级的增长，越来越多的学生从欺负行为中摆脱出来，初三是学生传统欺负减少的关键点（董奇，林崇德，2011；张文新，2002）。但值得关注的是高二学生的欺负行为发生率反而高于高一。原因还有待于进一步研究，也有可能是高一学生刚进入一所新的学校，新的环境需要适应，人际关系也需要重新建立。在初中依靠团队去欺负他人的学生一时还无法建立自己的团队与个人威信，因此使得欺负行为减少。由于调查对象很少涉及高中，难以进行比较，还需要进行深入的研究。

本次研究未发现学生家庭所在地的城乡差异、是否寄宿与是否担任学生干部的差异。虽然有调查发现本地户籍的初中生受欺负率低于外地户籍初中生（张蠡、常树丽，2016），但来自农村的中学生其户籍也是本地的，因此无法与之对比。担任学生干部者成为受欺负者的可能性应该要低于未担任过学生干部的学生，但目前也无相关研究证实，需要进一步进行调查。

第三节 欺负角色在心理健康上的差异

一、受欺负潜在类别在心理健康水平上的差异

受欺负潜在类别在心理健康上的差异均有统计学意义。在对人焦虑与孤独倾向上，未受欺负者的得分显著低于其他三个受欺负的类别，但是受欺负的三个类别之间的差异无统计学意义。

在自责倾向上，未受欺负组的得分低于面对面言语－身体受欺负与面对面－网络言语受欺负组，但是与全类型受欺负者的差异没有统计学意义。全类型受欺负者与的得分显著低于面对面－网络言语受欺负，与其他组的差异没有统计学意义。

在过敏倾向上，未受欺负组的得分显著低于面对面言语－身体受欺负与面对面－网络言语受欺负组，但是与全类型受欺负者的差异没有统计学意义。全类型受欺负组与所有组的差异均无统计学意义，而面对面言语－身体受欺负与面对面－网络言语受欺负组之间的差异也没有统计学意义。

在恐怖倾向、冲动倾向与学习焦虑上，未受欺负组的得分显著低于所有其他组，受欺负的三个类别之间的差异没有统计学意义。

表6－10 受欺负潜在类别在心理健康水平上的差异

	全类型受欺负		面对面言语－身体受欺负		面对面－网络言语受欺负		未受欺负者		F
	N	M±SD	N	M±SD	N	M±SD	N	M±SD	
对人焦虑	33	5.00±2.72	205	4.84±2.14	156	4.85±2.59	1603	3.91±2.42	25.580***
孤独倾向	33	3.85±4.18	202	3.80±2.56	154	3.77±2.60	1599	2.70±2.51	18.912***

续表6-10

	全类型受欺负		面对面言语—身体受欺负		面对面—网络言语受欺负		未受欺负者		F
	N	M±SD	N	M±SD	N	M±SD	N	M±SD	
自责倾向	33	5.36±3.51	196	6.06±2.37	151	6.42±2.33	1570	5.41±2.73	9.137***
过敏倾向	31	6.71±3.37	200	6.81±2.16	153	7.07±2.09	1589	6.25±2.29	8.786***
恐怖倾向	32	4.25±3.24	200	3.72±2.82	152	3.82±3.44	1597	3.09±2.83	6.543***
冲动倾向	33	4.06±3.10	202	3.92±2.91	152	3.72±2.69	1596	2.55±2.44	27.903***
学习焦虑	33	9.55±4.53	200	9.23±3.10	150	9.37±3.30	1551	8.10±3.70	11.400***

二、欺负分类在心理健康问题上的差异

在过敏倾向、自责倾向、恐怖倾向与学习焦虑上不存在欺负分类的差异（$P>0.05$），在对人焦虑、孤独倾向、冲动倾向上均存在欺负分类的差异（$P<0.01$），欺负者均高于未欺负者。从显著性水平及均值差异来看，欺负分类在冲动倾向上的差异最大，欺负者比未欺负者高了1.13分（详见表6-11）。

表6-11 欺负分类在心理健康问题上的差异

	未欺负		欺负		t
	N	M±SD	N	M±SD	
对人焦虑	1769	3.84±2.39	275	4.43±2.30	3.79***
孤独倾向	1765	2.86±2.59	269	3.30±2.28	2.68**
自责倾向	1729	5.60±2.73	265	5.35±2.48	1.40
过敏倾向	1748	6.39±2.33	272	6.54±2.28	0.94
恐怖倾向	1757	3.22±2.91	268	3.38±2.81	0.84
冲动倾向	1757	2.68±2.53	271	3.79±2.69	6.70***
学习焦虑	1716	8.36±3.66	265	8.37±3.57	0.05

三、欺负/受欺负分类在心理健康问题上的差异

欺负/受欺负分类在所有心理健康问题上均存在差异。未卷入者的对人焦虑、孤独倾向、过敏倾向与单纯欺负者之间的差异无统计学意义，单纯受欺负与欺负/受欺负者之间的差异无统计学意义，但是未卷入者、单纯欺负者的对人焦虑得分显著低于单纯受欺负与欺负/受欺负者。单纯受欺负者的自责倾向显著高于所有类别，而其他类别之间的差异无统计学意义（详见表6-12）。

表 6—12　欺负/受欺负分类在心理健康上的差异表一

	对人焦虑		孤独倾向		自责倾向		过敏倾向	
	N	M±SD	N	M±SD	N	M±SD	N	M±SD
单纯受欺负	260	4.75±2.26	260	3.85±2.93	248	6.46±2.48	256	6.95±2.22
未卷入	1446	3.64±2.38	1442	2.67±2.48	1423	5.45±2.73	1431	6.26±2.28
欺负/受欺负	126	4.97±2.06	121	3.57±2.21	124	5.48±2.27	122	6.90±2.22
单纯欺负	129	3.98±2.34	129	3.02±2.27	123	5.16±2.60	129	6.22±2.35
F		25.991***		19.400***		11.069***		8.977***

单纯受欺负与欺负/受欺负者在恐怖倾向、学习焦虑上的差异无统计学意义，未卷入者与单纯欺负者之间的差异无统计学意义，但均低于单纯受欺负与欺负/受欺负者。

单纯受欺负者与单纯欺负者在冲动倾向上差异无统计学意义，但高于未卷入者，低于欺负/受欺负者。欺负/受欺负者较其他所有类别均高，而未卷入者低于所有类别（详见表 6—13）。

表 6—13　欺负/受欺负分类在心理健康上的差异表二

	恐怖倾向		冲动倾向		学习焦虑	
	N	M±SD	N	M±SD	N	M±SD
单纯受欺负	258	3.87±3.23	254	3.69±2.89	254	9.40±3.15
未卷入	1439	3.10±2.83	1440	2.48±2.41	1403	8.15±3.71
欺负/受欺负	119	3.76±2.87	124	4.29±2.69	120	9.07±3.53
单纯欺负	130	3.04±2.73	127	3.28±2.56	123	7.73±3.47
F		6.750**		34.401***		11.276***

四、人口统计学与欺负/受欺负分类在心理健康上的交互作用分析

采用双因素方差分析检验性别、家庭所在地与欺负/受欺负分类在心理健康上的交互作用。结果显示，性别与欺负/受欺负类别只在恐怖倾向上的交互作用显著，家庭所在地在孤独倾向上交互作用显著，而在其他所有变量上的差异均无统计学意义。

（一）恐怖倾向的性别与欺负/受欺负类别的交互作用分析

性别与欺负/受欺负类别在恐怖倾向上的交互作用显著（$F=3.154$，$P<0.05$）。简单效应检验发现，单纯受欺负与未卷入的性别差异均显著，单纯受欺负的男生其恐怖倾向低于女生，未卷入的男生恐怖倾向也低于女生，但男女生在欺负/受欺负、单纯欺负上不存在性别差异。

在不同性别上，欺负/受欺负分类均存在显著差异。男生未卷入者的得

分显著低于欺负/受欺负者,但与其他类别之间的差异无统计学意义,其他类别之间的差异也无统计学意义。女生单纯受欺负与欺负/受欺负者之间无差异,但高于未卷入者与单纯欺负者。欺负/受欺负者与所有类别差异都无统计学意义,其他类别之间的差异无统计学意义(详见表6-14)。

表6-14 恐怖倾向的性别与欺负/受欺负类别的交互作用检验

	男		女		F
	N	M±SD	N	M±SD	
单纯受欺负	149	3.07±2.7	104	4.95±3.55	27.098***
未卷入	661	2.44±2.73	750	3.66±2.80	66.162***
欺负/受欺负	66	3.44±2.83	50	4.06±2.94	1.404
单纯欺负	85	2.99±2.72	41	3.02±2.81	0.005
F		4.416**		7.522***	

从图6-1中,我们可以很直观地看到,单纯欺负的男生和女生在恐怖倾向上的得分几乎是重合的,但单纯受欺负的女生在恐怖倾向上的得分远比男生高。

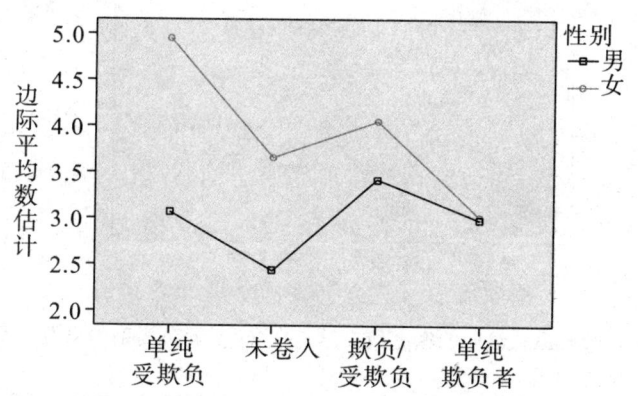

图6-1 恐怖倾向的性别与欺负/受欺负类别的交互作用图

(二)孤独倾向的家庭所在地与欺负/受欺负类别的交互作用分析

家庭所在地与欺负/受欺负类别在孤独倾向上的交互作用显著($F=4.468$, $P<0.01$)。简单效应检验发现,城镇单纯受欺负者、单纯欺负者的恐怖倾向得分均高于农村,未卷入者得分低于农村,欺负/受欺负者差异无统计学意义。

城镇与农村学生在孤独倾向得分上的欺负角色差异均有统计学意义。城镇学生单纯欺负者的孤独倾向得分高于未卷入者与单纯欺负者,与欺负/受欺负者差异无统计学意义,其他类别之间的差异无统计学意义。农村学生中差异只发生在未卷入者与欺负/受欺负者之间，未卷入者的得分显著低于欺负/受欺负者，但其他类别之间的差异也无统计学意义（详见表6-15）。

表6-15 孤独倾向的家庭所在地与欺负/受欺负类别的交互作用检验

	城镇		农村		F
	N	M±SD	N	M±SD	
单纯受欺负	129	4.12±3.22	121	3.45±2.57	4.356*
未卷入	699	2.51±2.60	702	2.82±2.34	5.111*
欺负/受欺负	56	3.29±2.36	64	3.80±2.06	1.071
单纯欺负	67	2.48±2.00	41	3.70±2.44	7.352***
F		15.951		6.008	

通过图6-2，我们也可以直观地看出，只有在未卷入角色上城镇和农村学生差异不大，而在单纯受欺负上城镇学生高于农村，而欺负/受欺负、单纯欺负则相反。

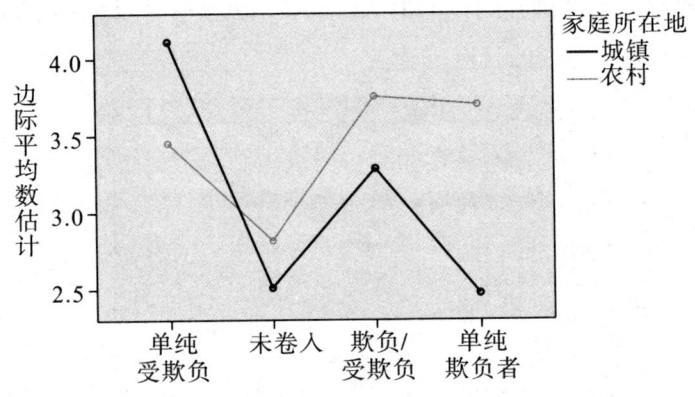

图6-2 孤独倾向的家庭所在地与欺负/受欺负类别的交互作用图

五、讨论

（一）受欺负与心理健康的关系

研究发现受欺负会严重影响个体的心理健康，无论受哪种类型的欺负，受欺负者在对人焦虑、孤独倾向上的得分均高于未受欺负者，这与王玉萍的研究一致（王玉萍，2012）。受欺负经历会使得个体难以对他人建立信任感，害怕被他人欺负。同时，受欺负经历也常会影响学生的同伴地位，难以获得同伴接纳而增加同伴拒绝，从而使个体感到更孤单。另一方面，害怕与人交往，将自己封闭的倾向也更容易让自己成为欺负的目标。

在自责与过敏倾向上，未欺负者的得分低于面对面言语-身体受欺负与面对面-网络言语受欺负者，但是与全类型受欺负者无差异。由于暂未找到相关文献，此结论可能需要进行进一步的研究证实。自责倾向是当发生不如意的事情时，经常认为是自己不好，对自己所做的事抱有恐惧心理，其根源主要在对于失去别人关爱和认可的不安。过敏倾向表现为个体对周围事情敏感不果断，有一点小事就放不下。受欺负的个体害怕自己会被同伴拒绝与歧视而经常处于不安的状态，从而使得他们自责倾向得分高。未卷入者的同伴地位相对来说是最好的，他们不用担心自己会失去他人的关爱。全面受欺负者由于受到的欺负次数太多，在同伴交往中处于被忽视的地位，即无人拒绝也无人接纳，因此反而让他们形成了习得性无助，不再强求与他人之间的良好关系，强迫自己忽视他人对自己的行为，以此保护自我意识。

受欺负的学生在恐怖倾向、冲动倾向与学习焦虑上均高于未受欺负者（Renda J, Vassallo S, Edwards B, 2011; Yen C, Yang P, Wang P, 2014）。受欺负的特点之一就在于以强凌弱，受欺负者常常在很长一段时间难以摆脱受欺负的处境，从而让他们非常害怕学校。对校园欺负的恐惧可能泛化到其他方面，如害怕黑暗、害怕同学、害怕学校。由于对学校的害怕等也会让学生担心自己的成绩，怕考不好等。冲动倾向是指个体自制力差，容易冲动。易于冲动的个体在处理问题时不容易控制自己的情绪，易采用不恰当的方式去处理人际冲突，从而更易遭到他人的欺负。

（二）关于欺负与心理健康的关系

欺负行为对个体的心理健康却未产生太大的影响，欺负者在过敏倾向、自责倾向、恐怖倾向与学习焦虑上与未欺负他人的学生之间无差异，只在对人焦虑、孤独倾向与冲动倾向上高于未欺负者。这与史慧静（2015）的研究不一致，原因在于他们使用的是回顾性的调查（史慧静，张喆，夏志娟，2015）。欺负者因为较低的自制力，不良的人际交往能力或过分注重自己的形象而导致他们在与他人发生冲突时，不能采取被社会所接受的方式，而选择用欺负等不被社会接纳的方式来处理人际交往问题，如欺负他人、武力解决等。欺负行为本身又会反过来影响欺负者的认知，觉得其他人也会像他一样用武力解决问题，从而使其害怕、恐惧（黄艳苹，李玲，2009）。

（三）欺负/受欺负与人口统计学在心理健康上的交互作用

调查发现女生的恐怖倾向高于男生，但是对于欺负与欺负/受欺负的女生来说则与男生差异不显著。原因可能在于恐怖倾向高的女生不敢去欺负他人，因为具有恐怖倾向的个体对周围的事物有恐惧感，她们更不敢去欺负他人。但是对于男生来说，恐怖倾向并不会让他们害怕欺负他人，男生未卷入的学生恐怖倾向反而最低，女生单纯受欺负者的恐怖倾向最高，表明单纯受欺负给女生带来的恐怖感要显著高于男生，原因还有待进一步的研究。

调查也发现，欺负/受欺负对来自城镇与农村学生孤独倾向的影响也存在差异。城镇单纯受欺负者的孤独倾向高于农村，但单纯欺负者低于农村。原因在于城镇学生离家近，他们以前小学或初中的同学更可能升入同一所学校，因此同学支持与父母支持都会好于离家远、同学在升学时更分散的农村学生。因此当城镇学生是单纯欺负者时，很多同学会协助他们欺负他人，因此他们的孤独倾向自然就低于农村学生。但是，当他们是单独的受欺负者时，强者会讨厌弱者，城镇的同学会认为受欺负者是软弱的而看不起他，由于受欺负者在爱学习的积极心理品质上不如其他角色，可能父母也更看重学习而对自己的孩子有更多的指责，导致城市单纯受欺负者感觉到孤独。农村学生多寄宿，单纯受欺负者在宿舍中更容易有好朋友，因此他们的孤独倾向会更低一些。由于现有研究很少进行交互作用分析，因此具体情况还有待进一步研究证实。

第四节　欺负角色在积极心理品质上的差异

一、受欺负潜在类别在积极心理品质上的差异

（一）受欺负潜在类别在积极心理品质分量表上的差异

受欺负潜在类别在律己维度上的差异有统计学意义，差异主要发生在未受欺负者与面对面言语-身体受欺负之间，未受欺负者的得分高于面对面言语-身体受欺负者，其他类别之间的差异无统计学意义。在其他五个维度上，虽然未受欺负者在数值上稍高，但均未达到统计学显著（详见表6-16）。

表6-16　受欺负潜在类别在积极心理品质上的差异

	全类型受欺负		面对面言语-身体受欺负		面对面-网络言语受欺负		未受欺负者		F
	N	M±SD	N	M±SD	N	M±SD	N	M±SD	
认知维度	31	30.68±8.8	183	31.52±6.13	136	31.44±6.25	1492	32.14±6.82	1.239
情感维度	31	42.62±9.49	181	41.75±7.93	139	41.72±8.16	1516	42.75±7.47	1.571
意志维度	27	36.74±7.54	173	36.13±7.63	137	36.30±6.78	1494	37.32±6.61	2.381
律己维度	32	40.78±6.89	194	41.13±5.75	140	42.24±7.74	1544	42.35±5.46	3.290*
利群维度	29	33.90±8.95	185	32.99±6.33	136	33.57±7.02	1507	34.30±6.53	2.529
超越维度	32	47.94±11.01	181	47.29±9.44	134	47.46±9.76	1485	48.55±9.13	1.452

（二）受欺负潜在类别在积极心理品质分测验上的差异

受欺负潜在类别只在 5 项积极心理品质上的差异有统计学意义，而在 12 项积极心理品质上没有差异。

事后检验结果表明，未受欺负者在思维与洞察力上高于面对面言语－身体受欺负者。在执着上，未受欺负者显著高于面对面－网络言语受欺负者，而受欺负的其他类别之间的差异无统计学意义。

全类型受欺负者的爱学习得分最低，显著低于所有其他组；未受欺负者得分高于面对面言语－身体受欺负者。面对面言语－身体受欺负者的真诚显著低于面对面网络－言语受欺负与未受欺负者，但其他组之间的差异无统计学意义。全类型受欺负者的宽容得分最低，显著低于面对面网络－言语受欺负者与未受欺负者，未受欺负者的宽容得分高于面对面言语－身体受欺负者，其他组之间的差异无统计学意义（详见表 6—17）。

表 6—17 受欺负潜在类别在积极心理品质上的差异[①]

	全类型受欺负		面对面言语－身体受欺负		面对面－网络言语受欺负		未受欺负者		F
	N	M±SD	N	M±SD	N	M±SD	N	M±SD	
思维与洞察力	32	12.28±3.72	197	11.23±3.19	145	11.35±3.13	1556	11.83±3.30	2.986*
爱学习	32	8.22±2.77	199	9.27±2.33	151	9.53±2.19	1593	9.63±2.40	4.888**
执着	32	15.97±5.04	194	15.94±5.48	152	15.25±4.14	1602	16.31±3.87	3.432*
真诚	30	9.97±2.54	194	10.05±2.32	146	10.76±2.19	1592	10.71±2.19	6.150***
宽容	33	10.03±2.31	207	10.95±2.52	153	11.57±4.84	1632	11.34±2.29	4.531**

二、欺负分类在积极心理品质上的差异

我们采用 t 检验以检验欺负分类在积极心理品质分量表与分测验上的差异。

（一）欺负分类在积极心理品质分量表上的差异

欺负者与未欺负者在积极心理品质的六个维度上存在显著差异（$P<0.001$），欺负者在六个维度上的得分均低于未欺负者。表明积极心理品质可以减少人们欺负他人的可能性（详见表 6—18）。

---

① 由于分测验太多，因此受欺负潜在类别上差异无统计学意义的分测验的描述统计与检验值不再列出。

表6-18 欺负分类在积极心理品质分量表上的差异

	未欺负		欺负		t
	N	M±SD	N	M±SD	
认知维度	1645	32.22±6.65	234	30.20±6.84	4.34***
情感维度	1664	42.92±7.33	234	39.98±8.91	5.58***
意志维度	1631	37.45±6.68	237	34.87±6.46	5.56***
律己维度	1698	42.58±5.55	252	39.51±5.62	8.18***
利群维度	1647	34.41±6.41	248	31.82±7.13	5.83***
超越维度	1627	48.67±9.04	248	45.88±10.49	4.37***

(二) 欺负分类在积极心理品质分测验上的差异

欺负者除在领导力与幽默上的得分与未欺负者之间的差异无统计学意义外, 在其他15项积极心理品质的得分均显著低于未欺负者。相对来说, 在创造力、勇敢上的差异要小于其他13项积极心理品质, 显著性水平为0.05, 其他均在0.001水平上差异显著(详见表6-19)。

表6-19 欺负分类在积极心理品质分测验上的差异

	未欺负		欺负		t
	N	M±SD	N	M±SD	
思维与洞察力	1718	11.84±3.28	257	11.06±3.23	3.526***
爱学习	1748	9.68±2.38	268	8.76±2.31	5.899***
创造力	1747	10.61±2.93	257	10.13±3.03	2.461*
社交智力	1732	14.59±3.17	263	13.50±3.51	5.118***
友善	1755	11.78±2.55	265	10.69±2.92	6.371***
爱	1752	16.49±2.88	263	15.15±3.72	6.711***
执着	1759	16.37±4.09	268	14.97±3.78	5.299***
真诚	1740	10.71±2.20	263	10.06±2.29	4.435***
勇敢	1742	10.26±9.80	267	9.80±2.62	2.532*
持重	1754	13.41±3.20	271	11.93±3.32	7.072***
宽容	1794	11.45±2.59	275	10.34±2.39	6.675***
谦虚	1765	17.71±1.80	272	17.02±2.29	5.620***
合作力	1714	19.09±3.71	261	17.23±4.36	7.364***
信念与希望	1723	19.38±4.36	262	17.54±5.06	6.187***
心灵触动	1787	11.93±2.29	273	11.22±2.81	4.599***

三、欺负/受欺负分类在积极心理品质上的差异

（一）欺负/受欺负分类在积极心理品质分量表上的差异

方差分析检验结果显示欺负/受欺负在积极心理品质上的所有差异均存在统计学意义。

在认知维度上，未卷入者的得分显著高于欺负/受欺负者与单纯欺负者，但与单纯受欺负者之间的差异无统计学意义。单纯受欺负组与所有组之间的差异都无统计学意义。

在情感维度与意志维度上，未卷入者与单纯受欺负者之间无差异，两者都高于单纯欺负者与欺负/受欺负者，但欺负/受欺负者与单纯欺负者之间也无差异（详见表6-20）。

表6-20 欺负/受欺负在积极心理品质上的差异表一

	认知维度		情感维度		意志维度	
	N	M±SD	N	M±SD	N	M±SD
单纯受欺负	239	31.76±6.36	240	42.48±7.97	229	36.84±7.46
未卷入	1352	32.35±6.76	1373	43.04±7.21	1350	37.59±8.35
欺负/受欺负	105	30.29±6.01	104	39.97±8.35	102	35.09±6.65
单纯欺负	116	30.49±7.24	118	40.37±9.00	119	35.02±6.31
F		5.540**		9.361***		9.345***

在律己维度上，未卷入者与单纯受欺负者之间无差异，两者都高于单纯欺负者与欺负-受欺负者，但欺负-受欺负者与单纯欺负者之间也无差异。

在利群维度上，单纯受欺负者与欺负/受欺负者之间无差异，但高于单纯欺负者，低于未卷入者，未卷入者的得分显著高于其他三组。单纯欺负者与欺负/受欺负者之间的差异也无统计学意义。

超越维度上，未卷入者高于欺负/受欺负者与单纯欺负者，与单纯受欺负者之间的差异无统计学意义。单纯受欺负者与单纯欺负者之间无差异，但高于欺负/受欺负者（详见表6-21）。

表6-21 欺负/受欺负在积极心理品质上的差异表二

	律己维度		利群维度		超越维度	
	N	M±SD	N	M±SD	N	M±SD
单纯受欺负	248	42.51±6.81	235	33.68±6.74	237	48.31±9.63
未卷入	1392	42.65±5.34	1360	34.61±6.32	1339	48.79±8.89

续表6—21

	律己维度		利群维度		超越维度	
	N	M±SD	N	M±SD	N	M±SD
欺负/受欺负	113	39.49±5.83	108	32.25±6.85	105	45.50±9.52
单纯欺负	126	39.66±5.53	123	31.67±7.38	120	47.00±11.04
F		5.540***		9.361***		9.345***

（二）欺负/受欺负分类在积极心理品质分测验上的差异

欺负/受欺负分类除在创造性、勇敢、领导力和幽默分测验上差异无统计学意义外，在其他13个分测验上的差异均有统计学意义。

在思维与洞察力方面，欺负/受欺负者的得分最低，显著低于单纯受欺负者与未卷入者，单纯欺负者与所有组之间的差异均不显著，其他组之间的差异也无统计学意义。

在爱学习方面，未卷入者的得分显著高于所有其他类别。单纯受欺负者高于单纯欺负者，但与欺负/受欺负者之间的差异无统计学意义。其他组之间的差异无统计学意义。

在社交智力方面，未卷入者与单纯受欺负者之间无差异，两者都高于欺负/受欺负者与单纯欺负者，单纯欺负者与欺负/受欺负者之间的差异无统计学意义（详见表6—22）。

表6—22　欺负/受欺负在积极心理品质分测验上的差异一

	思维与洞察力		爱学习		社交智力	
	N	M±SD	N	M±SD	N	M±SD
单纯受欺负	251	11.62±3.26	255	9.34±2.42	252	14.65±3.48
未卷入	1408	11.89±3.31	1435	9.75±2.38	1423	14.62±3.10
欺负/受欺负	116	10.78±2.95	120	9.02±2.05	121	13.61±3.16
单纯欺负	124	11.46±3.38	130	8.57±2.38	124	13.55±3.72
F		4.604**		13.547***		7.591***

在友善、爱两项积极心理品质上，单纯受欺负者与未卷入者之间的差异无统计学意义，单纯欺负者与欺负/受欺负者之间的差异也无统计学意义，单纯受欺负者、未卷入者均高于单纯欺负者、欺负/受欺负者。

在执着方面，未卷入者的得分最高，显著高于其他类别。单纯受欺负者高于单纯欺负者，但与欺负/受欺负者之间的差异无统计学意义，单纯欺负者与欺负/受欺负者之间的差异也无统计学意义（详见表6—23）。

表6—23 欺负/受欺负在积极心理品质分测验上的差异二

	友善		爱		执着	
	N	M±SD	N	M±SD	N	M±SD
单纯受欺负	253	11.53±2.61	256	16.24±3.09	253	15.91±5.37
未卷入	1443	11.85±2.54	1436	16.55±2.82	1444	16.48±3.83
欺负/受欺负	117	10.79±2.73	114	15.32±3.36	118	15.19±3.73
单纯欺负	129	10.81±2.87	130	15.35±3.81	129	14.91±3.71
F	11.882***		11.836***		9.508***	

在真诚上，未卷入者与单纯受欺负者之间的差异无统计学意义，但高于欺负/受欺负与单纯欺负者。但其他类别之间的差异均无统计学意义。

在持重、宽容两项积极心理品质上，未卷入者与单纯受欺负者之间无差异，欺负/受欺负者与单纯欺负者之间无差异，但未卷入者、单纯受欺负者得分均高于欺负/受欺负者与单纯欺负者（详见表6—24）。

表6—24 欺负/受欺负在积极心理品质分测验上的差异三

	真诚		持重		宽容	
	N	M±SD	N	M±SD	N	M±SD
单纯受欺负	249	10.49±2.28	254	13.39±3.45	260	11.52±4.01
未卷入	1435	10.76±2.18	1439	13.45±3.18	1439	11.45±2.27
欺负/受欺负	115	10.00±2.37	121	11.98±3.25	126	10.35±2.47
单纯欺负	127	10.17±2.24	132	11.92±3.42	130	10.35±2.23
F	6.791**		15.580***		13.782***	

在谦虚、合作力、信念与希望、心灵触动四项积极心理品质上，未卷入者与单纯受欺负者之间无差异，欺负/受欺负者与单纯欺负者之间无差异，但未卷入者、单纯受欺负者得分均高于欺负/受欺负者与单纯欺负者（详见表6—25）。

表6—25 欺负/受欺负在积极心理品质分测验上的差异三

	谦虚		合作力		信念与希望		心灵触动	
	N	M±SD	N	M±SD	N	M±SD	N	M±SD
单纯受欺负	N	M±SD	N	M±SD	246	19.48±4.58	260	11.86±2.43
未卷入	259	17.59±1.93	242	18.74±3.92	1420	19.39±4.30	1467	11.97±2.25

续表6-25

	谦虚		合作力		信念与希望		心灵触动	
	N	M±SD	N	M±SD	N	M±SD	N	M±SD
欺负/受欺负	1442	17.74±1.76	1417	19.19±3.66	114	17.28±4.80	120	11.33±2.76
单纯欺负	119	17.13±2.20	115	17.64±4.42	128	18.22±5.01	132	11.33±2.83
F	132	17.15±2.24	128	17.01±4.22		4.604**		13.547***

四、积极心理品质的欺负/受欺负在人口统计学上的交互作用分析

积极心理品质在性别与欺负/受欺负上的交互作用只有分测验爱与真诚存在交互作用,其他均不显著。

(一)积极心理品质的欺负/受欺负与性别的交互作用分析

1. 爱的性别与欺负/受欺负类别的交互作用分析

爱的性别与欺负/受欺负类别的交互作用显著($F=3.045$,$P<0.05$)。简单效应分析发现,男生在爱上的得分存在欺负/受欺负类别的差异,单纯欺负者的得分显著低于未卷入者与单纯受欺负者,其他类别之间的差异无统计学意义。女生在爱上的得分也存在欺负/受欺负类别的差异,欺负/受欺负者的得分显著低于未卷入者,在其他类别上差异无统计学意义。

在未卷入上存在性别差异,男生显著低于女生,其他角色上性别差异无统计学意义(详见表6-26)。

表6-26 爱在性别与欺负/受欺负分类上的交互作用

	男		女		F
	N	M±SD	N	M±SD	
单纯受欺负	151	16.34±3.05	100	16.18±3.10	0.171
未卷入	661	16.19±2.95	751	16.84±2.68	17.362***
欺负/受欺负	63	15.65±3.05	48	14.85±3.71	1.979
单纯欺负	85	15.16±4.12	41	15.71±3.14	0.932
F		3.826**		9.177***	

通过图6-3可直观地看到,男生和女生在不同欺负/受欺负分类上爱的得分的差异。

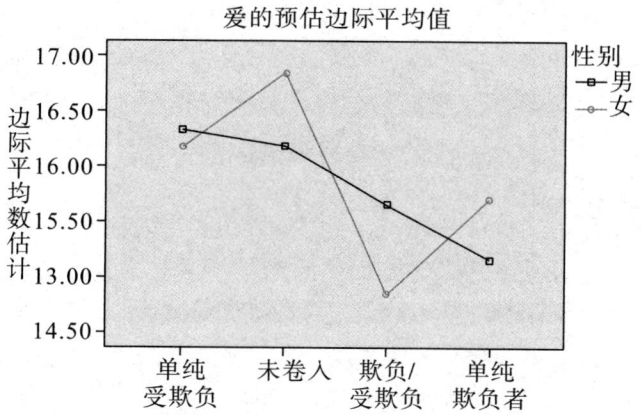

图 6—3 爱的性别与欺负/受欺负类别的交互作用图

2. 真诚的性别与欺负/受欺负类别的交互作用分析

真诚的性别与欺负/受欺负类别的交互作用显著（$F = 4.788$，$P < 0.01$），简单效应检验发现，在未卷入与欺负/受欺负两个类别上的性别差异均有统计学意义，未卷入的男生在真诚上的得分低于女生，而在欺负/受欺负的各类别上，男生的得分高于女生。

男生在欺负类别上的真诚得分差异无统计学意义，女生在欺负类别上的差异有统计学意义，未卷入的女生在真诚上的得分高于其他类别，其他类别之间无统计学意义（详见表6—27）。

表 6—27 真诚在性别与欺负/受欺负分类上的交互作用

	男		女		F
	N	M±SD	N	M±SD	
单纯受欺负	149	10.68±2.25	95	10.22±2.34	2.503
未卷入	663	10.62±2.26	746	10.88±2.09	4.667*
欺负/受欺负	61	10.43±2.25	50	9.52±2.40	4.666*
单纯欺负	85	10.39±2.27	38	9.68±2.11	2.691
F	0.687				10.624***

结合图6-4可直观地看到，男生在欺负/受欺负的四个类别上均比较一致，而女生欺负/受欺负者与未卷入者的差异很大。

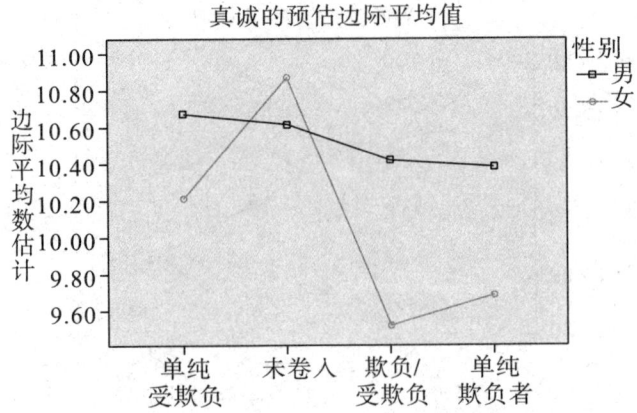

图6—4 真诚的性别与欺负/受欺负类别的交互作用图

(二)积极心理品质的欺负/受欺负与家庭所在地的交互作用分析

积极心理品质只在认知和利群两个分量表上存在欺负/受欺负分类与家庭所在地的交互作用,在思维与洞察力、爱学习、宽容、谦虚与合作力五个分测验上存在交互作用。

1. 认知分量表上的欺负/受欺负分类与家庭所在地交互作用分析

认知分量表得分在欺负/受欺负分类和家庭所在地的交互作用显著($F=2.661$,$P<0.05$)。简单效应分析发现,城镇学生除在欺负/受欺负类别上与农村学生的认知维度得分差异不显著外,在其他三大类别上,城镇学生显著高于农村学生(详见表6—24)。

城镇学生在欺负/受欺负类别上的差异无统计学意义,但农村学生的差异有统计学意义,单纯欺负者的得分显著低于单纯受欺负者与未卷入者,但其他类别之间的差异无统计学意义(详见表6—28)。

表6—28 认知维度在家庭所在地与欺负/受欺负分类上的交互作用

	城镇		农村		F
	N	M±SD	N	M±SD	
单纯受欺负	122	32.87±6.33	109	31.34±5.83	4.473*
未卷入	661	33.17±7.40	656	31.55±5.89	20.017***
欺负/受欺负	52	31.31±6.39	50	29.04±5.38	3.034
单纯欺负	61	33.05±6.24	50	27.76±7.12	17.792****
F		1.307		6.947***	

通过图6—5可以直观地看到,城镇学生在所有类别上都比农村学生的

分值高，在单纯欺负者之间的差距最大，检验值之所以是未卷入者最大，原因在于未卷入者的样本数最大，因此标准误最小，从而导致小的差异也可以得到一个很大的检验值。

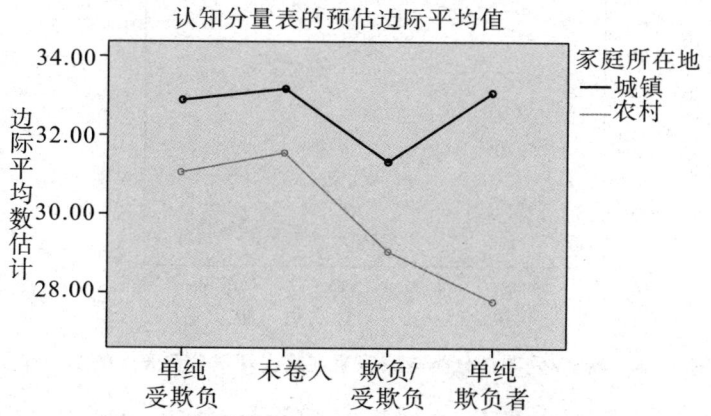

图6—5　欺负/受欺负分类与家庭所在地在认知分量表上的交互作用

2. 利群分量表上的欺负/受欺负分类与家庭所在地交互作用分析

利群分量表在欺负/受欺负分类与家庭所在地之间的交互作用显著（$F=2.792$，$P<0.05$）。除单纯受欺负者的家庭所在地差异无统计学意义外，其他类别上的家庭所在地差异均有统计学意义，城镇学生的得分均显著高于农村学生。城镇学生在欺负类别上的差异无统计学意义，农村学生在欺负类别上的差异有统计学意义。农村学生中，单纯欺负者与欺负/受欺负者之间的差异无统计学意义，单纯受欺负者与未卷入者之间的差异无统计学意义，但均高于单纯欺负者与欺负/受欺负者（详见表6—29）。

表6—29　利群维度在家庭所在地与欺负/受欺负分类上的交互作用

	城镇		农村		F
	N	M±SD	N	M±SD	
单纯受欺负	116	34.44±7.06	111	33.41±6.01	1.552
未卷入	675	35.35±6.49	648	33.83±6.02	18.763***
欺负/受欺负	50	33.58±6.55	55	30.78±6.92	5.061*
单纯欺负	62	34.16±6.65	56	29.41±6.90	16.387***
F		2.121		11.337***	

通过图6—6可知，在单纯欺负者之间的家庭所在地差异很大，而在单纯受欺负者之间的差异不大。城镇学生在各类别之间的差异均很平缓，而农

村学生的欺负/受欺负、单纯欺负者的检验值较其他两类低很多。

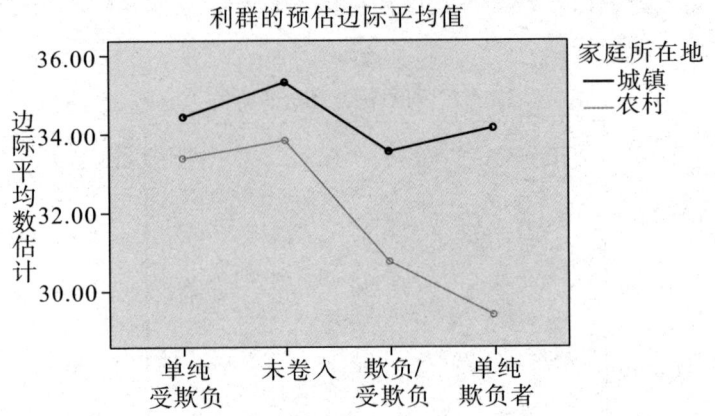

图6—6　欺负/受欺负分类与家庭所在地在利群分量表上的交互作用

3. 思维与洞察力的欺负/受欺负分类与家庭所在地交互作用分析

思维与洞察力在欺负/受欺负分类与家庭所在地上的交互作用显著（$F=2.675$，$P<0.05$）。简单效应分析发现，城镇学生在所有欺负类别上的得分均显著高于农村学生。城镇学生在欺负类别上的差异无统计学意义，农村学生在欺负类别上的差异有统计学意义。农村学生中，单纯欺负者与欺负/受欺负者之间的差异无统计学意义，单纯受欺负与未卷入者之间的差异无统计学意义，但均高于单纯欺负者与欺负/受欺负者（详见表6—30）。

表6—30　思维与洞察力在家庭所在地与欺负/受欺负分类上的交互作用

	城镇		农村		F
	N	M±SD	N	M±SD	
单纯受欺负	126	12.16±3.45	116	11.21±2.92	5.211*
未卷入	682	12.24±3.62	690	11.52±2.91	16.873***
欺负/受欺负	54	11.37±3.38	59	10.14±2.5	4.094*
单纯欺负	66	12.59±3.28	53	10.15±2.97	16.665***
F		1.544		5.877	

通过图6—7可以直观地看到，城镇学生与农村学生在所有类别上差异都不显著，但是农村学生的欺负/受欺负者与未卷入者之间差距不大，欺负/受欺负者与单纯欺负者差距也不大，但在未卷入者与欺负/受欺负者之间却有一个陡直的下降，城镇学生差异则平缓很多。

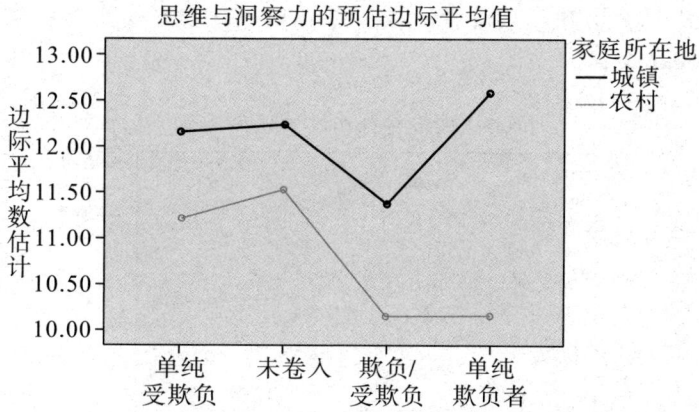

图6-7 欺负/受欺负分类与家庭所在地在思维与洞察力上的交互作用

4. 爱学习的欺负/受欺负分类与家庭所在地交互作用分析

爱学习在欺负/受欺负分类与家庭所在地上的交互作用显著($F=2.952$，$P<0.05$)。简单效应检验结果显示，除单纯受欺负与欺负/受欺负者的家庭所在地差异无统计学意义外，其他类别上的家庭所在地差异均有统计学意义，城镇学生的得分均显著高于农村学生。

城镇学生与农村学生在欺负类别上的差异均有统计学意义。农村学生中，单纯欺负者得分显著低于单纯受欺负者与未卷入者，其他类别之间的差异无统计学意义。城镇学生中，未卷入者显著高于单纯受欺负者与单纯欺负者，但与欺负/受欺负者之间的差异无统计学意义[①]（详见表6-31）。

表6-31 爱学习在家庭所在地与欺负/受欺负分类上的交互作用

	城镇		农村		F
	N	M±SD	N	M±SD	
单纯受欺负	128	9.17±2.41	118	9.66±2.34	2.683
未卷入	697	9.90±2.06	698	9.63±2.62	4.765*
欺负/受欺负	56	9.05±2.07	61	8.95±2.09	0.056
单纯欺负	67	9.03±2.04	58	8.09±2.61	5.056*
F		7.1666***		9.069***	

---

① 欺负/受欺负者与未卷入者的均值差大于单纯受欺负者与未卷入者之间的均值差距，但检验差异却不显著，原因在于欺负/受欺负者的样本数较单纯受欺负者少很多，因此导致标准误更大，检验值小，从而检验差异不显著。

通过图 6-8 可知，欺负者的城乡差异最大，农村学生在各类别上的差异也大于城镇学生。

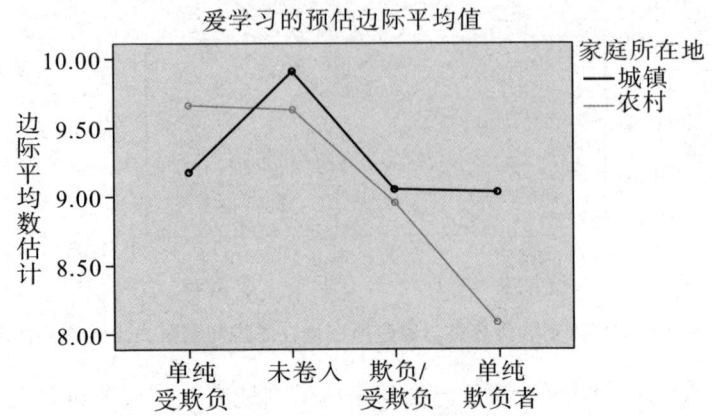

图 6-8 欺负/受欺负分类与家庭所在地在爱学习上的交互作用

5. 宽容的欺负/受欺负分类与家庭所在地交互作用分析

宽容在欺负/受欺负分类与家庭所在地上的交互作用显著（$F=3.131$，$P<0.05$）。简单效应检验结果显示，除未卷入者在城乡上的差异有统计学意义外，其他类别上的家庭所在地差异均无统计学意义，城镇学生的得分低于农村学生。

城镇学生与农村学生在欺负类别上的差异均有统计学意义。农村学生中，未卷入者得分高于欺负/受欺负者与单纯欺负者，其他类别之间的差异无统计学意义。城镇学生中，未卷入者与单纯受欺负者之间的差异无统计学意义，但均高于单纯欺负者与欺负/受欺负者，后两者之间的差异无统计学意义（详见表 6-32）。

表 6-32 宽容在家庭所在地与欺负/受欺负分类上的交互作用

	城镇		农村		F
	N	M±SD	N	M±SD	
单纯受欺负	129	11.85±5.17	120	11.28±2.36	3.139
未卷入	707	11.28±2.38	720	11.63±2.13	6.578*
欺负/受欺负	58	9.93±2.54	65	10.66±2.37	2.474
单纯欺负	69	10.57±1.97	55	10.25±2.51	0.447
F	9.078***		7.329***		

通过图 6-9 可直观地看到，农村学生中未卷入者得分最高，单纯欺负者的得分最低，城镇学生则欺负/受欺负者得分最低。

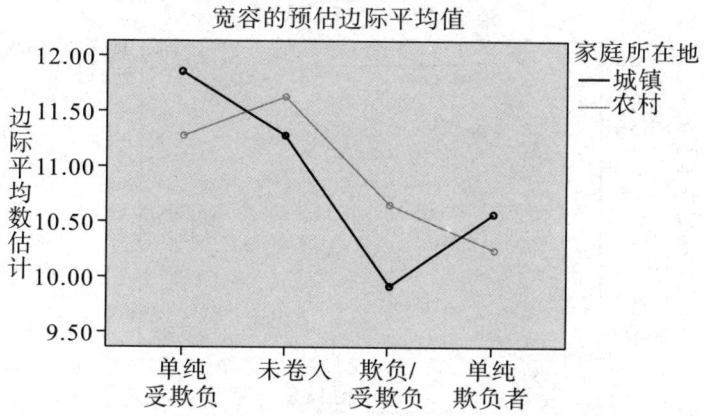

图 6-9 欺负/受欺负分类与家庭所在地在爱学习上的交互作用

6. 谦虚的欺负/受欺负分类与家庭所在地交互作用分析

谦虚在欺负/受欺负分类与家庭所在地上的交互作用显著（$F=5.740$，$P<0.01$）。简单效应检验结果显示，在欺负类别上的家庭所在地差异均有统计学意义，在所有类别上，城镇学生得分均高于农村学生。

城镇学生在欺负类别上的差异无统计学意义，农村学生在欺负类别上的差异有统计学意义。农村学生中，未卷入者与单纯受欺负者之间的得分无差异，但两者均高于欺负/受欺负者与单纯欺负者，后两者之间的差异也无统计学意义（详见表 6-33）。

表 6-33 谦虚在家庭所在地与欺负/受欺负分类上的交互作用

	城镇		农村		F
	N	M±SD	N	M±SD	
单纯受欺负	130	17.96±1.80	119	17.30±1.89	8.294**
未卷入	703	17.93±1.64	701	17.59±1.83	12.140**
欺负/受欺负	53	17.92±1.85	63	16.43±2.29	19.800***
单纯欺负	69	17.74±1.77	58	16.52±2.51	14.461***
F		0.256		13.436***	

通过图 6-10 可直观地看到，城镇学生在各类别上的得分均比农村学生

高,且各类别之间的差异很小,而农村学生在未卷入与欺负/受欺负之间有一陡直的下降。

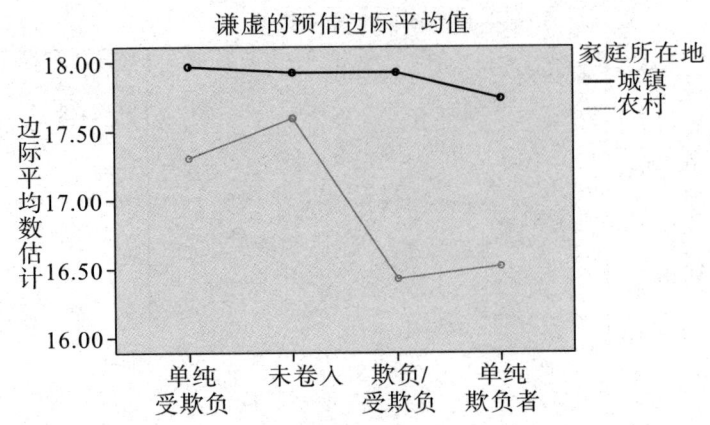

图6—10 欺负/受欺负分类与家庭所在地在谦虚上的交互作用

7. 合作力的欺负/受欺负分类与家庭所在地交互作用分析

合作力在欺负/受欺负分类与家庭所在地上的交互作用显著($F=17.339$,$P<0.01$)。简单效应检验结果显示,在欺负类别上的家庭所在地差异除单纯受欺负的差异无统计学意义外,在其他类别上均有统计学意义,城镇学生得分均高于农村学生。

城镇学生在欺负类别上的差异无统计意义,农村学生在欺负类别上的差异有统计学意义。农村学生中,未卷入者与单纯受欺负者之间的得分无差异,但两者均高于欺负/受欺负者与单纯欺负者,后两者之间的差异也无统计学意义(详见表6—34)。

表6—34 宽容在家庭所在地与欺负/受欺负分类上的交互作用

	城镇		农村		F
	N	M±SD	N	M±SD	
单纯受欺负	119	19.29±3.97	115	18.46±3.63	2.958
未卷入	694	19.67±3.62	685	18.73±3.62	22.061***
欺负/受欺负	51	18.65±4.11	61	16.64±4.52	8.157**
单纯欺负	65	18.52±3.45	58	15.59±4.18	19.259***
F		2.986			17.509***

通过图6—11可直观地看到,城镇学生在各类别上的得分差异很小,而

农村学生在未卷入与欺负/受欺负、单纯欺负类别之间的下降较快。

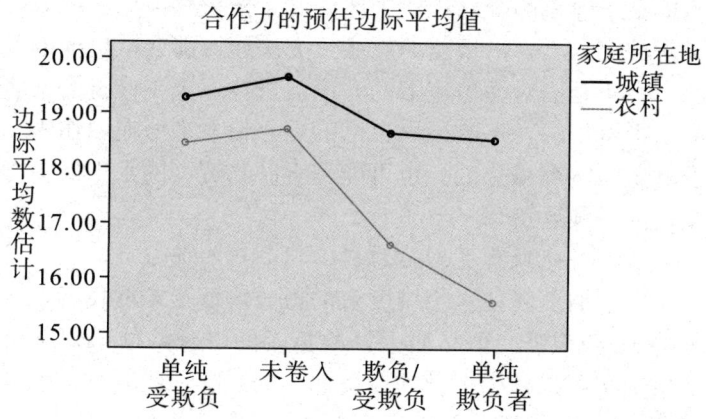

图6—11 欺负/受欺负分类与家庭所在地在谦虚上的交互作用

五、讨论

（一）关于受欺负与积极心理品质的关系

本次调查发现，未受欺负者在思维与洞察力上高于面对面言语－身体受欺负者，思维与洞察力测量的是学生能否全方位观察问题，根据事实调整自己的想法，全面公平地衡量各种证据，并能以多种方式认知自己与他人，为他人提出明智的参考意见。这类人由于能更好地理解他人的想法，因此难以成为受欺负的对象，而面对面言语－身体受欺负者则通常会因为无法正确理解他的想法与情绪，从而使自己难以有效地避开受欺负的情境，成为他人情绪的受害者。

在执着上，未受欺负者得分显著高于面对面－网络言语受欺负者。执着是指个人在面对艰难险阻时也要克服困难，坚持完成自己的行动，享受任务完成时的愉悦感。但是其与面对面－网络言语受欺负者的关系却有待于进一步的研究，原因可能在于较为执着的个体通常也会在平时学习中表现更好，从而使得他人不敢在面对面情境中进行身体欺负，因为执着的个性会使得个体想办法解决这一问题。而言语或在网络中进行言语欺负则不受此影响。

全类型受欺负者的爱学习得分最低，显著低于所有其他组，未受欺负者得分高于面对面言语－身体受欺负者。表明不爱学习的个体更容易被欺负，受欺负的程度也明显高于其他同学。由于不爱学习的学生可能较其他学生的师生关系更差，同伴地位也更差，这导致不爱学习的学生受欺负的风险更高（赵红霞，孙昭，2015），但也可能是全面受欺负的境况让学生害怕学校，因此影响了其学习成绩。

面对面言语－身体受欺负者的真诚得分显著低于面对面网络－言语受欺

负与未受欺负者，全类型受欺负者的宽容得分最低，未受欺负者的得分最高。原因可能在于严重的受欺负让个体充满了挫折感但又法摆脱，这种挫折感让他们无法放弃自己打击报复的想法，无法原谅那些欺负他的人。这种受欺负的状况，由于是面对面情境下的言语与身体双重受侵害的处境，会让个体觉得人心是很可怕的，不敢说出自己的真心怕换来他人的伤害，长期如此使得他们的真诚与宽容得分低。也可能是真诚与宽容的水平低，影响了他们的人际关系而易于被欺负。

（二）关于欺负/受欺负类别与积极心理品质的关系

此次调查发现欺负者在六个维度上的得分均低于未欺负者，在除领导力和与幽默外的 15 项积极心理品质上，欺负者的得分均低于未欺负者。表明积极心理品质确实可以减少中学生欺负他人的风险，或者欺负他人的事件影响了学生积极心理品质的发展。

结合中学生受欺负与欺负情况分析发现，欺负与受欺负分类在积极心理品质的六个维度上均存在差异，在除创造性、勇敢、领导力和幽默的其他 13 项分测验上均存在差异。

未卷入者在爱学习与执着上的得分高于欺负卷入者，表明爱学习、坚持性好的中学生去欺负他人的可能性更低，受欺负的风险也显著低于其他学生。原因主要在于爱学习的学生是老师最喜欢的学生，通常也有较高的同伴地位。有毅力的学生通常不怕困难，遇到困难会选择面对而不是逃避，因此其他人不敢选择他们作为欺负的对象（王海涛，王宇，董玉雪，2017）。同时，爱学习的学生由于良好的师生关系与同伴关系，他们受到的挫折也更少，应对方式也可能更积极，因此他们欺负他人的概率也会更低。

单纯受欺负者在社交智力、友善、爱、持重、宽容、谦虚、合作力、信念与希望、心灵触动 9 项心理品质上都与未卷入者之间无差异，单纯欺负者、欺负/受欺负者之间也无差异。表明个体拥有良好的社交智力，能品味生活、具有较强的人道主义精神能减少个体去欺负他人，但不能保护自己不被他人欺负。这些与人际交往有关的良好心理品质只在尊重这些品质的人面前才有力量，才会受到尊重，而欺负者可能更崇尚弱肉强食，这些优良的品质反而成为欺负者心目中良好的受欺负特质，与其去欺负一个坚持到底也会报复自己的人，显然欺负一个会宽容自己的人要安全得多。因此，我们在欺负行为干预中，应该注重对欺负者进行这些积极心理品质的培养。

欺负/受欺负者在思维与洞察力方面的得分最低，而单纯欺负者与所有组之间都无差异。表明单纯欺负者的认知并无问题，他们在洞察他人的内心，根据实际情况及时调整自己的行为与策略，因此他们欺负他人根本不是基于对他人认知的误判，而是基于恶意，也称为冷酷的欺负者。对于他们的干预，应该侧重于爱、友善等人道主义情怀的培养。欺负/受欺负者的欺负行为则可能是因为他们信息加工能力存在缺陷（高雯，陈会昌，2008），对他人的行为进行了误判，因此他们更需要进行移情训练。

（三）关于家庭所在地对欺负/受欺负类别在积极心理品质上的调节作用

调查显示，虽然城镇学生在认知方面的积极心理品质显著好于农村学生，但城镇的欺负/受欺负中学生的认知维度得分却与农村欺负/受欺负的中学生存在差异。城镇中学生在不同欺负/受欺负类别上认知维度的得分不存在显著的差异，而农村学生单纯欺负者的得分显著低于单纯受欺负者与未卷入者。

进一步的分测验分析发现，城镇学生的思维与洞察力在所有欺负/受欺负类别上均高于农村学生，城镇学生在欺负类别上也无差异，而农村学生中，单纯欺负与欺负/受欺负者得分均低于单纯受欺负者与未卷入者。

在爱学习方面，城镇学生未卷入者与单纯受欺负者得分与农村中学生无差异，但是欺负/受欺负与单纯欺负者得分高于农村学生。农村学生中，单纯欺负者的得分显著低于单纯受欺负者与未卷入者，城镇中学生中则是未卷入者显著高于单纯受欺负者与单纯欺负者。

原因可能在于城镇学生因为其家庭资源更优越以及小学所上的学校较农村学校资源也更好，他们在认知维度上的得分会更高，因此城镇中学生无论欺负类别，在思维与洞察力上的得分并无差异，他们沦为欺负者或受欺负者的主要原因在于是否爱学习，不爱学习的学生更容易卷入欺负行为中。

农村学生中的欺负/受欺负者以及单纯欺负者的思维与洞察力的得分均低于未卷入者与单纯受欺负者，表明他们的信息加工方式存在缺陷，他们的欺负行为更多是信息加工误判导致的，而单纯欺负者之所以不会受欺负，可能更多地缘于他们拥有更好的体力从而使自己免于受欺负。另外，农村学生不爱学习也会导致他们更多地去欺负他人。

利群则与认知维度的交互作用不同。城镇与农村学生中单纯受欺负者之间无差异，原因可能在于利群测量的是个人的合作能力与领导力。利群对个体免受欺负的作用有限，进一步对分测验进行分析也发现，城镇学生的合作力除在单纯受欺负类别与农村学生无差异外，在其他类别上均高于农村学生。

城镇学生无论是什么欺负类别，他们的得分均无差异，但农村学生中，欺负/受欺负者与单纯欺负者的合作力要低于未卷入者与单纯受欺负者。表明合作力对于农村学生来说具有减少欺负行为发生的可能，这也与认知维度上农村学生中欺负/受欺负者与单纯欺负者的思维与洞察力低于未卷入者与单纯受欺负者是一致的。因此提高农村学生的合作能力，可以有效地减少欺负行为的发生。

宽容在欺负/受欺负类别上也存在家庭所在地的调节作用。农村学生中，未卷入者得分高于欺负/受欺负者与单纯欺负者；城镇学生中，未卷入者与单纯受欺负者得分均高于单纯欺负者与欺负/受欺负者。宽容是个体对他人所犯错误的原谅，未卷入者与单纯受欺负者正因为有宽容心才不会因为他人的过错而去欺负他人，心理会更加健康。农村学生中的单纯受欺负者与欺负/受欺负者、单纯欺负者之间无差异，原因可能在于农村学生更注重有仇必报的教育，父母对学生宽容教育缺乏重视，因此受欺负者并没有真正原谅加害者，只是因为力量不如欺负者无奈选择隐忍。也可能是农村学生普遍比城镇学生宽容，受欺负事件的影响较小。

城镇学生的谦虚在所有类别上均高于农村学生，且各类别之间的差异不显著。但农村学生中，未卷入者与单纯受欺负者的得分高于欺负者与欺负/受欺负者。但是谦虚与欺负行为类别的关系目前没有找到理论的支持，因此还有待于进一步研究。

（四）关于性别对欺负/受欺负类别在积极心理品质上的调节作用

调查发现，单纯欺负者的男生得分显著低于未卷入者与单纯受欺负者，而女生欺负/受欺负者的得分低于未卷入者。爱是一种重视与他人的亲密关系的积极心理品质，具有爱这一品质的人会更珍惜与他人的关系，更愿意分享情感、关照他人，愿意亲近他人，因此他们更难以欺负他人，但是对于他们免受欺负并无作用。但是女生中的单纯欺负者在爱上的得分却与其他类别的差异不显著，原因有待于进一步的研究。

男生在真诚上的得分并无类别的差异，但女生中的未卷入者的真诚得分显著高于其他类别。真诚是个体诚恳待人，对自己的感觉和行为负责的表现。男生之间的欺负行为多以直接的身体欺负为主，而较少需要通过中介物进行间接欺负，因此真诚与欺负行为并无紧密联系，但是女生受到或施加的欺负行为多为间接欺负，如关系欺负中的孤立他人等。因此欺负者常要抹黑他人，故意说他人坏话，而受欺负者由于被他人歪曲自身的信息，抹黑自身的形象，也难以对他人建立信心，而变得不太真诚。

第五节　欺负角色在生活满意度上的差异

一、受欺负潜在类别在生活满意度上的差异

方差分析结果显示，在家庭生活与学校生活中，受欺负潜在类别的差异有统计学意义（$P<0.001$），而自我评分的差异无统计学意义（$P>0.05$）。

事后检验结果显示，全类型受欺负组的家庭生活得分显著低于未受欺负者组以及面对面言语－身体受欺负组，与面对面－网络言语受欺负组之间没有差异。面对面言语－身体受欺负组在家庭生活的得分上也显著低于未卷入组与面对面言语－身体受欺负组。面对面言语－身体受欺负与未卷入者在家庭生活上的差异无统计学意义。

在学校生活评分上，全类型受欺负者的评分最低，显著低于其他三组，较未受欺负者组低 26 分。面对面－网络言语受欺负组的评分也低于未卷入组，但与面对面－网络言语受欺负组差异不显著（详见表 6—35）。

表 6—35　受欺负潜在类别在生活满意度上的差异

	家庭生活		学校生活		自我评分	
	N	M±SD	N	M±SD	N	M±SD
全类型受欺负	35	74.86±32.76	35	52.09±37.94	35	69.00±31.53
面对面言语－身体受欺负	209	85.65±18.36	210	72.78±28.29	210	72.59±27.16
面对面－网络言语受欺负	158	78.62±24.14	157	70.47±27.56	157	69.00±28.64
未受欺负者	1650	86.92±19.23	1646	78.78±23.62	1638	75.50±33.36
F		12.133***		20.307***		0.2599

二、欺负分类在生活满意度上的差异

欺负分类在家庭生活与学校生活上的评分存在差异，未欺负者的得分显著高于欺负者。但欺负分类在自我评分上的差异无统计学意义（详见表 6—36）。

表 6—36　欺负分类在生活满意度上的差异

	未欺负		欺负		t
	N	M±SD	N	M±SD	
家庭生活	1819	86.51±19.71	239	81.70±623.21	3.71***
学校生活	1815	77.93±24.45	282	69.56±29.68	5.19***
自我评分	1808	74.79±33.19	280	71.98±27.94	1.35

三、欺负/受欺负类别在生活满意度上的差异

方差分析检验的结果显示，欺负/受欺负各类别在家庭生活、学校生活满意度与自我评分上均存在差异。

事后检验结果显示，未卷入者在家庭生活、学校生活上的得分显著高于其他类别，其他类别之间的差异均无统计学意义。

未卷入者的自我评分高于欺负/受欺负者，但与其他类别的差异无统计

学意义，其他类别之间的差异也无统计学意义（详见表6—37）。

表6—37 欺负/受欺负类别在生活满意度上的差异

	家庭生活		学校生活		自我评分	
	N	M±SD	N	M±SD	N	M±SD
单纯受欺负	266	82.59±22.20	265	71.23±28.92	265	71.88±27.86
未卷入	1487	87.38±18.74	1484	79.48±23.03	1478	75.05±25.08
欺负/受欺负	128	81.86±21.46	129	68.03±29.75	129	69.45±27.88
单纯欺负	129	82.70±23.51	128	72.96±28.13	126	74.04±27.05
F		8.142**		16.543***		2.713*

四、讨论

研究显示，未卷入者的家庭生活评分高于面对面言语－身体受欺负－欺负者，但与其他组之间无差异，原因可能在于面对面言语－身体受欺负－欺负者受到的是显性的传统欺负以及又对他人欺负，会经常因为卷入欺负事件而被要求家长去学校处理，从而影响家长对孩子的态度。也有可能是因为家庭的养育方式导致了孩子更倾向于成为欺负/受欺负者，如专制的教养方式、父母对子女的暴力管教等，都可能让孩子更易于卷入欺负行为，从而采用暴力的方式去解决问题，他们的心理韧性也可能更低，但原因还有待于进一步的研究（朱晓伟，范翠英，刘庆奇，2018）。

未卷入者的学校生活评分也最高，显著高于欺负/受欺负者与单纯欺负者。现有研究发现受欺负会导致学生的社会自我效能感的降低（褚晓伟/范翠英/柴唤友，2016），并且受欺负可能降低学生的同伴接纳度，增加同伴拒绝的可能性（王丽萍，2012）。同时，受欺负会使学生对校园环境充满不安全感。这些均导致学生对自己的学校生活评分降低。欺负者对学校生活的评分也低于未卷入者，在欺负行为这类负性生活事件中，不管是欺负者还是受欺负者，均会对个体产生影响，欺负他人也会影响欺负者的同伴接纳，且可能会因为欺负他人而受到教师的指责与批评，甚至处罚，从而降低欺负者对学校生活的评分。

第六节　小结

一、校园欺负行为形势依然严峻

虽然教育部已经明文规定要积极干预校园欺负行为，但欺负行为的发生率仍然较高。海南省仍然有20.6%的中学生在过去的一学期里受到欺负。

在网络背景下，传统欺负行为与网络欺负行为的共发性较高，但仍以传统欺负行为为主。经过潜在类别分析我们发现，1.6%的学生受到了全面8种欺负行为的欺负，11%的学生只受到传统欺负，而8%的学生受到传统欺负行为中的言语欺负及网络情境下的言语欺负，表明网络欺负行为没有单发。

受欺负的经历会广泛地影响学生的心理健康，相较于未受欺负者，受欺负者对小事更为敏感，更加退缩，不敢与人交往，孤独感更强，更容易害怕，对学习也更焦虑。他们对自己家庭生活与学校生活的满意度均更低。因此，需要对受欺负者进行心理健康的辅导，提升学生对学校生活的满意度。

二、积极心理品质可以减少欺负行为的发生

欺负者在所有积极心理品质上的得分均低于未欺负他人者，表明积极心理品质可以减少学生成为欺负者的可能性。思维与洞察力的培养可以减少个体因为认知信息加工能力的缺陷而对他人进行欺负，而宽容可以减少所有个体发动欺负行为的可能性。

思维与洞察力、爱学习不仅可以减少个体发动欺负行为的可能性，也可以有效减少个体受欺负的可能性。执着可以有效减少个体受欺负的风险，因此教师可以培养学生爱学习的良好心理品质，以减少欺负/受欺负发生的可能性。

相对而言，培养受欺负者的社交智力、友善、爱、持重、宽容、谦虚、合作力、信念与希望、心灵触动等并不能降低他们受欺负的风险。

针对学校欺负行为的干预，还要注意农村与城镇学生，以及不同性别学生间的差异。对于城镇学生来说，他们欺负他人的原因并不是因为思维与洞察力低，而是因为他们不爱学习，欺负他人可能只是因为不爱学习导致的挫折增加。农村学生不仅因为不爱学习导致更多的欺负行为，还会因为思维与洞察力低，信息加工能力缺陷导致误判他人的意愿而产生欺负行为。因此，针对农村学生中的欺负者和欺负/受欺负者，要多进行移情训练。

对于女生来说，真诚可以减少个体发动欺负行为的可能性，但是受欺负也会有损女生真诚品质的发展。而对于男生来说，培养他们爱的品质可以有效减少欺负行为的发生。

因此，学校心理健康教育要改变以往病理模式与健康模型的模式，而要强调幸福感模式，将心理健康教育的重点放在培养学生积极心理品质上来，培养学生解决问题的能力，引导学生积极管理自己的情绪，提升学生的幸福感（甘秀英，2018）。

三、受欺负者的心理健康水平更需额外关注

受欺负会严重影响个体的心理健康，受欺负者在对人焦虑、孤独倾向、

恐怖倾向、冲动倾向与学习焦虑等项的得分均高于未受欺负者。经常受欺负会使个体害怕与人相处，体验到更多的孤独，同伴地位低下。对校园欺负的恐惧感长期存在还可能泛化到其他方面，如害怕黑暗、害怕同学、害怕学校。由于对学校的害怕等也会让学生担心自己的成绩，怕考不好等。另外，易于冲动的个性也会导致学生在处理问题时不容易控制自己的情绪，易于采用不恰当的方式去处理人际冲突，从而更易遭到他人的欺负。

因此在校园欺负行为干预中，一方面要注意减少欺负行为的发生，另一方面要注意为受欺负者提供现实的支持与心理支持，并及时监测其心理健康水平，通过团体心理辅导、团体沙盘游戏、建立心理小组等方式帮助他们提升心理健康水平。

欺负行为对个体的心理健康却未产生太大的影响，只在对人焦虑、孤独倾向与冲动倾向上高于未欺负者。欺负者由于不良的人际交往能力、冲动的性格特点导致其应对挫折的方式消极简单，如采用攻击弱小同伴的方式，这种欺负行为又加剧了欺负者对人际交往的恐惧，从而形成恶性循环。因此，也要注意提升欺负者中心理健康受损个体的心理健康水平。

单纯受欺负给女生带来更大的恐惧感，单纯受欺负给农村学生带来更多的孤独感，因此学校要重点关注这两类受欺负群体，并为他们提供针对性的支持，以维护其心理健康，促进创伤后的成长。

四、欺负行为会影响中学生的生活满意度

中学生中身体欺负与言语欺负者的家庭生活满意度会低于网络受欺负与未卷入者，因此当孩子卷入欺负行为中时，家长如何进行正确教育显得非常关键。如果父母的教育方式是以暴制暴，不仅会影响学生对家庭生活的满意度，还会因为家长行为的示范性使得欺负行为更难以制止。因此学校在将家长引进欺负行为事件的处理过程中，要先做好家长教育，事先教会家长如何正确处理欺负事件，以使负面影响降到最低。

欺负与受欺负都会显著降低学生的学校生活评分，尤其是欺负/受欺负者与单纯欺负者的评分。原因在于欺负行为会影响个体的同伴地位与社会自我效能感，从而使得学生对校园安全问题没有信心，欺负者还会受到教师的责骂。因此在校园欺负行为的干预中，最好采用非暴力的方式，从积极品质的培养方面入手，以促进学生发展为目标而不是单纯制止欺负行为的发生。

第七章　旁观者行为的潜在类别及相关因素分析

旁观者是校园欺负行为中的庞大群体，现有研究表明他们是由多角色组成的，不同的行为对于欺负行为的发生与持续产生不同的影响。旁观者的态度和行为均对受欺负者被欺负后的心理适应具有重要影响。有些旁观者会积极告诉老师，及时阻止欺负行为的发生，安慰受欺负者，从而阻止欺负行为发生以及减少欺负行为对受欺负者的伤害，成为欺负行为中的保护者。还有些旁观者会选择置身事外，如悄悄地走开等，这在无形中助长了欺负行为的发生，至少不利于抑制欺负行为的发生。另外一类旁观者则是欺负行为的推动者，他们在面对他人受欺负时煽风点火，看热闹、哄笑，甚至大叫打得好等，有些还会跟随欺负者去欺负他人，成为欺负者的协助者。

旁观者的行为也与受欺负者与他的关系有关，比如受欺负者是自己的好朋友则更有可能伸出援手。旁观者自身的人格特质与心理健康水平可能也会影响其行为。因此，本章我们采用潜在类别分析旁观者在受欺负者是自己的同学与朋友两种情境下的行为表现，并分析不同类别旁观者之间的积极心理品质与心理健康水平之间的差异。

第一节　旁观者行为的潜在类别分析

为了分析旁观者在受欺负者是自己的同学以及自己好朋友的两种情境中的行为类型，我们将两种情境中各8个行为共16种行为合在一起进行探索性潜在类别分析。

一、欺负行为潜在类别模型的确定

对旁观者行为采取 0, 1 计分方式, 0 表示没有实施该行为, 1 表示实施了该行为。按照探索性潜在类别分析的步骤, 以单类别基线模型为起点, 每次增加 1 个类别探索能够充分解释旁观者行为 14 个外显指标之间关系的最小潜类别数。我们一共检验了 1—7 个类别的模型 (模型拟合信息详见表 7—1)。

结果显示分为 5 个类别的模型比较理想。Entory 高达 0.891, 是 1—6 类别模型中最高的, AIC、BIC 与 aBIC 也都要小, 类别概率也较理想, 最少类别的个案都有 181 人, LMR 与 BLRT 的值均小于 0.001。

6 类别模型虽然分类精确度也高 (Entory=0.859), 但比 5 类别的精确度要低, BIC 与 aBIC 减少数目不多, 整体来看不如 5 类别模型优秀。

7 类别模型的分类精确度高, 但 aBIC 与 6 类别模型相比反而更高, LMR 差异不显著, 且最小类别的个案数仅有 12 个, 临床意义不大。综合分析后, 我们选择 5 类别的潜在分析模型。

二、潜在类别变量的命名

根据前人的研究, 我们将"也跟着欺负"定义为帮凶、将"报告老师"称为欺负抑制者, 将"安慰受欺负者"与"让欺负者住手"称为受欺负帮助者, 将"看热闹, 大叫打得好"与"在旁边看不说话"称为欺负推动者, 而将选择"走开"的人称为局外者。表 7—2 列出了被试每道题上的条件概率与潜在类别估计的人数。

归为类别 1 的个体有 309 人, 占整个群体的 19.6%。这个类别在同学受欺负情境中, 报告老师、让欺负者住手、安慰受欺负者概率均在 0.765 以上, 在好朋友受欺负的情境中这一概率在 0.765~0.969 之间。因此我们将其命名为双情境助人者。

归为类别 2 的个体有 331 人, 占整个群体的 21%。该类别在同学受欺负中选择走开的比例为 1.000, 而在其他行为中的比例低于 0.229, 是典型的局外者。在好朋友受欺负的情境中, 选择报告老师、安慰受欺负者与让欺负者住手的概率为 0.414~0.539, 而在其他行为上的比例低于 0.045。因此我们将其命名为局外者-助人者。

归为类别 3 的个体有 474 人, 占整个群体的 30%。该类别在同学受欺负中选择报告老师的比例高达 1.000, 但在其他行为上的概率低于 0.178, 他们也是欺负行为的抑制者。但在好朋友受欺负的情境中, 选择安慰受欺负者与让欺负者住手的概率为 0.482~0.582, 而选择报告老师的比例为 0.618, 选择其他行为的比例接近 0。因此我们将其命名为抑制者-助人者。

表7—1 欺负/受欺负潜在类别分析拟合信息汇总表

	K	G^2/LL	df	χ^2	AIC	BIC	aBIC	Entropy	LMR	BLRT	潜在类别概率
C1	16	4275.583	65486	21637.583	21110.971	21196.804	21145.975	—	—	—	1
C2	33	2782.393	65465	5295.769	19683.076	19860.151	19755.961	0.808	<0.001	<0.001	0.738/0.262
C3	50	2390.125	65449	4824.864	19291.314	19559.078	19401.704	0.784	<0.001	<0.001	0.344/0.469/0.187
C4	67	2199.276	65437	5085.252	19064.377	19423.873	19210.315	0.865	<0.001	<0.001	0.201/0.320/0.210/0.270
C5	84	17979.732	65419	4377.572	19875.343	19325.965	19059.572	0.891	<0.001	<0.001	0.196/0.209/0.300/0.181/0.114
C6	101	1828.034	65401	4168.951	18760.997	19301.850	18980.995	0.859	<0.001	<0.001	0.112/0.130/0.124/0.182/0.199/0.251
C7	118	1788.752	65384	4366.870	18642.550	19275.837	19900.976	0.9	0.0977	<0.001	0.008/0.106/0.124/0.271/0.113/0.175/0.204

归为类别 4 的个体有 286 人，占整个人群中的比例为 18.1%。该类别在同学受欺负时选择安慰受欺负者与让欺负者住手的概率为 0.370~0.457，在好朋友受欺负时的这一概率为 0.345~0.493。表明在两种情境下，这类人选择提供帮助的概率都很低，选择其他行为的概率在两种情境下均比较低。因此我们将其命名为双情境冷漠者。

归为类别 5 的个体有 181 人，占整个人群中的比例为 11.4%。他们在同学受欺负情境中，选择在旁边看、不说话的比例为 1.000，而选择其他行为的比例低于 0.151。在好朋友受欺负的情境中，安慰受欺负者、让欺负者住手的概率在 0.335~0.598 之间，报告老师的比例为 0.426，在其他行为上的概率低于 0.1。因此我们将其命名为推动者－助人者。

表 7—2　欺负行为 16 个题目在 5 类别上的条件概率及潜在类别人数

	内容	类别 1	类别 2	类别 3	类别 4	类别 5
同学受欺负	看热闹	0.000	0.021	0.004	0.039	0.034
	走开	0.042	1.000	0.002	0.000	0.000
	在旁边看，不说话	0.021	0.229	0.001	0.000	1.000
	也跟着欺负	0.000	0.006	0.000	0.035	0.017
	报告老师	0.920	0.192	1.000	0.163	0.151
	安慰受欺负者	0.787	0.083	0.178	0.370	0.112
	让欺负者住手	0.855	0.031	0.171	0.457	0.056
好朋友受欺负	看热闹	0.000	0.018	0.000	0.022	0.017
	走开	0.013	0.079	0.000	0.013	0.022
	在旁边看，不说话	0.013	0.045	0.000	0.023	0.078
	也跟着欺负	0.003	0.015	0.005	0.050	0.017
	报告老师	0.969	0.538	0.618	0.285	0.426
	安慰受欺负者	0.969	0.519	0.482	0.345	0.335
	让欺负者住手	0.958	0.531	0.582	0.493	0.598
	潜在类别人数	309	331	474	286	181

第二节　旁观者行为的人口统计学差异

旁观者要对他人进行帮助会受到自身条件的制约，如不能太过弱小、应对能力缺乏等。这一差异会表现在人口统计学差异上。

一、旁观者行为的性别差异

采用卡方检验旁观者行为上的性别差异，结果显示性别差异显著（$\chi^2=$

22.466，$P<0.001$)。女生在双情境助人者上的比例较男生高5.6个百分点,在局外者－助人者的比例上较男生低7.5个百分点。表明女生无论欺负者是否是自己的朋友，她们都更愿意帮助受欺负者，而男生对同学受欺负帮助的比例明显低于女生，但是如果受欺负者是自己的朋友，他们更可能提供帮助。

男生在受欺负者是同学的情境下成为欺负推动者，而在受欺负者是朋友的情况下是帮助者的比例较女生高4.2个百分点。表明男生在非朋友情境下比女生更易推动欺负行为，友谊对于保护男生免受欺负行为具有重要的作用（详见表7-3）。

表7-3　旁观者行为的性别差异

	男		女	
	N	%	N	%
双情境助人者	132	16.9	172	22.5
局外者－助人者	172	27.3	152	19.8
抑制者－助人者	213	27.3	252	30.1
双情境冷漠者	159	20.4	120	15.7
推动者－助人者	104	13.3	70	9.1

二、旁观者行为的年级差异

采用卡方检验在旁观者行为上的性别差异，结果显示性别差异显著（$\chi^2=58.303$，$P<0.001$)。随着年级的增长，在双情境下均对受欺负者提供帮助的比例呈下降趋势，主要转折点在高中阶段，高一比初三低4.1个百分点，高三比高一又下降了6.7个百分点。

高一学生在欺负抑制者－受欺负帮助者上的比例最高，表明他们在同学受欺负时虽然不提供帮助，但也不会围观助长欺负行为。初三与高二学生在推动者－助人者上的比例显著高于其他年级，初二最低（详见表7-4）。

表7-4　旁观者行为的年级差异

	初一	初二	初三	高一	高二
双情境助人者	85（23.9）	73（21.6）	81（21.4）	42（17.3）	26（10.6）
局外者－助人者	58（16.3）	76（22.5）	73（19.3）	61（25.1）	58（23.6）
抑制者－助人者	103（28.9）	98（29.0）	98（25.9）	93（38.3）	76（30.9）
双情境冷漠者	74（20.8）	68（20.1）	70（18.5）	22（9.1）	49（19.9）
推动者－助人者	36（10.1）	23（6.8）	56（14.8）	25（10.3）	37（15.0）

三、旁观者行为在是否担任学生干部上的差异

采用卡方检验旁观者行为在是否担任学生干部上的差异，结果显示差异显著（$\chi^2=33.019$，$P<0.001$）。担任过学生干部（包括班干部、社团干部与学生会干部）的学生成为双情境助人者的比例较非学生干部者高7.4个百分点，在推动者－助人者上的比例低5.9个百分点。表明当学生干部的学生无论受欺负者是否为自己的朋友，他们均更愿意为受欺负者提供帮助，阻止欺负行为的发生，减少欺负行为给受欺负者带来的伤害。他们较其他同学更不可能成为欺负行为的推动者，拒绝助长欺负行为的发生（详见表7-5）。

表7-5 旁观者行为在是否担任学生干部上的差异

	非学生干部		学生干部	
	N	%	N	%
双情境助人者	82	14.2	220	22.8
局外者－助人者	119	20.6	201	20.9
抑制者－助人者	168	29.1	295	30.6
双情境冷漠者	122	21.1	158	16.4
推动者－助人者	87	15.1	89	9.2

四、旁观者行为的家庭所在地差异

我们检验了学生家庭所在地在旁观者行为上的差异，结果发现差异有统计学意义（$\chi^2=22.466$，$P<0.001$）。

来自城镇的学生在双情境助人者上的比例较来自农村的学生高7.2个百分点，中等程度受欺负者上的比例也高4.7个百分点。表明来自城镇的学生更倾向于阻止欺负行为的发生，安慰受欺负者。

农村学生选择抑制者－助人者的比例较城镇学生高4.3个百分点，表明来自农村的学生在同学受欺负时更多选择远离欺负行为发生的情境，不愿意卷入欺负行为。在好朋友受到欺负时，他们才更倾向于选择帮助受欺负者（详见表7-6）。

表7-6 旁观者行为的家庭所在地差异

	城镇		农村	
	N	%	N	%
双情境助人者	181	23.0	118	15.8
局外者－助人者	179	22.7	142	19.0

续表7—6

	城镇		农村	
	N	%	N	%
抑制者—助人者	221	28.0	241	32.3
双情境冷漠者	120	21.1	158	16.4
推动者—助人者	87	11.0	87	11.7

五、旁观者类别与欺负卷入类别之间的关系

我们检验了旁观者类别与欺负卷入者类别之间的关系，结果显示差异有统计学意义（$\chi^2=22.466$，$P<0.001$）。

单纯欺负者在双情境助人者上的比例最低，而受欺负者与未卷入者的比例一致，较单纯欺负者高近8个百分点，欺负/受欺负者的比例也高于单纯欺负者。未卷入者成为抑制者—助人者的比例最高，其次是单纯受欺负者，而单纯欺负者与欺负/受欺负者的比例差异不大。

单纯欺负者成为推动者—助人者的比例最高，较未卷入者高8个百分点，欺负/受欺负者的比例稍低于单纯欺负者。欺负/受欺负者与单纯欺负者成为双情境冷漠者的比例一致，均比未卷入者高5个百分点（详见表7—7）。

表7—7 旁观者类别与欺负卷入类别的关系

	单纯受欺负	未卷入	欺负/受欺负	单纯欺负
双情境助人者	40（20.7）	226（20.3）	17（18.3）	12（12.9）
局外者—助人者	38（19.7）	221（19.9）	28（30.1）	29（29.0）
抑制者—助人者	47（24.4）	367（33.0）	14（15.1）	17（18.3）
双情境冷漠者	42（21.8）	186（16.7）	20（21.5）	20（21.5）
推动者—助人者	26（13.5）	113（10.2）	14（15.1）	17（18.3）

第三节 旁观者行为与其他心理变量的关系

一、心理健康在旁观者类别上的差异

我们采用方差分析法分析不同类别的旁观者在心理健康上的差异。结果发现，除在自责倾向与学习焦虑上不存在差异（$P>0.05$）外，在其他方面的差异均存在统计学意义（$P<0.05$）。

事后检验结果显示,双情境助人者与抑制者－助人者在对人焦虑上的得分差异不显著,但均显著低于其他组。推动者－助人者的得分最高,与所有其他组之间的差异均有统计学意义。表明对人焦虑不利于中学生对受欺负者提供帮助,而有利于助长欺负行为的持续发生。

在孤独倾向上,双情境助人者的得分低于所有其他类别的学生,推动者－助人者的得分除与局外者－助人者差异不显著外,显著高于其他三个组的得分。双情境冷漠者、抑制者－助人者之间的差异无统计学意义(详见表7－8)。

表7－8 心理健康在旁观者潜在类别上的差异一

	对人焦虑		孤独倾向		自责倾向	
	N	M±SD	N	M±SD	N	M±SD
双情境助人者	304	3.58±2.72	302	2.26±1.09	300	5.70±2.67
局外者－助人者	325	4.23±2.32	320	3.16±2.65	322	5.58±2.70
抑制者－助人者	450	3.63±2.37	454	2.85±2.93	444	5.53±2.80
双情境冷漠者	272	4.08±2.76	266	2.88±2.43	258	5.64±2.78
推动者－助人者	175	4.70±2.07	170	3.61±2.81	171	5.51±2.47
F	9.507***		8.578***		0.252	

*表示 $P<0.05$,** 表示 $P<0.01$,*** 表示 $P<0.001$,以下类同

在过敏倾向上,双情境助人者的得分显著低于局外者与推动者－助人者。局外者－助人者的得分高于抑制者－助人者,但与其他组之间没有差异。推动者－助人者的得分最高,显著高于双情境助人者、抑制者－助人者与双情境冷漠者的得分。

在恐怖倾向上,双情境助人者的得分最低,除与抑制者－助人者差异无统计学意义外,均显著低于其他组。抑制者－助人者的得分与其他组差异不显著,但低于推动者－助人者。

在冲动倾向上,双情境助人者的得分也是最低的,与抑制者－助人者之间的差异不显著,但显著低于其他组。抑制者－助人者的得分也显著低于其他组,推动者－助人者的得分是最高的,但与局外者－助人者、双情境冷漠者之间的差异不显著(详见表7－9)。

表7—9 心理健康在旁观者潜在类别上的差异二

	过敏倾向		恐怖倾向		冲动倾向		学习焦虑	
	N	M±SD	N	M±SD	N	M±SD	N	M±SD
双情境助人者	303	6.27±2.22	303	2.89±2.71	301	2.50±2.53	297	8.56±3.03
局外者—助人者	325	6.67±2.61	321	3.36±3.00	320	3.04±2.54	318	8.33±3.50
抑制者—助人者	446	6.18±2.33	447	3.02±2.61	449	2.50±2.41	440	8.28±3.69
双情境冷漠者	271	6.48±2.25	269	3.43±2.97	270	2.93±2.60	255	8.30±3.77
推动者—助人者	170	6.95±2.00	171	3.59±2.97	171	3.31±2.56	163	8.60±3.52
F		4.706**		2.928*		5.342***		0.448

二、旁观者类别在积极心理品质上的差异

(一) 旁观者类别在积极心理品质分量表上的差异

采用方差分析检验旁观者类别在积极心理品质上的差异,结果发现旁观者类别在所有积极心理品质的维度上均存在差异($P<0.01$)。

在认知维度上,双情境助人者的得分最高,高于所有其他组。推动者—助人者的得分最低,但与局外者—助人者、双情境冷漠者之间的得分无统计学差异。

在情感维度上,双情境助人者的得分最高,显著高于所有其他组。推动者—助人者最低,但与局外者—助人者的差异无统计学意义,显著低于其他三组。局外者—助人者的得分也低于抑制者—助人者及双情境助人者,与其他三组的差异无统计学意义。

在意志维度,双情境助人者的得分最高,但与抑制者—助人者之间的差异无统计学意义,高于其他所有三组。抑制者—助人者的得分第二,显著高于局外者—助人者与推动者—助人者。推动者—助人者的得分低于双情境冷漠者(详见表7—10)。

表7—10 积极心理品质在旁观者潜在类别上的差异一

	认知		情感		意志	
	N	M±SD	N	M±SD	N	M±SD
双情境助人者	290	33.52±5.40	285	45.16±6.25	281	39.08±7.29
双情境冷漠者	246	31.50±6.62	246	42.59±7.26	246	37.67±6.47
局外者—助人者	307	31.34±6.03	316	41.58±7.19	314	35.04±5.90
抑制者—助人者	432	32.54±7.98	426	43.36±7.31	415	38.47±6.56
推动者—助人者	164	30.90±6.11	165	41.14±6.99	164	34.76±5.61
F		6.574***		13.317***		24.915***

在律己维度，双情境助人者的得分最高，除与抑制者－助人者的差异无统计学意义外，显著高于其他三组。推动者－助人者得分最低，显著低于所有其他组。双情境冷漠者显著低于双情境助人者与抑制者－助人者，但显著高于局外者－助人者与推动者－助人者。抑制者－助人者得分也显著高于局外者－助人者与推动者－助人者。

在利群维度上，双情境助人者的得分也是最高的，显著高于所有其他组。推动者－助人者得分最低，显著低于所有其他组。抑制者－助人者的得分排列第二，显著高于其他三组。

在超越维度，双情境助人者的得分最高，显著高于所有其他组。抑制者－助人者的得分排列第二，高于局外者－助人者与推动者－助人者。推动者－助人者得分最低，但与双情境冷漠者、局外者－助人者之间无差异（详见表7－11）。

表7－11 积极心理品质在旁观者潜在类别上的差异二

	律己		利群		超越维度	
	N	M±SD	N	M±SD	N	M±SD
双情境助人者	292	43.78±4.97	287	36.36±5.65	297	51.41±8.06
双情境冷漠者	252	42.29±5.63	246	33.76±6.72	241	47.57±9.13
局外者－助人者	319	40.99±4.88	312	33.22±6.05	308	47.47±8.99
抑制者－助人者	450	43.15±5.50	431	35.05±6.10	419	48.76±8.53
推动者－助人者	168	39.88±5.22	162	31.82±6.20	160	46.48±8.53
F		22.515***		19.205***		12.491***

（二）旁观者潜在类别在积极心理品质分测验上的差异

旁观者潜在类别在积极心理品质17个分测验上的差异也全部有统计学意义。

在认知维度的思维与洞察力、爱学习两个分测验上，双情境助人者的得分都最高，除与抑制者－助人者之间的差异无统计学意义外，均高于其他三组。在思维与洞察力方面，推动者－助人者的得分最低，但只与双情境助人者及抑制者－助人者之间的差异显著，与其他组的差异无统计学意义。抑制者－助人者的得分高于局外者－助人者。在爱学习维度，抑制者－助人者的得分也高于局外者－助人者与推动者－助人者，而推动者－助人者的得分最低，显著低于其他所有组。

在创造性方面，推动者－助人者与所有其他组之间均无差异，双情境助人组高于双情境冷漠者与局外者－助人者，但与其他组之间没有差异。抑制者－助人者的得分高于双情境冷漠者（详见表7－12）。

表7－12 认知维度分测验在旁观者潜在类别上的差异

	思维与洞察力		爱学习		创造性	
	N	M±SD	N	M±SD	N	M±SD
双情境助人者	298	12.30±3.00	304	10.06±2.00	301	11.12±2.36
双情境冷漠者	258	11.69±3.33	266	9.47±2.39	267	10.15±2.82
局外者－助人者	323	11.40±3.03	322	9.41±2.15	319	10.49±2.46
抑制者－助人者	449	12.02±3.74	449	9.77±2.07	452	10.77±3.76
推动者－助人者	170	11.21±2.96	174	8.90±2.05	174	10.68±2.66
F		4.817**		9.842***		4.181**

双情境助人者在情感维度的三个分测验上的得分均最高，且显著高于所有其他组。在社交智力与友善两个分测验上，推动者－助人者的得分最低，除与局外者－助人者之间的差异无统计学意义外，显著低于其他所有组。在爱的分测验上，推动者－助人者的得分与其他组无差异，只是显著低于双情境助人者。

在社交智力上，局外者－助人者除与推动者－助人者无差异外，显著低于其他所有组。双情境冷漠者与抑制者－助人者之间的差异无统计学意义，但低于双情境助人者与抑制者－助人者，高于局外者－助人者与推动者－助人者。在友善上，抑制者－助人者低于双情境助人者，但高于所有其他组，局外者－助人者与双情境冷漠者之间无差异。在爱的分测验上，除双情境助人者之外，其他组之间则无差异（详见图7－13）。

表7－13 认知维度分测验在旁观者潜在类别上的差异

	社交智力		友善		爱	
	N	M±SD	N	M±SD	N	M±SD
双情境助人者	299	15.43±2.85	301	12.46±2.02	298	17.26±2.43
双情境冷漠者	263	14.63±3.21	264	11.61±2.38	262	16.18±2.92
局外者－助人者	322	13.96±3.01	326	11.37±2.42	325	16.24±2.98
抑制者－助人者	448	14.81±3.02	449	12.03±2.43	452	16.56±2.97
推动者－助人者	173	13.82±2.97	176	11.04±2.47	170	16.14±2.78
F		12.713***		14.808***		7.450***

在意志维度上,双情境助人者在执着、真诚上与抑制者－助人者的差异无统计学意义,但均高于所有其他组,在勇敢上高于所有其他组。

在执着分测验上,双情境冷漠者低于双情境助人者、抑制者－助人者,但高于局外者－助人者与推动者－助人者。推动者－助人者与局外者－助人者之间的差异无统计学意义,双情境助人者与抑制者－助人者之间的差异无统计学意义。

在真诚分测验上,双情境冷漠者与双情境助人者、抑制者－助人者的差异无统计学意义,但高于局外者－助人者与推动者－助人者。局外者－助人者与推动者－助人者之间无差异,但都低于其他三组。在勇敢维度上,除双情境助人者高于所有其他组之外,其他组之间的差异均无统计学意义(详见表7-14)。

表7-14 意志维度分测验在旁观者潜在类别上的差异

	执着		真诚		勇敢	
	N	M±SD	N	M±SD	N	M±SD
双情境助人者	296	17.21±3.73	299	11.05±2.12	301	10.80±4.24
双情境冷漠者	269	16.32±3.83	263	10.94±2.13	261	10.25±2.54
局外者－助人者	320	15.24±3.68	326	9.82±2.07	326	9.98±2.30
抑制者－助人者	453	17.08±4.39	446	10.97±2.31	446	10.33±2.24
推动者－助人者	170	14.83±3.52	176	10.13±2.04	176	9.90±2.29
F		20.260***		20.707***		4.305**

在律己维度的宽容分测验上,双情境助人者与抑制者－助人者之间的差异无统计学意义,但两组都高于其他三组。双情境冷漠者处于中间,低于双情境助人者与抑制者－助人者,高于局外者－助人组与推动者－助人者,后两组之间的差异无统计学意义。在律己维度谦虚分测验上,双情境助人者高于所有其他组,推动者－助人者低于局外者－助人者,其他组之间的差异无统计学意义。

在利群维度的合作力分测验上,双情境助人组高于所有其他组,抑制者－助人者排名第二,高于其他三组,局外者－助人者与双情境冷漠者之间的差异无统计学意义,但均高于推动者－助人者。在领导力分测验上,双情境助人者与抑制者－助人者的差异无统计学意义,但高于所有其他组。抑制者－助人者与双情境冷漠者的得分无差异,但高于其他两组。双情境冷漠者高于推动者－助人者。推动者－助人者与局外者－助人者之间无差异(详见表7-15)。

表 7—15 律己与利群维度分测验的旁观者潜在类别差异

	宽容		谦虚		合作力		领导力	
	N	M±SD	N	M±SD	N	M±SD	N	M±SD
双情境助人者	299	11.97±2.10	304	18.09±1.54	291	20.37±2.97	304	12.05±3.01
双情境冷漠者	276	11.35±2.37	267	17.51±1.86	261	18.74±3.91	258	11.32±3.28
局外者—助人者	326	10.44±2.31	328	17.79±1.65	321	18.58±3.63	322	10.85±3.05
抑制者—助人者	467	11.69±2.21	462	17.69±1.89	442	19.49±3.57	452	11.71±3.22
推动者—助人者	175	10.30±2.40	174	17.38±1.87	170	17.61±3.64	169	10.51±3.01
F		30.403***		5.957***		20.544***		10.262***

在超越维度的三个分量表上，双情境助人者比所有其他组都高。

在信念与希望分测验上，抑制者—助人者的得分高于双情境冷漠者与推动者—助人者，但其他组之间的差异无统计学意义。

在幽默分测验上，双情境冷漠者与抑制者—助人者、推动者—助人者之间的差异无统计学意义，但高于局外者—助人者。局外者—助人者得分低于抑制者—助人者，推动者—助人者得分也低于抑制者—助人者。

在心灵触动分测验上，推动者—助人者与双情境冷漠者之间无差异，但低于局外者—助人者与抑制者—助人者，其他三组之间的差异无统计学意义（详见表 7—16）。

表 7—16 超越维度分测验在旁观者潜在类别上的差异

	信念与希望		幽默		心灵触动	
	N	M±SD	N	M±SD	N	M±SD
双情境助人者	303	20.74±3.60	306	18.26±4.70	306	12.39±2.13
双情境冷漠者	259	18.68±4.70	269	17.11±4.57	269	11.70±2.36
局外者—助人者	319	19.13±4.00	327	16.31±4.93	327	11.87±2.25
抑制者—助人者	449	19.40±4.46	458	17.27±4.53	458	11.98±2.25
推动者—助人者	172	18.47±4.19	172	16.21±4.64	174	11.40±2.23
F		12.009***		8.652***		6.517***

（三）人口统计学与旁观者潜在类别在积极心理品质上的交互作用分析[①]

采用双因素方差分析检验人口统计学与旁观者潜在类别在积极心理品质上的交互作用。结果发现，在积极心理品质的分量表上均不存在交互作用，只在少数分测验上存在交互作用。且是否担任班干部、是否寄宿在积极心理

[①] 对人口统计学与旁观者类别在心理健康、生活满意度上均进行了交互作用的检验，但均无统计学意义，因此不对结果进行报告。

品质上的所有分量表与分测验得分均不存在差异。

1. 性别与旁观者类别在执着上的交互作用

性别与旁观者类别在执着上的交互作用显著（$F=2.780$，$P<0.05$）。男女生在旁观者潜在类别上均存在差异。男生局外者－助人者的得分显著低于双情境助人者与抑制者－助人者，抑制者－助人者的得分显著高于双情境冷漠者、推动者－助人者。女生中双情境助人者得分高于推动者－助人者、局外者－助人者与双情境冷漠者；推动者－助人者得分最低，显著低于双情境冷漠者与抑制者－助人者；局外者－助人者较抑制者－助人者的得分也低，与双情冷漠者、推动者－助人者之间的差异无统计学意义。

男生与女生在抑制者－助人者与推动者－助人者两个类别上差异显著，男生在执着上的得分均高于女生，在其他类别上差异无统计学意义（详见表7－17）。

表7－17　性别与旁观者类别在执着上的交互作用

	男		女		F
	N	M±SD	N	M±SD	
双情境助人者	125	16.92±3.55	167	17.47±3.86	1.419
双情境冷漠者	145	16.46±3.88	118	16.04±3.82	0.719
局外者－助人者	168	15.38±3.86	145	15.09±3.48	0.429
抑制者－助人者	204	17.65±5.13	240	16.56±3.64	8.559***
推动者－助人者	101	15.51±3.40	63	13.87±3.53	6.706*
F		9.789***		13.357***	

通过图7－1可知，无论男女，抑制者－助人者与双情境助人者都是得分最高的，但是男生抑制者－助人者的执着得分高于女生。

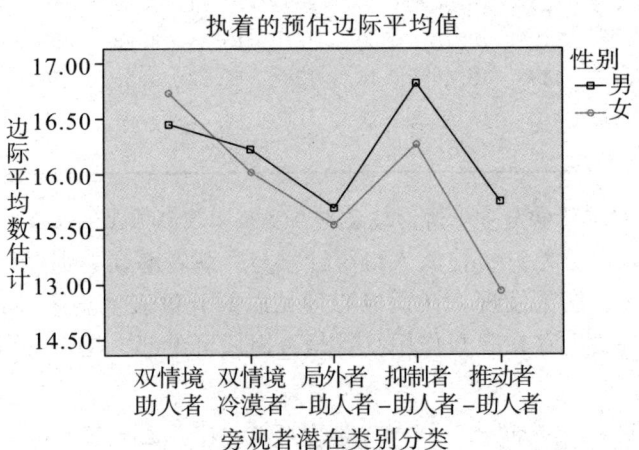

图7－1　性别与旁观者类别在执着上的交互作用

2. 性别与旁观者类别在谦虚上的交互作用

性别与旁观者类别在谦虚上的交互作用显著（$F=2.653$，$P<0.05$）。男女生在旁观者潜在类别上的谦虚差异均有统计学意义。男生双情境助人者的谦虚得分高于抑制者－助人者，但与其他类别之间的差异无统计学意义。女生的双情境助人者的得分高于双情境－冷漠者与抑制者－助人者；推动者－助人者的得分最低，低于双情境助人者、局外者－助人者。

在欺负行为的不同类别上，女生的局外者－助人者与抑制者－助人者在谦虚上的得分均与男生存在差异，女生均高于男生，在欺负类别上差异无统计学意义（详见表7-18）。

表 7-18　性别与旁观者类别在谦虚上的交互作用

	男		女		F
	N	M±SD	N	M±SD	
双情境助人者	129	18.16±1.41	170	18.05±1.64	0.284
双情境冷漠者	149	17.57±1.90	112	17.36±1.81	0.936
局外者－助人者	172	17.59±1.69	150	17.99±1.59	4.109*
抑制者－助人者	206	17.49±2.06	248	17.83±1.73	4.190*
推动者－助人者	101	17.58±1.78	68	17.19±1.94	2.017
F		3.312*		5.086***	

通过图7-2可直观地看到，性别差异体现在局外者－助人者与抑制者－助人者，女生得分显著高于男生。无论男女，双情境助人者的谦虚得分最高，女生的双情境冷漠者与推动者－助人者的得分都低于双情境助人者，而男生除双情境助人者之外，四个类别的差异均不大。

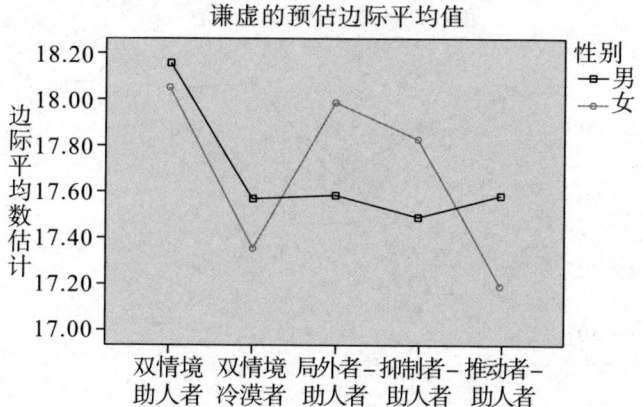

图 7-2　性别与旁观者类别在谦虚上的交互作用

3. 家庭所在地与旁观者类别在创造性上的交互作用

家庭所在地与旁观者类别在创造性上的交互作用显著（$F=2.486$，$P<0.05$）。城镇学生在旁观者类别上的创造性得分无差异，农村学生中的差异主要发生在双情境助人者与双情境冷漠者之间，双情境助人者的得分显著高于双情境冷漠者。

双情境冷漠者、抑制者－助人者与推动者－助人者存在家庭所在地的差异，来自城镇家庭的中学生得分均显著高于农村家庭的中学生（详见表7－19）。

表7－19　家庭所在地与旁观者类别在创造性上的交互作用

	城镇		农村		F
	N	M±SD	N	M±SD	
双情境助人者	179	11.20±2.28	112	10.89±2.46	0.729
双情境冷漠者	113	10.97±2.79	146	9.64±2.62	13.003***
局外者－助人者	173	10.59±2.51	138	10.48±2.42	0.110
抑制者－助人者	215	11.29±4.60	226	10.21±2.71	14.857***
推动者－助人者	86	11.24±2.58	83	10.06±2.61	6.836**
F		1.646		3.184*	

通过图7－3可直观地看到，在双情境助人者与局外者－助人者两类别中，城镇学生与农村学生的创造性差异不显著，其他类别上差异显著。城镇学生在各类别上的差异均很小，而农村学生双情境助人者与双情境冷漠者之间的差距较大。

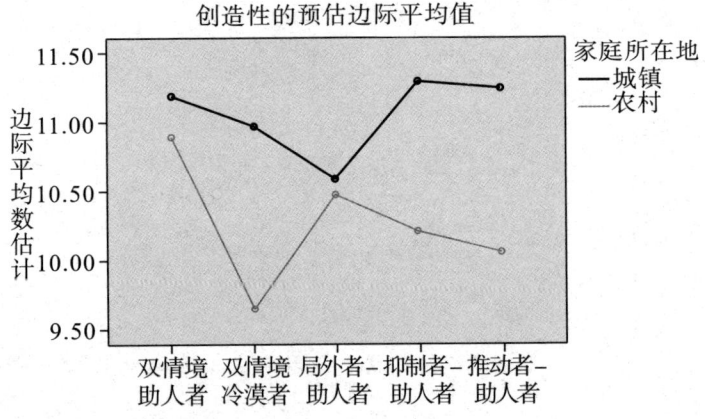

图7－3　家庭所在地与旁观者类别在创造性上的交互作用

4. 家庭所在地与旁观者类别在社交智力上的交互作用

家庭所在地与旁观者类别在社交智力上的交互作用显著（$F=3.169$，$P<0.05$）。城镇与农村中学生的社交智力在旁观者类别上均存在差异，城镇学生的局外者－助人者得分最低，显著低于双情境助人者、双情境冷漠者与抑制者－助人者，但与推动者－助人者之间的差异无统计学意义。双情境冷漠者得分高于推动者－助人者，其他类别之间的差异无统计学意义。农村学生中，差异只发生在双情境助人者与推动者－助人者之间，双情境助人者的社交智力显著高于推动者－助人者。

城镇中学生的社交智力在双情境冷漠者、抑制者－助人者上与农村中学生存在差异，城镇学生得分均高于农村学生（详见表7—20）。

表7—20 家庭所在地与旁观者类别在社交智力上的交互作用

	城镇		农村		F
	N	M±SD	N	M±SD	
双情境助人者	177	15.57±2.92	112	15.15±2.77	1.358
双情境冷漠者	111	15.50±3.13	145	14.12±3.10	13.481***
局外者－助人者	179	13.89±3.17	135	14.20±2.65	0.814
抑制者－助人者	209	15.22±3.00	228	14.36±2.96	9.206**
推动者－助人者	86	14.17±3.07	83	13.41±2.88	2.789
F	10.350***		4.343**		

通过图7—4可知，城镇学生在各类别上的差异较大，但农村学生的差异主要在双情境助人者与推动者－助人者之间。

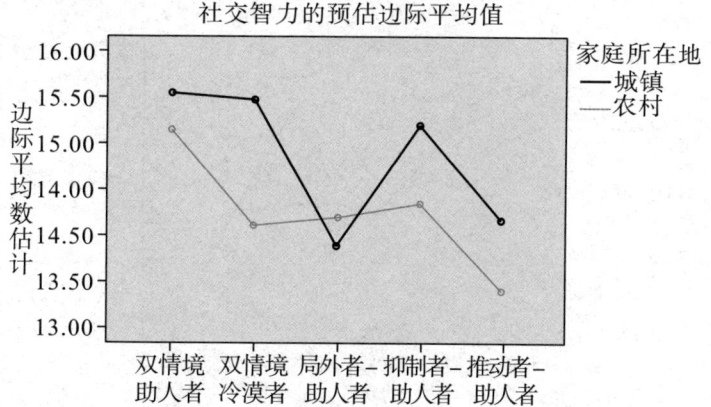

图7—4 家庭所在地与旁观者类别在社交智力上的交互作用

5. 家庭所在地与旁观者类别在合作力上的交互作用

家庭所在地与旁观者类别在合作力上的交互作用显著（$F=3.510$，$P<0.05$）。城镇与农村中学生的合作力在旁观者类别上的差异均有统计学意义，城镇学生的双情境助人者、双情境冷漠者、抑制者-助人者的得分显著高于局外者-助人者与推动者-助人者。农村中学生双情境助人者的合作力高于所有其他类别，推动者-助人者最低，低于双情境助人者、抑制者-助人者与局外者-助人者。

在旁观者的不同类别上，双情境冷漠者、抑制者-助人者之间存在家庭所在地差异，城镇中学生在合作力上的得分均高于农村中学生（详见表7-21）。

表7-21 家庭所在地与旁观者类别在合作力上的交互作用

	城镇		农村		F
	N	M±SD	N	M±SD	
双情境助人者	174	20.51±3.11	107	20.11±2.74	0.839
双情境冷漠者	110	19.89±3.51	143	17.96±3.96	18.984***
局外者-助人者	177	18.62±3.81	137	18.67±3.33	0.020
抑制者-助人者	207	20.13±3.26	224	18.82±3.73	14.955***
推动者-助人者	84	17.98±3.43	81	17.17±3.81	2.175
F		12.300***		9.807**	

通过图7-5可知，城镇学生在各类别上的差异较大，但农村学生的差异主要在双情境助人者与推动者-助人者之间。城乡差别主要发生在双情境冷漠者与抑制者-助人者之间。

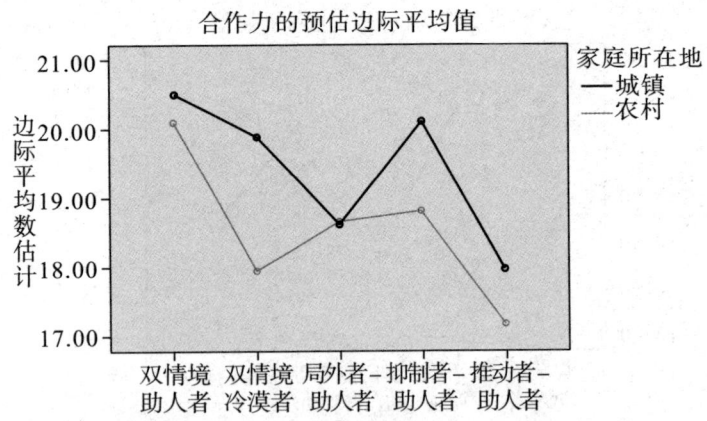

图7-5 家庭所在地与旁观者类别在合作力上的交互作用

6. 家庭所在地与旁观者类别在信念与希望上的交互作用

家庭所在地与旁观者类别在信念与希望上的交互作用显著（$F=2.387$，$P<0.05$）。来自城镇与农村家庭的中学生，信念与希望得分在旁观者类别上的差异均有统计学意义。城镇中学生的双情境助人者得分高于局外者－助人者。农村学生中，双情境助人者的得分最高，高于所有其他类别，其他类别之间没有差异。

表7－22 家庭所在地与旁观者类别在信念与希望上的交互作用

	城镇		农村		F
	N	M±SD	N	M±SD	
双情境助人者	178	20.67±3.62	115	20.81±3.57	0.078
双情境冷漠者	111	19.74±4.29	140	18.04±4.78	10.229***
局外者－助人者	175	19.22±4.12	136	19.15±3.89	0.020
抑制者－助人者	209	19.86±4.11	228	18.91±4.72	5.594*
推动者－助人者	86	19.13±3.71	81	17.75±4.63	4.491*
F		3.313*		9.062***	

城镇中学生中的双情境冷漠者、抑制者－助人者与推动者－助人者的得分均高于农村的中学生，只有双情境助人者与局外者－助人者之间的差异无统计学意义。通过图7－6可直观地看到，在双情境助人者与局外者－助人者两个类别上，城镇与农村的中学生得分几乎是重叠的。

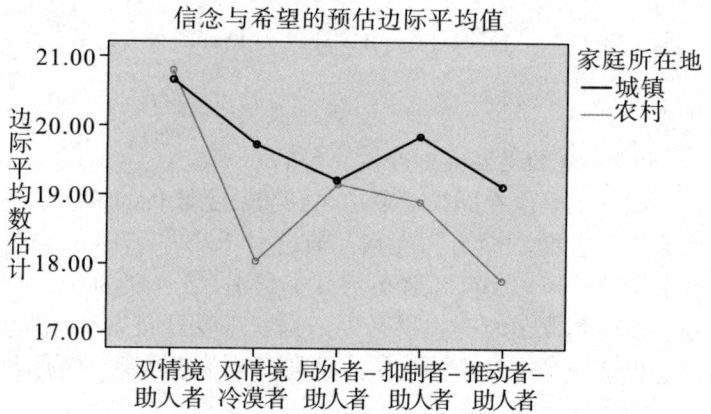

图7－6 家庭所在地与旁观者类别在信念与希望上的交互作用

7. 旁观者类别在生活满意度上的差异

我们也对旁观者类别在生活满意度上的差异进行了检验，结果显示旁观者类别在家庭生活、学校生活的满意度上均存在差异,而在自己评分上的差异无统计学意义。事后检验结果表明双情境助人者的得分最高,与抑制者－助人者之间的差异无统计学意义,但显著高于其他组。抑制者－助人者的得分排在第二,均显著高于局外者－助人者、推动者－助人者,而双情境冷漠者、局外者－助人者、推动者－助人者之间的差异无统计学意义。

双情境助人者的学校生活评分也是最高的,且显著高于其他四组。抑制者－助人者的得分排名第二,显著高于推动者－助人者,但与局外者－助人者以及双情境冷漠者之间的差异无统计学意义。其他三组之间的差异无统计学意义(详见7-23)。

表7-23 旁观者类别在生活满意度上的差异

	家庭生活		学校生活		自己评分	
	N	M±SD	N	M±SD	N	M±SD
双情境助人者	307	88.56±16.00	307	83.20±18.75	306	76.24±23.26
局外者－助人者	328	84.60±21.00	327	76.30±23.75	325	73.79±24.75
抑制者－助人者	468	87.52±19.41	465	79.53±24.86	463	76.50±25.90
双情境冷漠者	285	84.79±22.7	283	76.92±26.45	281	77.04±60.16
推动者－助人者	173	81.74±20.71	175	70.78±26.39	173	70.78±25.79
F		4.576***		8.55***		1.299

第四节 讨论与小结

一、讨论

(一) 关于旁观者的潜在类别分类

我们通过调查中学生在同学受欺负与好朋友受欺负的情境下的表现,来考查他们作为旁观者的不同行为类型。通过对1579[①]名中学生进行调查发现,结合两个情境,可以将旁观者分为5个类别。5个类别中,有4个类别均表示在好朋友受到欺负时会提供帮助,如安慰受欺负者、让欺负者住手、去叫老师,这也证明了中学生的友谊质量与同伴关系是保护个体免受欺负或

---

① 由于调查的项目共有16条,在做潜在类别分析时将所有有缺失的被试均进行了删除,因此此次删除的个案比较多,只留下1581名学生。由于很多学生明确表示不愿意填写这一项目,也预示着这些不愿意作答的被试可能与其他作答学生存在差异,如可以分为6个类别,这有待进一步的调查研究。

减少受欺负伤害的重要因素之一。但潜在类别分析中也发现存在双情境冷漠者，这类学生在同学与朋友受欺负的情境下提供帮助的概率均很低，但他们不会参与欺负行为，而是走开。原因有待进一步调查。以往研究中，旁观者的行为被划分为 4 个类别，即保护者、欺负协助者、煽风点火者和置身事外者（任萍，张云运，周艳云，2018），或者称之为防卫者、欺负跟随者、欺负推动者、局外人（王中杰，刘华山，2004）。保护者或防卫者是指在欺负行为中，保护、安慰和支持受欺负者的角色，以及时反对欺负，积极寻求外界帮助以阻止欺负行为的人。欺负协助者是指欺负的跟随者，他们支持欺负者的欺负行为，甚至跟着欺负他人。煽风点火者或推动者是指在旁边给欺负者鼓励性的信息，如围观并发出哄笑的人；置身事外者或局外人是指离开、漠视欺负行为发生的人，当他们看到欺负行为时，会选择不说话、不围观，但也不告诉他人来阻止其他行为的发生。

如果只考虑同学受欺负的情境，我们的调研分为 5 个类别，即助人者、冷漠者、局外者、抑制者与推动者。助人者相当于保护者的角色，他们会直接帮助受欺负者、安慰受欺负者以及让欺负者住手。抑制者也是传统分类中的保护者角色，但他们的保护不是自己去，而是选择报告老师等间接方式进行。研究表明，抑制者与助人者在积极心理品质、心理健康与生活满意度上有相似性，但差异性更大，分为两类是比较恰当的。

局外者就是置身事外者，他们遇到同学受欺负时会选择走开。推动者也是传统分类中的推动者，他们在其他同学受欺负时选择在"旁边看，不说话"的条件概率为 100%，在其他行为上的概率低于 16%。

冷漠者会选择助人行为，但是他们选择助人行为的概率很低，不到 0.5，但他们选择走开等的概率更低。他们在好朋友受欺负的情境下也是如此，提供助人的概率也不到 0.5，因此命名为冷漠者。这类人在积极心理品质、生活满意度与心理健康上与其他类别之间也存在较普遍的差异，因此，确实应该对他们进行单独分类。

本研究在分类时没有发现欺负协助者，可能在中学生中追随欺负他人、协助欺负者欺负他人的比例很低，在 1600 人的样本中的个体数很少，从而无法将他们单独分为一个类型。观察数据分析也发现，在同学受欺负时，选择也跟着欺负的仅有 20 人，在好朋友受欺负时，选择跟着欺负的有 27 人。在潜在类别分类时，如果选择 6 类别，各分类指标均较 5 类别差。因此，如果能将样本量扩大到 4000 或 6000，则有可能会分类出欺负协助者。

（二）欺负行为保护者角色的人口统计学特征

已有研究表明，女生在欺负行为中比男性承担更多的保护者角色

(Trach, J., Hymel, S., Waterhouse, T., &Neale, K, 2010)，本次调查结果也表明，女生在任何情境中均为他人提供帮助的概率显著高于男生，而男生在其他类别的概率均高于女生。这与前人研究的结果一致（赵红霞，孙昭，2015），原因可能在于女生的移情能力更强，更具有爱心，她们在积极心理品质上的各项得分也更高，因此她们更能理解受欺负者的处境与内心的伤痛，这促使她们更愿意为他人提供帮助。

随着年级的增长，在同学与好朋友受欺负情境下均提供帮助的比例呈下降趋势，高中生下降的速度明显高于初中生。这与前人研究一致（Trach et al., 2010）。原因可能在于随着年级的增长，学生所处的小团体对他们行为的影响越来越重要，高年级的学生在做出保护行为前需要权衡自己的行为与所在群体的行为规范是否一致（Pöyhönen, Juvonen, &Salmivalli, 2010），如果不一致，即使他同情受欺负者也可能不付出行动。另一方面，可能因为他们对帮助受欺负者的负面后果的认知随着年龄的增长而更为深刻。如果学生评估自己可能没有足够的能力去阻止欺负行为的发生，自己反而可能会被欺负，那么他就可能不实施助人行为。因此，高一学生在同学受欺负时选择走开的比例明显高于初中生，表明他们不想卷入他人的欺负行为。

担任学生干部的学生在任何情境下均更愿意帮助受欺负者，这一结果也再次证明，学生在决定帮助他人之前需要思考自己能否有能力去承担保护者的角色以及为此可能付出的代价。学生干部通常与教师的关系会更好，有更高的同伴地位（Simon, J. B., Nail, P. R., Swindle, T., Bihm, E. M., &Joshi, K., 2017），有更强有力的社会支持系统，自身处理人际交往问题的能力也可能更强，这些让他们更愿意去承担受欺负者保护者的角色。在他人受欺负时，担任学生干部的学生选择推动欺负行为发生的比例会更低，表明学生干部可能比其他学生更有责任心与较强的移情能力，他们可能认为帮助受欺负者、阻止欺负行为的发生是自己应尽的责任。

来自城镇的学生也比来自农村的学生更多地承担保护者的角色，他们更愿意去帮助、安慰受欺负者，更愿意阻止欺负行为的发生。可能与他们的家庭可能就在学校所在城镇有关系，来自农村的孩子由于缺乏家庭的保护，他们在外学习时更倾向于选择远离是非，以免惹祸上身，因此他们在同学受欺负时多选择走开的策略，但在好朋友受欺负时他们会挺身而出帮助受欺负者。来自城镇的孩子，他们离家更近，获得的社会支持也会更多，因此他们更敢于去阻止欺负行为的发生。

来自城镇家庭、担任学生干部的学生更愿意充当欺负行为的保护者，学生在家庭生活及学校生活评分上的差异也证明了这一点。在欺负行为中承担保护者角色的学生其家庭生活的评分与学校生活评分都是最高的，这种对家庭与学校生活的满意度显示他们比其他学生有更好的家庭支持与学校支持，从而为他们充当保护者提供了底气。也可能是他们为受欺负者充当保护者的行为提高了同伴地位，获得了老师与家长较高的评价，从而使得他们的学校与家庭生活的满意度更高。

这也为我们干预欺负行为提供了新的思路，即我们不仅要注意保护受欺负者，也要确保欺负保护者能够得到与受欺负者同样的保护，让他们在阻止欺负行为的过程中没有后顾之忧，从而有效地促进更多其他旁观者角色转化为保护者，最大限度发挥保护者在欺负干预中的作用（赵红霞，孙昭，2015）。

（三）旁观者类别的欺负角色差异

总的来说，在同学受欺负时愿意提供帮助的人从高到低依次是未卷入者、单纯受欺负者、欺负/受欺负者与单纯欺负者，原因在于未卷入者的灵活性更高，在自身无法提供直接帮助时会间接通过叫老师来阻止欺负行为的发生，所以他们在同学受欺负时提供直接帮助的比例与单纯受欺负者无差异，高于单纯欺负者，但通过喊老师来间接阻止欺负行为发生的比例最高，较单纯受欺负者高约 9 个百分点。

受欺负的经历让中学生在同学受欺负时，更不愿意成为推动者，较欺负者低 5 个百分点，也低于欺负/受欺负者，原因可能在于受欺负经历让学生能体验到其他同学受欺负时的痛苦，因此他们不愿意围观他人受欺负的行为。但是他们在好朋友受欺负时也不愿意提供帮助的比例却与单纯欺负者以及欺负/受欺负者一致。原因可能在于受欺负的经历让他们害怕，以至于在好朋友受欺负时也不敢提供帮助。这可能也是他们更容易受欺负，且难以摆脱受欺负困境的重要原因，因为好朋友受欺负时他们不提供帮助，那么在他自己受欺负时也难以获得朋友的帮助，甚至结交不到亲密的朋友。

单纯欺负者在同学受欺负时成为推动者的比例最高，成为局外人的比例比未卷入者与单纯受欺负者高 10 个百分点以上，与欺负/受欺负者的差异不大。表明欺负者更愿意看到欺负行为的发生，且更不可能成为欺负情境中的助人者。

（四）旁观者角色与心理健康

研究显示，在欺负行为中承担保护者角色的学生除了自责倾向与学习焦虑外，他们的心理健康问题更少。学习焦虑是指学生对考试怀有恐惧心理，无法安心学习，且十分关心考试分数，因此这一焦虑主要与中学生的学业成绩、自我期待或者家庭的要求有关，而与人格品质无关。自责倾向是指个体自卑，并常将失败、过失归咎于自己，怀疑自己的能力。通常来讲，自责倾向的个体应该更退缩，更难以为受欺负者提供帮助，但本次调查却显示不存在差异，这需要进一步的研究调查。

双情境助人者与抑制者-助人者在对人焦虑、过敏倾向、冲动倾向上不存在差异，因为这两类人的本质都是为受欺负者提供帮助，阻止欺负行为的发生，因此他们在心理健康水平上不存在差异是很正常的。但在孤独倾向上，双情境助人者高于抑制者-助人者，原因可能在于双情境助人者由于及时帮助他人，其同伴地位更高，在群体中属于受欢迎的人，也有可能是因为他们是受欢迎的人，因此他们更敢于为受欺负者提供帮助。抑制者也想帮助他人，但是可能没有双情境助人者的人际交往能力强，更自我封闭、孤独、抑郁，因此他们不敢直接帮助受欺负者，而选择以告诉老师这种求助权威人物的方式间接帮助受欺负者。

推动者-助人者在对人焦虑、过敏倾向、冲动倾向上的得分最高，他们害怕与人交往，过于敏感，易于为一些小事烦恼，自制力差，易冲动，因此他们在看到同学受欺负时又想看，又不敢或者不想提供帮助。

（五）旁观者角色与积极心理品质的关系

现有研究表明具有高自尊（Nickerson, A. B., Mele, D., &Princiotta, D, 2008）、同情心（Jenkins, L. N., Demaray, M. K., Fredrick, S. S., &Summers, K. H, 2016）、拥有高社交技能（Jenkins, L. N., &Nickerson, A. B., 2017）与高社会自我效能感的学生才更可能在同学受欺负的情境下去帮助受欺负者（Lihnou, K., &Antonopoulou, E, 2016）。

本次调查发现，双情境助人者在认知、情感、利群、超越四个维度上的得分均高于所有其他类别，在律己与意志维度上除与抑制者-助人者之间无差异外，也高于其他三个类别。这些人待人友善、充满爱心，同时又有很高的社交技能、能欣赏生活中的美好，爱学习，愿意思考，合作力与领导力均发展得很好，同伴地位高，因此他们更可能在同学受欺负的情境下去帮助受欺负者。

抑制者-助人者的得分排列第二，他们的律己与意志得分与双情境助人者之间无差异。表明抑制者-助人者也具有良好的心理品质，但因为他们在社交智力、合作力、领导力等方面不及双情境助人者，因此他们难以通过自身的力量去帮助受欺负者，但他们真诚、勇敢又执着，愿意去帮助受欺负的人，从而选择寻求他人的力量去帮助受欺负的人。

相对而言，推动者-助人者在律己上发展最差，但是在其他方面与双情境冷漠者、局外者-助人者之间的差异无统计学意义。从分测验来看，推动者－助人者的合作力显著低于所有其他组；在真诚、宽容上，推动者－助人者与局外者－助人者低于双情境冷漠者，表明合作力的培养是影响个体选择旁观还是走开的重要原因。推动者－助人者与局外者－助人者在同学受欺负时不提供帮助，因此他们的积极心理品质也有很多相似之处。这两类人在同学受欺负时选择走开或者冷漠地在旁观看，但是当自己朋友受欺负时却有 59.8％的概率会让欺负者住手，48.1％的概率会帮助受欺负者，但只有 33.5％的概率会去安慰受欺负者，表明他们可能不知道如何与其他人交往，他们具有较低的积极心理品质，尤其是低的责任心、宽容与爱的能力让他们难以将同学受欺负保护行为看作是道德性的，不帮助他人也不会引发他们的羞愧感和内疚感，所以他们可以心安理得地旁观看戏而无动于衷。

目前关于积极心理品质与旁观者类别的研究还比较少，因此具体原因还有待进一步的研究。双情境冷漠者的各类积极心理品质的发展基本上处于 5 个类别的中间，因此他们选择冷漠而不提供任何帮助的原因还有待于进一步的研究。

积极心理品质与旁观者类别的关系还受到性别调节作用。抑制者－助人者类别上，男生的执着高于女生、谦虚低于女生。原因可能在于欺负行为对于不同性别的人来说是不同的，男生受欺负者的同伴地位显著低于女生（肖少北、刘丽琼、朱铭，2011），性别刻板印象对男生的期望是强壮的、有力量的保护者，因此男生如果自身没有资源能直接为受欺负者提供帮助而需要借助老师等力量来帮助受欺负者，较女生来说要克服更大的阻力。女生受欺负者的同伴地位并不会太受损，而且对女生的性别刻板印象也是温柔、有爱心，因此她们承认自己无法直接提供帮助并不太难，不过分表现自己的女生反而更可能成为欺负行为的抑制者。

积极心理品质与旁观者类别的关系还受到家庭所在地的调节作用。农村学生中双情境助人者的创造性高于双情境冷漠者，而城镇家庭中不存在这一差异。原因可能在于城镇中学生的家庭资源更丰富，因此他们提供帮助并不需太担心帮助受欺负者之后受到报复。农村学生在为受欺负者提供直接帮助时，他们也承担了可能成为受欺负者的风险，因此只有那些创造性好的学生更可能成功提供帮助。

农村学生中双情境助人者的社交智力、合作力和信念与希望的得分也最高，与城镇中学生无差异，但是社交智力、合作力、信念与希望在双情境冷漠者、抑制者－助人者上的得分都低于城镇学生，信念与希望还在推动者－助人者类别上低于城镇学生。表明社交智力、合作力与信念与希望提升到一定程度时，可以促使个体成为旁观者中的保护者角色，从而及时阻止欺负行为的发生，降低欺负行为的伤害性。

(六) 旁观者角色与生活满意度的关系

旁观者角色在中学生的学校生活满意度与家庭生活满意度上存在差异，但与自己的整体评分无关。在双情境中都会保护受欺负者的中学生在家庭与学校生活评分中的得分都最高，原因可能在于只有那些家庭和睦，在学校中有更高同伴地位的学生，才能够提供保护并使自己免受欺负者的报复。

抑制者－助人者与双情境助人者在家庭生活的得分上不存在差异，表明这两类学生的家庭关系比其他中学生更美满，父母对孩子的教育也更好，学生的积极心理品质发育也更好。但是抑制者－助人者的学校生活评分低于双情境助人者，也许是他们在学校的同伴地位不如双情境助人者，他们对受欺负者直接进行保护很可能会受到欺负者的报复。因此，为了既帮助他人，又能保护自己，他们选择了告诉老师这一间接模式。

局外者、助人者与推动者在生活满意度的三个方面均不存在差异，原因有待进一步的研究。

旁观者角色在自我评分上均不存在差异，原因可能在国内以升学为主要目的的学校教育与升学压力下，学生进行自我评分可能更多的是依据学业成绩以及自己与学习相关的能力，这与自我评分显著低于学校评分与家庭生活评分的结果相一致，但这有待于更多研究去验证。

二、小结

(一) 建立高质量的友谊是保护受欺负者的重要途径

在面对同学受欺负的情境中，有21%的学生会有100%的概率会选择走开，但是他们在好朋友受欺负时则会有53.8%的可能性会去报告教师，有53.1%的可能性会让欺负者住手，有51.9%的概率会去安慰受欺负者。30%的中学生在同学受欺负中有100%的可能性会去报告教师，但他们直接帮助受欺负者的概率却低于17.8%。当受欺负者是他们的朋友时，他们去报告教师的概率会下降到61.8%，但是他们安慰受欺负者与让欺负者住手的概率会从17.8%与17.1%上升到48.2%与58.2%。还有11.3%的学生在同学受欺负的情境中会有100%的概率在旁边看、不说话，但是在好朋友受欺负时，安慰受欺负者的概率会从11.2%上升到33.5%，而让欺负者助手的概率则从1.7%上升到59.8%。仅有18.1%的中学生会在好朋友受欺负时也不太可能提供比同学受欺负时更多的保护。

因此，如何营造学校友好的心理氛围，帮助受欺负者拥有更好的社交技能，提高他们的友谊质量，是校园欺负行为干预方案要考虑的重要途径之一。

（二）促进旁观者的助人行为是校园欺负行为干预的重要途径

如果校园中有足够的学生能为受欺负者提供及时的帮助，阻止欺负行为的发生，欺负行为发生的可能性以及伤害性后果均要小得多。

欺负行为中保护者的个人特征主要为女生、来自城镇家庭、担任学生干部，有更满意的家庭与学校生活的中学生更愿意成为欺负行为中的保护者，起到及时阻止欺负行为的持续以及减少受欺负者的身心伤害的作用。拥有这些特征的个体由于有着更好的个人能力、更强的社会支持系统，使得自我有信心能为受欺负者提供帮助，而不用担心自己也会因此陷入受欺负者的处境中。

积极心理品质良好、心理健康水平高的个体也更愿意帮助受欺负者以阻止欺负行为的持续进行，减轻受欺负者的身心伤害。而心理健康水平低、积极心理品质不良的学生却更容易在欺负行为中充当推动者的角色。

因此，我们在制定校园欺负行为干预的方案时，一是要注意建立欺负保护者的保护机制，为告发欺负行为的学生保密，关注那些阻止欺负行为持续进行的保护者，确保这些保护者能够得到后续来自老师的保护与同学的支持。二是要注意将欺负行为的干预与学校心理健康教育、德育结合起来，通过提高学生的心理健康水平与积极心理品质来减少欺负行为的发生，尤其是社交智力、合作力、爱、友善等品质，以促进旁观者中的推动者、冷漠者与置身事外者能够成为受欺负者的保护者，从而有效减少校园欺负行为的发生，促进学生健康成长（任萍，张云运，2018）。三是要注意对农村学生与男生积极心理品质的培养。男生的执着更有利于他们成为欺负行为中受欺负者的保护者，而针对来自农村家庭的学生，则要关注他们社交智力、合作力、信念与希望等积极心理品质的培养，从而使得更多的农村学生敢于在同学受欺负时提供帮助。

第八章　网络背景下中学生
欺负行为的干预建议

校园欺负问题已成为社会广泛关注的问题，欺负行为会给个体心理健康带来广泛的影响，且众多研究表明，这些阴影还会持续影响个体成人后的生活。因此，如何积极干预欺负行为，给学生提供一个安全舒适的校园环境是教育工作的最重要的一个方面。

第一节　国外校园欺负行为干预方案的简介

自挪威的 D. Olweus 领导全国性的反欺负运动以来，英国、美国与加拿大等国家均进行了卓有成效的学校欺负行为干预研究，形成了较为成熟的学校干预方案。其中有些方案是针对欺负者或受欺负者的心理与行为问题而实施的个别干预方案，如社交技巧训练、情绪控制能力训练、同伴干预与问题解决技巧训练等；有些方案是强调整个学校参与的整体干预方案，如挪威 D. Olweus 的三水平干预方案，即学校、班级与个体三水平综合干预（Olweus，1993）。

一、学校整体干预方案的内容

学校整体干预方案建立在这样的一个理论假设上，即人的行为受到多个层面社会环境因素的影响，欺负行为作为一个系统性问题，要通过学校全体人员共同处理才能解决。它强调以学校为基础的多水平干预。根据干预的目的、范围与方法不同，可以分为学校水平、班级水平与学生水平的干预。

(一) 学校整体干预方案的三个水平

1. 学校水平的干预

学校水平的干预侧重于改变整个学校的气氛与校园文化，使之变得更加安全与和平。具体措施主要包括：（1）制定校规，让每位同学清楚哪些行为是欺负行为以及违反后将会受到的惩罚，倡导相互尊敬与非暴力行为。（2）建立欺负行为匿名报告制度，鼓励学生如果被欺负或看到同学被欺负要对学校进行报告，如果家长怀疑自己的孩子卷入了欺负行为，也应该向学校进行报告。（3）监控学校的所有区域。（4）成立反欺负委员会、教师工作小组与家长会，学生、教师、家长及学校其他相关人员共同参与、执行与监督干预方案的实施与评估。（5）禁止成人的欺负行为，强调成人行为的示范作用（Kathryn. S. Whitted&David，2005）。

由于大部分学校很少重视学校欺负问题，对其所带来的严重后果认识不足，有些教师或校长甚至认为欺负行为只是学生在孩童时代的一种正常行为或交往方式（Smith. P. K，1991）。因此在制定学校干预方案时要评估学校对欺负干预的需要程度、能够为执行方案提供的资源，以提高学校对欺负问题的重视，从而有助于方案的顺利执行。

评估学校对干预方案的需要度主要采用三个指标，即直接欺负行为的发生率、间接欺负行为的发生率与欺负行为的严重性，如该校欺负行为是不是已经成为一个重要的问题，欺负行为与其他学校的平均水平的差异（Rigby. K，1995）。

对学校所能提供资源的评估主要采用三个指标：（1）学校承诺能用来解决欺负问题的时间与资源情况。（2）用于制定欺负行为干预方案的人员及用于执行欺负行为方案的人员。（3）用于方案的物质与非物质支持基金数目（Smith. J，2005）。

2. 班级水平的干预

班级水平干预主要在于促进教师将预防欺负行为的工作渗透进课程中。具体措施主要有：（1）制定反欺负行为的班规，明确告知每位学生班级不容许有欺负行为。（2）定期组织以反欺负行为为主题的班会，以帮学生掌握有关欺负行为的知识，培养学生的移情作用，鼓励符合社会准则的行为（Smith. J，1999）。（3）强调旁观者在阻止欺负行为中的作用，让学生明白在目睹欺负行为发生时，每一个人都有责任，并且能通过报告教师等措施阻止欺负行为的发生（Smith. P. K.，1991，Salmivalli，C，2004）。

3. 学生水平的干预

学生水平的干预主要在于培养学生的社交能力，改变其观念等。根据干预的对象可以分为对受欺负者、欺负者与旁观者的干预。

对受欺负者的干预，其目的主要在于提升受欺负者应对欺负的能力，维护其自尊。具体措施主要有：（1）告诉学生容易成为被欺负目标的行为特征，并通过改变自己的行为从而让自己不易受到欺负。（2）训练孩子的社交技巧与问题解决技巧，如告诉孩子正确理解社交情境，在被人嘲笑或侮辱时，要保持冷静，不要哭或者跑，要寻找有效的帮助。因为冷静地待在受嘲笑的环境中，可能会使事态平静下来，而哭、跑等不冷静行为可能会使情况变得更糟（Vessey，J，2004）。（3）建立对受欺负者的支持系统与保护系统，鼓励受欺负者及其父母与欺负者及其父母进行交流（Olweus，D, 1999，Rigby. K. 1995）。（4）提高受欺负者的自我效能与自尊，如告诉受欺负者并不是他们不好才受欺负，不要批评受欺负者没有处理好问题。（5）训练受欺负者结交朋友、保持友谊的技巧（Kathryn. S, 2005）。

对欺负者的干预主要在于改变其对欺负行为的态度，培养其移情能力与问题解决技巧。具体措施主要有：（1）通过情景剧或其他直接的方式让欺负者更好地理解欺负行为的负面影响，培养欺负者的移情能力。（2）明确告知欺负者学校绝不容许欺负行为的存在（Dupper. D. R, 2003）。（3）改变欺负者及其家长对欺负问题的看法。（4）让欺负者学会控制与合理宣泄情绪（Olweus，D, 1993）。

由于旁观者可能会加重或减轻欺负行为的发生，所以对旁观者进行有效的干预，有利于减少欺负行为的发生。对于旁观者的干预主要在于培养旁观者的责任意识与干预技巧，促进主动干预欺负行为的发生。具体措施主要有：（1）了解自己的态度在欺负行为发生过程中的作用，如果冷眼旁观或默默走开，甚至对欺负行为表示赞许，将加重欺负行为的发生（Baldry, 2004）。（2）让旁观者学会向受欺负者提供帮助的技巧，如采用解决问题与同伴督导方法训练旁观者的技巧，在他人受到欺负时提供有效的支持与帮助（Boulton，1999）。

（二）学校整体干预的效果及影响因素

D. Olweus 在卑尔根地区首次采用学校整体干预方案对欺负行为进行了为期两年的干预，并取得了引人注目的成绩，参与研究的学校中的欺负发生率与实验前相比大约下降了近50%（Olweus，1993）。后来各种各样的方案虽然都是在参考该方案的基础上形成的，但是效果均没有挪威的好，尤其是美国等北美国家。Smith. J. D等通过对北美国家14个学校整体干预研究进行元分析发现，只有一个研究显著减少了欺负行为的发生和受欺负者人数，而其他研究均没有显著的效果（Smith，2004）。原因可能在于干预方案本身及干预对象的特点。

1. 方案本身的原因

方案本身的原因主要在于方案的系统性，执行方案所拥有的资源及方案执行的持续时间。

(1) 方案的系统性。Eslea&Smith（1998）的研究发现，坚持全校政策对干预效果的保持具有重要作用。但也有研究表明，和学校政策相比，学校的文化氛围在减少学校欺负方面具有更重要的作用（Derek，1998）。还有极少数研究认为单纯通过教师培训课程，建立教师支持与交流平台，从而提高教师干预欺负行为的技能与控制欺负行为的自我效能感，就能有效减少欺负行为的发生。但现有研究成果倾向于干预方案的系统性，如 Limber 认为北美国家执行学校整体干预方案的效果远远低于 D. Olweus 在卑尔根地区的干预，主要原因在于：学校教育工作者、家长没有认识到欺负问题的严重性；北美国家的干预方案太简单、零碎，不成系统；校园环境规模大而复杂（Dawn，2004）。

(2) 执行方案所拥有的资源。现有研究表明，执行方案所拥有的资源是一个重要因素。David. J 等人采用反欺负行为调查问卷调查了加拿大的 395 所学校的反欺负行为方案，结果表明，学校投入的资源与欺负行为的减少呈显著的正相关关系（Smith，1991）。

由于欺负行为是在一定生态系统中发生，学校全体员工、学生与家长、社区均是该系统中的重要因素，均对欺负行为产生重要影响。因此方案的执行需要学校领导、教师、家长与学生的参与，缺少任何一方的努力均会影响方案执行的系统性，进而影响效果。方案的执行需要相应设备，如学校环境的监控、课程的设置、团体辅导等均需要大量的财力投入。时间资源也是一个重要因素，团体辅导、主题班会均要占用大量的时间。北美国家的干预效果远逊于挪威，与这些国家用于课堂干预的时间过少也有关。

(3) 方案执行的时间。现有研究一致表明方案执行的时间严重影响干预的效果。一个设计良好的方案通常要执行两年才能取得良好的效果。David. J 等人的研究认为方案执行三个月一般很难起到效果，而如果能够执行五年，效果会更好。卑尔根地区的干预也表明，干预方案实施 20 个月后欺负发生率下降的幅度大于 8 个月后。因为干预方案要想取得效果，不仅需要全面实施各项干预措施，更重要的是要将反欺负的文化渗透到校园文化中，改变学校全体工作人员及学生的态度与行为（Smith，1991）。

2. 干预对象的特点

现有研究表明干预对象的年龄、性别等均会对干预方案的效果产生重要影响。

(1) 干预对象的年龄。干预对象的年龄是影响干预效果的重要变量，不同的方案对不同的年龄所产生的效果不同。有些报告对年龄较大的儿童有效，有些报告对于年龄较小的儿童更有效。Teglasi&Rothman（2001）采用同伴团体与故事形式改善欺负者、受欺负者与旁观者的问题解决技能，结果发现14—15年级学生的干预效果很好，但对于低年级学生却没有效果，甚至欺负行为反而增加了（Teglasi，2001）。Baldry&Farrington（2004）采用录音带与文字材料训练10~16岁儿童的社交技能，结果发现对于年长的儿童效果很好，报告了更少的受欺负者，但是对于年龄较小的儿童反而增加了受欺负者。与Teglasi（2001）等的方案相反，Smith&Sharp（1994）等的研究却发现干预方案对小学生比对中学生有更为积极的效果。这可能与各方案使用的具体措施及青少年的发展特点有关。年龄较小的儿童更愿意接受教师的权威，更能够执行学校的反欺负政策，但是他们掌握与应用各种社交策略的能力较年长的儿童要差。而年长儿童虽然掌握与应用各种社交策略的能力相对更强，但他们的独立性有所提高，对成人权威的尊重有所降低，因此对学校开展的、由教师主导的欺负干预活动也会持排斥态度，尤其是欺负者，更不会尊重学校的制度。

(2) 干预对象的性别。有研究表明干预方案对女孩产生了积极的效应，但对男孩却无效甚至产生了消极的影响，但也有研究显示相反的结果（Olweus，1991；Eslea，1998）。可能与方案采取的措施及关注点不一致有关。男孩主要采用直接欺负方式，而且欺负行为的发生率较高，干预方案可能会自觉不自觉地将重点放在男孩子身上，从而使对男孩的干预效果好于女孩，或者干预后，以前没有引起重视的间接欺负行为受到重视，从而使得女孩报告的欺负行为发生率升高。而有些干预方案可能采用同伴策略较多，注重提高儿童的社交技能，从而使女孩的关系欺负行为发生率降低，相对于女孩，男孩较难受到同伴影响，男孩的直接欺负行为更可能是攻击情绪的发泄或敌意与愤怒的表达，这也导致干预效果逊于女孩。

二、对学校整体干预方案的评价

学校整体干预方案在挪威、英国、日本、美国等国得到广泛应用，具体的研究方案也较多，但也有一些不足限制了它的应用。

（一）花费的财力物力较多

学校整体干预需要学校全体人员及家长的参与，需要对校园内的情况进行全面监控、设置课程、开展团体辅导与同伴干预、成立各种委员会等，这些均需要消耗大量的财力与物力，投入不足将会严重影响干预的效果。由于很多学校或教育主管部门难以提供资金支持与物质支持，从而限制了学校整个干预方案的推广与应用。

（二）难以解决校园以外的欺负行为问题

很多欺负行为并不是发生在学校，而是发生在上学与放学路上。学校整体干预的目的在于减少学校欺负行为的发生，促进学校安全、和谐的气氛形成，提高学生的社交技巧与解决问题及冲突的技巧。这些措施可能有效减少校内欺负行为的发生，但是欺负行为的发生原因除环境因素外，还可能有遗传或生物学因素，在学校被压抑的欺负冲动会不会在校外得到释放，或者学校形成的反欺负行为的气氛是否还能在校外起到保护作用，暂时没有得到实证研究的支持。

第二节 国内校园欺负行为的干预建议

中学生在学校的活动时间远远长于校园外的生活，欺负行为的主要发生场所也在校园内或在上学路上，受欺负者也多为本校学生，因此以学校为主要干预场所，建立多层次、全面的干预才能获得良好的效果。将欺负干预工作融入教学与学生管理工作，以培养积极健康的学生为依据进行整合干预。

一、以促进学生发展为校园欺负行为干预的目标

欺负行为是学生成长过程中的负性行为，会对卷入其中的个体产生很大的伤害，但欺负行为的干预不应以强制制止为目的，而应以促进学生发展为目标，在促进学生发展的过程中解决学校欺负问题。

（一）以促进学生幸福发展为教育目的

塞里格曼认为美德的力量是个体积极品质的核心，具有缓冲器的作用，能成为战胜心理疾病的有力武器。我们的调查也发现，欺负者的积极心理品质普遍比不欺负他人者低，表明积极心理品质的提高可能有利于减少欺负行为的发生。

受欺负者的思维与洞察力、爱学习、执着、真诚、宽容得分也低于未受欺负者，表明提高学生的积极心理品质也有减少学生受欺负的可能性，但也可能是因为受欺负影响了学生在这些积极心理品质上的发展，如受欺负者不再相信他人，自然也不敢真诚地面对他人。

研究也发现，受欺负会损害学生的心理健康，但欺负者的心理健康却很少受损，他们的心理健康状况比受欺负者要好。但未卷入欺负的学生的积极心理品质与心理健康水平都是最高的。

因此，我们在对校园欺负行为进行干预时，不仅要专注于减少欺负行为的发生以及降低欺负行为对学生心理健康的影响,更要将目的从维护学生的心理健康转移到培养学生的美德与积极心理品质、推进学生人生幸福发展上来。通过激发学生内在的善良、宽容与爱的品性,提高学生的自控能力与人际交往能力,提高学校生活满意度,这样,学生的欺负行为自然就会减少。

调查也发现,旁观者中充当受欺负者保护者角色的中学生,在积极心理品质六个维度及所有 17 项积极心理品质上的得分都最高,尤其是为受欺负者提供直接帮助,阻止欺负行为发生的中学生的部分积极心理品质比那些通过告诉老师来间接阻止欺负行为发生的中学生还要高。这表明,提高中学生的积极心理品质不仅可以直接减少欺负者的欺负行为,还可以促进旁观者转变为受欺负者保护者的角色,及时阻止欺负行为的发生,减少欺负行为对于受害者的伤害。由于欺负者欺负他人的动机之一是想通过欺负行为在同伴群体中获得高的社会地位(Salmivalli et al., 2013),尤其是男生。如果没有旁观者,或者旁观者都指责欺负行为,那么欺负者就会减少这类行为。

因此,校园欺负行为的干预要以促进学生幸福发展为主要目的,这样一是可以通过培养积极的思维与积极心理品质来促进旁观者从不利于阻止欺负行为的发生的角色向保护者角色转变,从而达到减少校园欺负行为的作用;二是可以通过提升欺负者的积极心理品质而减少欺负行为的发生,并找到被社会所接纳的方式提高自身的同伴地位而不是欺负他人;三是可以保护受欺负者,以减少其心理健康问题出现的可能性。

(二)丰富学校课外活动促进学生积极身份的发展

中学生人格发展的关键任务是发展自我同一性,并不是所有中学生的学业成绩都是令人满意的,也不是所有的中学生都能对自我表示满意。学校如果以学业成绩作为评价学生的唯一依据,那么绝大部分中学生都会体验到更多的挫折,从而导致更多欺负行为的发生。

学校需要采用多元评价体系,让学生在学业成绩以外找到自我兴趣、能力特长,从而获得一种积极的身份认同,如通过"我是校园十大歌手""我是足球队员""我是社团负责人"等自我标签效应,提升学生的自豪感。这样,学生们不需要通过欺负他人,而是通过展示自我的能力、特长与优势来获得同伴地位。

根据本能论与习性学的观点,人有死的本能,如果过分压抑则会给学生的身心健康带来不利影响。学生为了减少死的本能的压抑而采取欺负他人的方式以维持内心的平衡,因此,我们需要提供恰当的环境,丰富学生的课外活动,以便学生能以一种被社会所接纳的方式来宣泄自己情绪,减少死的本能导致的攻击性从而间接减少校园欺负行为的发生。学校可以通过举办运动会、才艺表演、读书活动，成立篮球队、足球队等各种体育团体、棋艺俱乐部、兴趣小组等方式，让中学生将死的本能的破坏性得以宣泄，直接减少学生的攻击性，也可以丰富学生的学校生活、培养学生的特长，通过标签效应帮助学生建立自信，提升其自尊心，从而减少欺负行为的发生。集体活动还可以培养学生的团队精神合作力与人际交往能力，提升中学生的友谊质量与同伴地位，从而间接达到减少校园欺负行为的目的。

（三）培养学生的媒介素养水平，维护网络安全

在信息化时代，互联网给学生的成长带来了一系列负面影响，但也带来了更多有利的作用，如网络学习，通过朋友圈打卡训练学生的坚持性，便捷地查阅资料等。因此，虽然会有网络欺负问题，但不应以堵为主要方式，如不要采用禁止学生携带手机进入学校、禁止上网等简单粗暴的方法，这些方法并不能减少网络欺负行为的发生，而且会影响师生关系与亲子关系，也不利于学生的学习与生活。应以引导为主，加强学生的媒介素养教育。

媒介素养就是指学生对媒介的了解以及媒介使用能力和媒介创作能力。由于国内中学阶段的课程教学任务本就繁重，开展媒介素养教育的师资、设备与教材等都非常匮乏，使得目前国内中学阶段很少有学校开设该课程。手机与互联网在飞速发展，信息无孔不入，学生在没有任何指导的情况下频繁使用互联网，从而导致手机依赖、网络成瘾事件层出不穷，而网络欺负仅仅只是其中并不算突出的一个问题。

通过将媒介素养教育融入信息科学、语文教育与品德课程，以提高学生的判断能力以及对媒介的认识。引导学生思考媒介与互联网的利弊，个人应怎样利用有利的方面而规避其不利之处，比如应用手机与互联网查阅资料、传输信息，为自己的学习生活提供便利。

但同时我们也需要培养学生的网络安全意识，学会保护自己的个人信息，不轻易相信网上的内容，也不要在网上随意传播不良信息。由于网络欺负中欺负者的隐匿性，很难对网络欺负进行监控，即使能监控，也可能牵涉法律问题。因此要教育学生保管好自己的网络信息，不要轻易加陌生人为朋友，安全上网，从而减少受欺负的可能性，还应教育学生如何识别网络欺负、如何保存网络受欺负的证据、如何向学校求助等，积极寻求他人的帮助。

二、建立全校的反欺负行为的工作机制

欺负行为的干预目的是通过促进学生发展而自然解决校园欺负问题，但也不一定就能杜绝欺负行为的发生，因此还需要有预防被害的思路，建立被害救助工作机制。

反欺负行为的干预需要有主管部门与工作机制,并建立完善的工作体系,才能保证在欺负行为发生时予以有效处置,因此需要成立学校、班级与个体三级校园欺负行为反干预机制。

学校层面要成立校园反欺负协会,制定欺负干预的基本原则,并且制定严格的规章制度保证工作的顺利进行。规章制度应该包括欺负行为的界定、反欺负行为所包括的范围、学生对欺负行为的态度以及处理方式,学生报告欺负行为的途径、对报告者的保护制度等。

(一) 明确定义欺负行为的界限

在欺负行为的界定中要明确欺负行为的定义,并严格与犯罪行为相区分,如敲诈勒索、收保护费、搜身、抢劫及将人打伤等行为已不再属于欺负行为,而是违法犯罪行为,会受到法律的制裁。同时也要明确,欺负行为不仅指在学校内发生的行为,还包括在校外发生的欺负行为,如上学与放学路上,同学们一起外出以及通信设备的使用等场合中发生的欺负行为。一旦在这些场合发生了欺负他人的行为,也会受到校内同类行为的惩罚。

(二) 制定完善的欺负行为报告制度

英国伦敦大学的斯密斯教授曾指出:"欺负是一场沉默的噩梦。"许多学生在受到欺负后往往保持沉默,独自承受这种屈辱和痛苦,他们的身心健康受到很大危害。国内研究也发现初中生受欺负后,只有不到三分之一的人会选择报告给父母与教师,而告诉同学或朋友的比例是 63.4%(张文新,2006)。因此,学校层面要采取措施,要求学校所有成员,包括教职员工、学生及家长报告欺负行为,以便学校能及时、恰当地去制止、调查和纠正欺负行为。

要确定学生在发现欺负行为事件时,学生可以将这一事件报告给教师或者学校的工作人员,再由这些人报告班主任、学生管理或德育科的教师;或者直接将这一事件报告给学校学生管理的行政部门。要明确学校所有教职员工都是第一责任人,如果遇到事情,应该马上通知相关人员进行处理而不能因为不是自己部门或自己的事情而不管。

(三) 制定完善的报告人保护机制和隐私保密机制

国内学校在保护报告人方面存在空白。因为怕被报复,当事人和目击者不会主动去报告,因此,欺负行为会越来越严重,给学生的身心健康造成了巨大的伤害。同时,保密意识不强也是目前我国学校普遍存在的问题。本次调查显示,家庭生活与学校生活更满意,来自城镇、担任学生干部的学生更愿意报告老师,原因在于他们较其他同学更有信心,不会因为帮助他人而让自己成为受欺负的对象。因此,只有学校能有效保证报告人的安全,学生才能主动去帮助他人。

学校要建立完善的报告人保护机制和隐私保密机制,为学校的学生、教师和其他成年人提供匿名、机密的机制,确保学校收集的信息更全面,能够以一种更为专业的和周密的方式去处理和纠正欺负行为。学校要保证所有报告的欺负行为均能得到专业的调查与处置,而不是不了了之,以提高学生的参与度。学校同时也要明确,要对这些报告的人的信息保密,如果有人报复则会给予纪律处分,包括对被报复者进行赔偿,义务做一定量的学校工作,直至叫家长协同处理与停课处罚等。为了防止有人污蔑他人,也需要建立相应的处罚机制,以防止个别学生借此打击报复他人。

(四)加强对学校所有成员的培训

全校教职员工都是校园安全中的"保护神",尤其是教师作为直接接触学生、直接接触学生欺负行为最多的成人,他们的干预水平直接决定着学校反欺负行为的效果。因此,学校需要对教师进行职前和在职培训,以使其理解自己在反欺负计划中扮演的角色以及自身行为的重要性(陈婷婷,2007),知道预防以及干预欺负行为的策略和方法。

但是很多欺负行为可能发生在教室外、校园外的上下学途中,或网络中,因此,学生的参与就非常重要。学校要在学生一进校时就进行校园反欺负行为教育,如明确告知学校反欺负行为的方案、内容以及学生的义务。比如发现欺负行为,每位学生都应该去报告给学校工作人员,不能旁观助长欺负者的气势,更不能协助欺负者欺负他人,有能力的情况下可以为受欺负者提供哪些恰当的帮助,学生如果欺负他人会受哪些处罚以及事情处理程序等。

学校在新生入学时也应该开展家长培训,帮助家长及时了解孩子在学校参与欺负行为的情况,以及如果从孩子处了解到班上其他孩子受欺负的情况要如何报告给学校。尤其是要了解学生在上一级学校参与欺负行为的情况,有针对性地对家长进行应对策略培训。

三、研究反欺负行为的融入式教育模式

(一)心理健康教育、德育与班主任工作融合,合力培养学生的积极心理品质

学校心理健康教育与德育是培养学生道德品质与积极心理品质的主要途径,而班主任工作也是学生心理发展的重要阵地。德育课、心理健康教育与班会课三者要打通,合力备课与研讨,探讨如何在各自的课程中进行分工合作,着重培养学生的积极心理品质,以达到自然减少欺负行为发生的目的。

班会课要加强对欺负行为的教育,如开展欺负行为主题班会,创设欺负情景等,让欺负者亲身体验受欺负者的痛苦等,从而减少欺负行为的发生。

班主任也可以与同学们一起签订对欺负行为零容忍的条约,让欺负者明白欺负行为的后果,如欺负同学一次要受到哪些处罚,比如罚做值日一周等。并与同学们商讨如何才能更有效地保护受欺负者,帮助所有同学掌握保护受欺负者的方法。

(二)信息教育课程要加强学生信息使用能力的培养

信息教育课程不只是教会孩子一些信息技术,更重要的是培养孩子如何正确使用信息技术以改善自我学习与生活的能力。要采用启发式教学,推动学生学会反思信息技术给社会带来的利弊,以及规避不利的方面。帮助学生分析与信息技术有关的社会问题,如手机依赖、网络成瘾、网络诈骗、网络欺负行为等,思考如何辨别网络信息的真伪,如何保护自我信息的安全,以及应该建设怎样的网络使用伦理原则,从而有效减少网络欺负行为的发生。

(三)体育、艺术课程应发挥育人作用

体育、艺术与综合实践活动均具有陶冶情操、促进学生心理健康发展的重要作用,而不是单纯的术科课程。音乐美术作品的欣赏和创作过程都可以培养学生欣赏美的能力,培养学生超越的心理品质,而且学生在创作与欣赏的过程中,还可以表达自我潜意识中的冲突,对心理创伤具有疗愈的作用。

体育不仅可以强健学生的体魄,更能起到释放压力、减弱攻击本能的作用,直接减少攻击行为的发生。对于受欺负者来说,体育活动可以让自己变得更强壮,成为受欺负者的可能性也会降低。体育运动中的团体竞技运动强调团队配合的能力,需要成员具有团队精神以及高超的交流能力,这些都有助于减少欺负/受欺负的可能性。

四、加强对受欺负者的支持与保护

调查显示受欺负者在各项心理健康指标上的表现均显著较其他学生要差,他们的心理健康问题不容忽视。因此,学校要加大对受欺负者的支持与保护,以减少受欺负带来的身心伤害,促进创伤后成长。

(一)改善受欺负者的友谊质量

本次调查显示,友谊质量是决定学生在受到欺负时能否获得帮助的重要因素,调查显示,中学生中仅有19.6%的学生会在同学受欺负时提供帮助,但几乎92%的人在好朋友受欺负时会伸出援手。前人研究也发现,同伴拒绝率越高的学生越容易受欺负,而受到欺负又会增加其被拒绝的概率,以致形成恶性循环。

因此,学校要积极关注那些被同学讨厌、排斥或是受到欺负的学生,及时预防他们受到欺负,帮助他们改善同伴关系以及干预其再次受到欺负。例如,可为这些学生专门进行社会交往技能训练。社会技能训练包括:学习有关交往的新原则和概念，将原则和概念转化为可操作的特殊行为技能，在同伴交往活动中树立新的目标，促使已获得的行为的保持和在新情景中的强化，增强与同伴成功交往的信心。

在欺负行为发生之后，最重要的不是如何有效地去惩罚欺负者，而是应该将更多的关注与时间放在如何引导受欺负者不再受欺负，除了改善其同伴关系、促进其社会性发展之外，还应该为受欺负者提供情感支持，要让其明白受到欺负不是他的错，要懂得积极向老师和家长求助，这也就要求学校、家庭营造良好的反欺负氛围。

（二）帮助受欺负者家庭构建良好的反欺负氛围

现有研究发现，良好的家庭反欺负氛围对那些学习成绩或同伴地位不理想的学生有一定的保护作用，并对学生的传统欺负具有一定的控制作用。家长应积极主动地与孩子谈论欺负行为话题、了解其欺负行为情况，及时预防、干预其欺负行为。

家长要尊重孩子、与孩子建立相互信任的关系。例如，孩子放学回家后应当问孩子今天在学校是否开心，而不是考了多少分；和孩子分享自己一天的经历与感受，并鼓励孩子做同样的分享等。

家长若发现孩子受同学排挤或受他人欺负，应当及时采取措施。首先，安抚孩子，积极倾听其内心真实感受，允许孩子发泄内心的委屈，此时可以拥抱孩子，明确告诉孩子受到排挤或欺负不是他的错，千万不能调侃、嘲笑或怪罪孩子没出息。其次，教孩子一些为人处世之道，鼓励孩子多交朋友，在受欺负时大胆拒绝，并及时向同学、老师和家长寻求帮助。最后，经常与老师联系交流，假期时可以协助孩子邀请同伴及父母来家里做客。

（三）加强对受欺负者的心理支持

受欺负的经历会给学生带来很多心理健康问题，因此要对受欺负者进行心理健康方面的监测，及时发现心理健康问题以便及时进行辅导与咨询。

为了弥补学校心理健康教育资源的不足，我们要多采用团体心理辅导的方式，如受欺负者团体心理辅导、人际交往团体、欺负/受欺负者与旁观者团体心理辅导等。

参考文献

中文文献

1. 蔡春凤,周宗奎,2009. 童年中期儿童受欺负地位稳定性与社会能力的关系[J]. 心理发展与教育,2:21-27.
2. 曹薇,罗杰,2013. 流动儿童校园欺负行为、父母教养方式与心理健康的关系研究[J]. 贵州师范大学学报(自然科学版),31(3):24-29.
3. 陈世平,乐国安,1999. 国外关于学校情境中欺负行为的研究进展[J]. 天津师范大学学报,4:32-38.
4. 陈世平,乐国安,2002. 中小学生校园欺负行为的调查研究[J]. 心理科学,25(3):355-356.
5. 陈光辉,2010. 中小学生欺负/受欺负的本土化内涵、基本特点及其与同伴背景的关系[D]. 济南:山东师范大学.
6. 陈光辉,2014. 跨文化心理现象的词源学考证:以欺负现象为例[J]. 华东师范大学学报(教育科学版),3:93-98.
7. 陈桂敏,2013. 澳门青少年网络欺凌状况研究[D]. 武汉:华中科技大学.
8. 董奇,林崇德,2011. 当代中国儿童青少年心理发育特征:中国儿童青少年心理发育特征调查项目总报告[M]. 北京:科学出版社.
9. 杜红梅,冯维,2005. 移情与后果认知训练对儿童欺负行为影响的实验研究[J]. 心理发展与教育,2:80-86.
10. 范翠英,张孟,何丹,2017. 父母控制对初中生网络欺负的影响:道德推脱的中介作用[J]. 中国临床心理学杂志,25(3):516-523.
11. 伏干,刘强,2009. 儿童在欺负行为事件中的行为反应[J]. 学前教育研究,

179 (11): 37—42.

12. 甘秀英, 阳作香, 李会霞, 2018. 高中生积极心理品质与主观幸福感的关系研究 [J]. 中国特殊教育, 217 (7): 92—96.

13. 盖笑松, 2013. 大学生积极发展问卷的编制 [J]. 心理与行为研究, 11 (11): 786—791.

14. 高雯, 陈会昌, 2008. 攻击行为社会信息加工模型与道德领域理论的整合 [J]. 心理科学进展, 16 (1): 91—97.

15. 高秋凤, 李晓东, 2012. 中小学生对欺负行为的理解 [J]. 中国临床心理学杂志, 20 (1): 93—95.

16. 高永金, 张瑜, 傅纳, 2017. 初中生积极心理品质发展现状调查 [J]. 中国特殊教育, 207 (9): 89—95.

17. 何丹, 2018. 父母情感温暖对青少年网络欺负的影响: 序列中介效应 [J]. 中小学心理健康教育, 351 (4): 18—22.

18. 黄晓琦, 周家秀, 郭兰婷, 2015. 小学生欺负事件及其对心理状况的影响 [J]. 中国心理卫生杂志, 19 (10): 676—678.

19. 黄艳苹, 李玲, 2009. 用症状自评量表 (SCL—90) 评估中国大学生心理健康状况的 Meta 分析 [J]. 中国心理卫生杂志, 23 (5): 366—371.

20. 胡芳, 马迎华, 胡利明, 等, 2010. 初中生主观幸福感与家庭功能的关系 [J]. 北京大学学报 (医学版), 42 (3): 323—329.

21. 胡芳, 马迎华, 庄丽丽, 等, 2011. 中学生主观幸福感及其影响因素分析 [J]. 中国学校卫生, 32 (5): 576—583.

22. 胡阳, 范翠英, 张凤娟, 等, 2014. 青少年网络受欺负与抑郁: 压力感与网络社会支持的作用 [J]. 心理发展与教育, 30 (2): 177—184.

23. 胡阳, 范翠英, 张凤娟, 等, 2013. 初中生不同网络欺负角色行为的特点及与抑郁的关系 [J]. 中国心理卫生杂志, 27 (12): 913—917.

24. 克里斯蒂娜·德尔·巴里, 埃伦娜·马丁伊格纳西奥·蒙特罗, 伊莎贝尔·弗那德, 等, 2009. 西班牙中学校园欺负监测研究报告 [J]. 中国青年研究, 8: 20—24.

25. 雷雳, 李征, 谢笑春, 等, 2015. 青少年线下攻击与网络欺负的关系: 交叉滞后检验 [J]. 苏州大学学报 (教育科学版), 3: 92—101.

26. 黎亚军, 2015. 青少年网络受欺负与传统受欺负的共发性 [J]. 中国临床心理学杂志, 23 (2): 346—349.

27. 李雷雷, 王宏, 汪洋, 2009. 重庆市中学生生活满意度与应对方式的关系 [J]. 第四军医大学学报, 30 (21): 2450—2453.

28. 李军兰, 2017. 中学生认知风格与积极心理品质的关系研究 [J]. 教学与管理, 5: 21—23.

29. 李晓东, 高秋凤, 2007. 中小学教师对欺负的界定及对三种欺负类型的认知 [J]. 心理与行为研究, 5 (3): 166—170.

30. 李梦娜，史慧静，张喆，2015. 班级氛围对随迁子女校园欺负行为的影响［J］. 中国学校卫生，36（2）：194-197.

31. 李晓东，高秋凤，2012. 中小学生对欺负行为的理解［J］. 中国临床心理学杂志，20（1）：93-95.

32. 李亚真，桑标，2017. 不同攻击/受欺负类别儿童的移情过程比较［J］. 杭州师范大学学报（自然科学版），16（2）：142-147.

33. 李一凡，2015. 高中生网络欺负行为与自尊、抑郁的关系［D］. 武汉：华中师范大学.

34. 刘小群，陈贵，杨新华，等，2015. 社会支持在初中生受欺负与自杀意念间的调节作用［J］. 中国学校卫生，36（9）：1410-1412.

35. 刘小群，卢大力，周丽华，等，2013. 初中生欺负、受欺负行为与抑郁、自杀意念的关系［J］. 中国临床心理学杂志，21（1）：85-87.

36. 刘雯雯，2012. 维、汉中学生内疚、自尊对欺负行为的影响及干预研究［D］. 兰州：西北师范大学.

37. 刘丽琼，朱海研，熊晓，等，2013. 初中生欺负行为及其与自尊关系分析［J］. 中国学校卫生，34（7）：878-879.

38. 刘丽琼，肖锋，饶知航，等，2012. 中学生网络欺负行为发生特点分析［J］. 中国学校卫生，33（8）：942-944.

39. 刘丽琼，肖少北，2010. 国外校园欺负行为的学校整体干预方案述评［J］. 外国中小学教育，3：50-59.

40. 刘丽琼，2011. 欺负及受欺负小学生同伴关系分析［J］. 中国学校卫生，32（11）：1314-1318.

41. 刘在花，2010. 高中生积极心理品质培养研究［J］. 中国特殊教育，125（11）：35-39.

42. 刘亨荣，郑红，孙苗苗，2014. 中学生学习焦虑与学业成绩及心理健康的关系［J］. 现代中小学教育，3：88-91.

42. 林琳，刘伟佳，刘伟，等，2015. 广州市 2008 与 2013 年大中学生心理健康状况比较［J］. 中国学校卫生，36（8）：1199-1204.

42. 孟万金，张冲，Richard Wagner，2014. 中国小学生积极心理品质测评量表研发报告［J］. 中国特殊教育，10：62-66.

43. 孟万金，张冲，Richard Wagner，2016. 中国中学生积极心理品质测评量表研发报告［J］. 中国特殊教育，2：69-73.

44. 潘丝媛，李武权，黎明，等，2018. 广州市中学生网络成瘾与自杀相关行为的关系［J］. 中国学校卫生，39（2）：229-231.

45. 皮忠玲，江叶萍，夏丽荣，等，2013. 大学生欺负行为现状及其与移情的关系［J］. 中国学校卫生，34（10）：1200-1202.

46. 任萍，张云运，周艳云，2018. 校园欺负中的积极参与角色：保护者［J］. 心理科学进展, 26 (1): 98-106.

47. 宋娴, 2008. 高中生网络欺负行为及其干预模式探究: 以上海市宝山区三所中学为例 [D]. 上海: 华东师范大学.

48. 史慧静, 张喆, 夏志娟, 等, 2015. 大学生既往校园欺负行为与心理健康现况的关联 [J]. 中国学校卫生, 36 (2): 186-189.

49. 孙经, 何健, 张丁, 等, 2015. 河南省住校与非住校中学生心理健康状况比较 [J]. 中国学校卫生, 36 (3): 381-383.

49. 谭千保, 曾苗, 2007. 548名中学生的班级环境和生活满意度 [J]. 中国心理卫生杂志, 21 (8), 544-547.

50. 陶龙翔, 张倩, 杜松明, 等, 2015. 北京、上海和广州中学生心理健康状况调查分析 [J]. 卫生研究, 57 (1): 57-63.

50. 田朋朋, 刘旺, GiLma R, 2003. 国外青少年生活满意度研究概况 [J]. 中国心理卫生杂志, 17 (12): 814-816.

51. 田雨馨, 周宵, 伍新春, 等, 2016. 创伤后应激障碍对创伤后成长的影响: 情绪调节策略的调节作用 [J]. 中国临床心理学杂志, 24 (3): 480-483.

52. 王钢, 张大均, 梁丽, 2008. 中学生主观幸福感的发展特点及其与学业自我的关系 [J]. 中国特殊教育, 101 (11): 90-95.

53. 王宏, 李建桥, 吴瑞, 等, 2013. 重庆某库区县留守中学生生活满意度及影响因素分析 [J]. 中国学校卫生, 34 (11): 1336-1338.

54. 王海涛, 王宇, 董玉雪, 2013. 受欺负学生的心理韧性与学业水平的关系研究 [J]. 教育学报, 13 (6): 77-82.

55. 王建发, 刘娟, 王芳, 2018. 线下受害者到线上欺负者的转化: 道德推脱的中介作用及高自尊对此效应的加强 [J]. 心理学探新, 38 (5): 469-474.

56. 王极盛, 丁新华, 2003. 初中生主观幸福感与应对方式的关系研究 [J]. 中国公共卫生, 19 (10): 1181-1182.

57. 王丽萍, 2012. 同伴关系在中小学欺负问题与自尊及心理健康间的中介效应 [J]. 中国特殊教育, 147 (9): 71-76.

58. 王孟成, 2014. 潜变量建模与MPLIUS应用 (基础篇) [M]. 重庆: 重庆大学出版社.

59. 王鑫强, 张大均, 2012. 初中生生活满意度的发展趋势及心理韧性的影响: 2年追踪研究 [J]. 心理发展与教育, 1: 91-98.

60. 王燕, 葛爱荣, 2019. 中学生积极心理品质的现状调查研究 [J]. 河南教育学院学报 (自然科学版), 28 (2): 46-48.

61. 卫萍, 2013. 中小学生积极心理品质的调查分析与教育对策 [J]. 中国特殊教育, 162 (12): 92-96.

62. 毋瑞朋, 卢次勇, 李鹏声, 等, 2018. 山西省中学校园欺负行为现状及影响因素调查 [J]. 中国公共卫生, 34 (3): 313-317.

63. 夏雨欣,汪倩倩,范翠英,2018. 网络受欺负和自尊感的关系:一个有调节的中介模型[C]. 第二十一届全国心理学学术会议.

64. 谢笑春,李征,雷雳,等,2015. 青少年网络欺负的类型转换:一项跨文化追踪研究[C]. 第十八届全国心理学学术会议.

65. 谢家树,谢璐,ChunyanYang,等,2016. 中美青少年校园欺负受害问题的比较研究[J]. 中国临床心理学杂志,24(4):706-709,683.

66. 肖少北,刘丽琼,朱铭,等,2011. 欺负及受欺负小学生同伴关系分析[J]. 中国学校卫生,32(11):1314-1315,1318.

67. 杨继平,杨力,王兴超,2014. 移情、道德推脱对初中生网络过激行为的影响[J]. 山西大学学报(哲学社会科学版),37(4):122-128.

68. 杨进,周建立,2007. 中学生生活满意度调查研究[J]. 教育研究与实验,2:56-59.

69. 张冲,2010. 初中生积极心理品质培养研究[J]. 中国特殊教育,125(11):29-34,69.

70. 张红英,李新影,王宇哀,2016. 积极心理品质对青少年抑郁症状的影响及性别和年龄的调节作用研究[J]. 中国全科医学,19(1):115-122.

71. 张喆,史慧静,王群,等,2015. 中文语境下城市中小学生校园欺负行为的定性研究[J]. 中国学校卫生,36(2):182-185.

72. 张文新,谷传华,王美萍,等,2000. 中小学生欺负问题中的性别差异的研究[J]. 心理科学,23(4):435-439,511.

73. 张文新,武建芬,1999. Olweus儿童欺负问卷中文版的修订[J]. 心理发展与教育,2:7-11,37.

74. 张文新,2002. 中小学生欺负/受欺负的普遍性与基本特点[J]. 心理学报,34(4):387-394.

75. 张文新,王益文,鞠玉翠,等,2001. 儿童欺负行为的类型及其相关因素[J]. 心理发展与教育,16(7):12-17.

76. 张文新,2016. 学校中的欺负问题——我们所知道的一些基本事实[J]. 山东师范大学学报(人文社会科学版),176(3):3-12.

77. 张兴慧,李放,项紫霓,等,2014. 儿童青少年校园受欺负潜在类别及与焦虑的关系[J]. 中国临床心理学杂志,22(4):631-634.

78. 张彩,柯李,张兴慧,等,2016. 家庭社会经济地位处境不利初中生校园受欺负潜在类别及其与情绪适应的关系[J]. 中国心理卫生杂志,30(9):694-699.

79. 张文娟,马晓春,2016. 青少年早期欺负参与角色的基本特点及其与同伴网络的关系[J]. 教育科学研究,2:38-43.

80. 张婷婷,康丽颖,2017. 校园欺负行为干预研究的新视角[J]. 中国特殊教育,85(7):89-93.

81. 张蠡,常树丽,2016. 深圳市宝安区初中生受欺负现状及原因分析[J]. 现代预防医学, 43 (7): 1210-1212.

82. 赵莉, 雷雳, 2003. 关于校内欺负行为中受欺负者研究的述评 [J]. 心理科学进展, 11 (6): 668-674.

83. 赵红霞, 孙昭, 2015. 初中生欺负参与者角色与同伴地位学业成绩的关系 [J]. 中国学校卫生, 36 (9), 1405-1407.

84. 植凤英, 杨旭宗, 尹彩云, 2018. 家庭教养方式与初中生网络欺负的关系: 抑郁情绪的中介作用 [J]. 贵州师范大学学报 (自然科学版), 36 (6): 111-115.

85. 种媛, 杨俊龙, 夏小燕, 2007. 少数民族中学生生活满意度的跨文化研究 [J]. 民族教育研究, 18 (3), 99-104.

86. 周海咏, 丁云霞, 郑希付, 2003. 关于欺负类儿童自我概念的研究 [J]. 心理学探新, 85 (23): 59-62.

87. 周宵, 伍新春, 曾旻, 等, 2016. 青少年的情绪调节策略对创伤后应激障碍和创伤后成长的影响: 社会支持的调节作用 [J]. 心理学报, 48 (8): 969-980.

88. 钟云辉, 赖水秀, 唐宏, 2015. 初中生反刍思维在网络受欺负与抑郁之间的中介效应 [J]. 中国卫生事业管理, 322 (4): 301-302, 319.

89. 朱皕, 雷雳, 2005. 中学生受欺负状况与心理控制感的关系 [J]. 心理发展与教育, 21 (1): 91-95.

90. 朱晓伟, 范翠英, 刘庆奇, 2018. 校园受欺负对儿童幸福感的影响: 心理韧性的作用 [J]. 中国临床心理学杂志, 26 (2): 396-400.

91. 褚晓伟, 范翠英, 柴唤友, 等, 2016. 初中生受欺负与社交焦虑: 社会自我效能感的中介作用 [J]. 中国临床心理学杂志, 24 (6): 1051-1054.

英文文献

1. Abitail Mc. Namee&Mia Mercurio, 2008. School-wide intervention in the childhood bullying triangle [J]. Childhood Education, 84 (6): 370-375.

2. Arora, C. M. J. & Thompson, D. A, 1987. My Life in School Checklist. [M] //S. Sharp, 1999. Bullying Behaviour in Schools. Windsor, Berkshire: NFER-NELSON.

3. Arseneault L, Milne BJ, Taylor A, et al, 2008. Being bullied as an environmentally mediated contributing factor to children's internalizing problems: a study of twins discordant for victimization [J]. Archives of Pediatrics and Adolescent Medicine, 162 (2): 145-150.

4. Austin, S, & Joseph, S, 1996. Assessment of bully/victim problems in 8-11 year olds [J]. British Journal of Educational Psychology, 66 (4): 447-456.

5. Baldry, A. C. &Farrington, D. P, 2004. Evaluation of an Intervention Program for the Reduction of Bullying and Victimization in Schools [J]. Aggressive Behavior,

30：1—15.

6. Beran, T, &. Li, Q, 2005. Cyber—harassment：A study of a new method for an old behavior [J]. Journal of Educational Computing Research，32（3）：265—277.

7. Bosson JK, Swann WB, Pennebaker JW, 2000. Stalking the perfect measure of implicit self—steem：The blind men and elephant revisited [J] Journal of Personality and Social Psychology, 79（4）：631—643.

8. Bond L, Wolfe S, Tollit M, Butler H&. Patton G, 2007. A comparison of the Gatehouse Bullying Scale and the Peer Relations Questionnaire for students in secondary school [J]. Journal of School Health, 77（2）：75—79.

9. Bosworth K, Espelage D. L &. Simon T. R, 1999. Factors associated with bullying behavior in middle school students [J]. Journal of Early Adolescence, 19（3）：341—362.

10. Boulton M. J, Trueman M, Chau C, Whitehand C&.Amatya K, 1999. Concurrent and longitudinal links between friendship and peer victimization：Implications for befriending interventions [J]. Journal of Adolescence, 22（4）：461 — 466.

11. Chan J. H. F, Myron R. R, &. Crawshaw C. M, 2005. The efficacy of non—anonymous measures of bullying [J]. School Psychology International, 26（4）：443—458.

12. Crick N. R, &.Grotpeter J. K, 1995. Relational aggression, gender, and social psychological adjustment [J]. Child Development, 66：710—722.

13. Dahlberg L. L, Toal S. B, Swahn M, &.Behrens C. B, 2005. Measuring violence—related attitudes, behaviors, and influences among youths：A compendium of assessment tools（2nd ed）[M]. Atlanta GA：Centers for Disease Control and Prevention, National Center for Injury Prevention and Control.

14. Dawn Newman—Carlson&.Arthur. M. Horne, 2004. Bully busters：A psychoeducational intervention for reducing bullying behavior in middle school students [J]. Journal of Counseling and Development, 82（3）：259—267.

15. Derek. G. , Nettaet. C. , Gerry G. &.Michael, 1998. The introduction of anti—bullying policies：Do policies help in the management of change？ [J]. School leadership&.management, 18（1）. 89—105

16. Dodge K A, Rabiner D L, 2004. Returning to roots：On social information processing and moral development [J]. Child Development, 75（4）：1003—1008.

17. Dodge K A, Coie J D, Lynam D, 2006. Aggression and antisocial behavior in youth [M] //Damon W, Lerner R M（Series Ed.）&. Eisenberg N（Vol. Ed.）. Handbook of child psychology, Vol. 3：Social, emotional, and personality development（6th ed）. New York：John Wiley, 759—765.

18. Dodge K A, 1980. Social cognition and children's aggressive behavior [J]. Child Development, 51（1）：162—170.

19. Dupper. D. R, 2002. School social work: skills and interventions for effective practice [M]. Hoboken, NJ: John Wiley &sons, Inc.

20. Eisenberg M. E. , Neumark-Sztainer D. , & Perry C. L, 2003. Peer harassment, school connectedness, and academic achievement [J]. Journal of School Health, 73 (8): 311-316.

21. Eslea M. &Smith PK, 1998. The long term effectiveness of anti-bullying work in primary schools [J]. Educational research, 40 (2): 203-218.

22. Espelage D. L. , & Holt M, 2001. Bullying and victimization during early adolescence: Peer influences and psychosocial correlates [J]. Journal of Emotional Abuse, 2 (1): 123-142.

23. Gottheil, N. F. , &Dubow, E. F, 2000. The interrelationships of behavioral indices of bully and victim behavior [A]. 108th Annual Convention of the American Psychological Association in Washington, D. C. , 1-13.

24. Gottheil, N. F. , &Dubow, E. F, 2001. Tripartite beliefs model of bully and victim behavior [J]. Journal of Emotional Abuse, 2 (3) : 25-47.

25. Headey B, 2010. The set point theory of well-being has serious flaws: on the eve of a scientific revolution? [J]. Social Indicators Research, 97 (1): 7-21.

26. Herman KC, Reinke WM, Parkin J, et al, 2009. Childhood depression: Rethinking the role of the school [J]. Psychology in the Schools, 46 (5): 433-446.

27. Hinduja, S. , &Patchin, J. W, 2009. Bullying beyond the schoolyard: Preventing and responding to cyberbullying [M]. Thousand Oaks, CA: Corwin Press.

28. Holden C, 2000. Global survey examines impact of depression [J]. Science, 288 (5463): 39-40.

29. Justin W. Patchin, 2017. Millions of students skip school each year because of bullying [EB/OL]. http://cyberbullying.org/millions-students-skip-school-year-bullying, 4.

30. Jenkins L. N. , Demaray M. K. , Fredrick S. S. , & Summers K. H, 2014. Associations among middle school students' bullying roles and social skills [J]. Journal of School Violence, 15 (3): 1-20.

31. Jenkins L. N. , & Nickerson A. B, 2016. Bullying participant roles and gender as predictors of bystander intervention [J]. Aggressive Behavior, 43 (3): 281-290.

32. Whitted K. S. &Dupper D. R. , 2005. Best practices for preventing or reducing bullying in school [J]. Children&schools, 27 (3): 167-175.

33. Lihnou K. , &Antonopoulou E, 2016. Pupils' participant roles in bullying situations and their relation to perceptions of empathy and self-efficacy [J]. Preschool and Primary Education, 4 (2): 291-304.

34. Lykken D. , &Tellehen A, 1996. Happiness is a Stochastic phenomenon [J].

Psychological Science, 7 (3): 186—189.

35. Murray S. L, Holmes J. G., Griffin D. W., 2000. Self—esteem and the quest for felt security: How perceived regard regulates attachment process [J]. Journal of personality and social psychology, 78 (3): 478—498.

36. Mynard H. &Joseph S, 2000. Development of the Multidimensional Peer—Victimization Scale [J]. Aggressive Behavior, 26 (10): 169—178.

37. Nadel H., Spellmann M., Alvarez—Canino T., Lausell—Bryant L. &. Landsberg G, 1996. The cycle of violence and victimization: A study of the school—based intervention of a multidisciplinary youth violence—prevention program [J]. American Journal of Preventive Medicine, 12 (5): 109—119.

38. Nickerson A. B., Mele D. &Princiotta D, 2008. Attachment and empathy as predictors of roles as defenders or outsiders in bullying interactions [J]. Journal of School Psychology, 46 (6): 687—703.

39. Norris M Haynes, Christine Emmons, Michael Ben—Avie M, 1997. School climate as a factor in student a adjustment and achievement [J]. Journal of Educational and Psychological Consultation, 8 (3): 321—329.

40. Nylund K, Bellmore A, Nishina A, et al, 2007. Subtypes, severity, and structural stability of peer victimization: What does latent class analysis say? [J]. Child Development, 78 (6): 1706—1722.

41. Olweus D, 1991. Bully/victim problems among school children : basic fact sand effects of a school based intervention program [M] //Pepler D, Rubin, K, editors. The development and treatment of childhood aggression. Hillsdale, NJ: Lawrence Erlbaum Associates.

42. Olweus D, 1993. Bullying at Schools: What We Know and What We Can DO [M]. Oxford: Blackwell.

43. Olweus D, Limber S&Mihalie S. E, 1999. Blueprints for violence prevention, book nine: Bullying prevention program [M]. Boulder, CO: Center for the Study and Prevention of Violence.

44. Olweus D, 1986. The Olweus Bully/Victim Questionnaire [M]. Bergen, Norway: University of Bergen.

45. Olweus D, 1996. The Revised Olweus Bully/Victim Questionnaire [M]. Bergen, Norway: Research Center for Health Promotion (HEMIL Center), University of Bergen.

46. Orpinas P. &Frankowski R, 2001. The Aggression Scale: A self—report measure of aggressive behavior for young adolescents [J]. Journal of Early Adolescence, 21: 50—67.

47. Orpinas P., Horne A. M. &Staniszewski D, 2003. School bullying: Changing

the problem by changing the school [J]. Psychology Review, 32 (3): 431—444.

48. Orpinas P, 1993. Skills training and social influences for violence prevention in middle schools: A curriculum evaluation [M]. Houston, TX: University of Texas Health Science Center.

49. Orpinas P. & Horne A. M, 2006. Bullying prevention: Creating a positive school climate and developing social competence [M]. Washington, DC: American Psychological Association.

50. Parada, R. H, 2000. Adolescent Peer Relations Instrument: A theoretical and empirical basis for the measurement of participant roles in bullying and victimization of adolescence: An interim test manual and a research monograph: A test manual [M]. Penrith South, DC, Australia: Publication Unit, Self—concept Enhancement and Learning Facilitation (SELF) Research Centre, University of Western Sydney.

51. Österman K. , Björkqvist K. , Lagerspetz K. M. J. , Landau S. F. , Fraczek A. &Pastorelli C, 1997. Sex differences in styles of conflict resolution: Adevelopmental and cross—cultural study with data from Finland, Israel, Italy, and Poland [M] //Fry D. P. &Bjorkqvist K. , eds. Cultural variation in conflict resolution: Alternatives to violence , 185—197.

52. Osworth K. , Espelage D. L. & Simon T. R, 1999. Factors associated with bullying behavior in middle school students [J]. Journal of Early Adolescence, 19 (3): 341—362.

53. Owens L, Shute R, Slee P, 2000. "Guess what I just heard!": Indirect aggression among teenage girls in Australia [J]. Aggressive Behavior, 26 (1): 67—83.

54. Perry D. G. , Kusel S. J. & Perry L. C, 1988. Victims of peer aggression [J]. Developmental Psychology, 24 (6): 807—814.

55. Peskin MF, Tortolero SR, Markham CM, 2006. Bullying and victimization among Black and Hispanic adolescents [J]. Adolescence, 41 (163): 467—484.

56. Renda J, Vassallo S, Edward S. B, 2011. Bullying in early adolescence and its association with anti—social behaviour, criminality and violence 6 and 10 years later [J]. Criminal Behaviour and Mental Health, 21 (2) : 117—127.

57. Rigby K, 1995. What schools can do about bullying [J]. Professional Reading Guide for Education Adminasrators, 17 (1): 1—5.

58. Robin M, Kowalski R. P. &Limber S. P, 2007. Electronic Bullying Among Middle School Students [J]. Journal of Adolescent Health, 41 (6) : 22—30.

59. Salmivalli C, 1999. Participant role approach to school bullying : Implications for interventions [J]. Journal of Adolescence, 22 (4): 453—459.

60. Salmivalli C&Voeten M, 2004. Connections between attitudes, group norms, and behaviors associated with bullying in schools [J]. International Journal of Behavioral

Development, 28 (3): 246-258.

61. Salmivalli C, Poskiparta E, Ahtola A & Haataja A, 2013. The implementation and effectiveness of the KiVa antibullying program in Finland [J]. European Psychologist, 18 (2): 79-88.

62. Schäfer M, Korn S, Smith P. K., Hunter S. C., Mora-Merchán J. A., Singer M. M., et al, 2004. Lonely in the crowd: Recollections of bullying [J]. British Journal of Developmental Psychology, 22 (3): 379-394.

63. Simon J. B., Nail P. R., Swindle T., Bihm E. M. &Joshi K, 2017. Defensive egotism and self-esteem: A cross-cultural examination of the dynamics of bullying in middle school [J]. Self and Identity, 16 (3), 270-297.

64. Slonje R, Smith PK, Frisen A, 2012. Processes of cyberbullying, and feelings of remorse by bullies: a pilot study [J]. European Journal of Developmental psychology, 9 (2): 244-259.

65. Smith J. D, Cousing J&Stewart R, 2005. Anti-bullying interventions in schools: ingredients of effective programs [J]. Canadian journal of education, 28 (4): 739-762.

66. Smith J. D, Smith P. K, Ananiadou K, et al., 2004. The effectiveness of whole-school antibullying

program: A synthesis of evaluation research [J]. School Psychlology review, 33 (4): 548-561.

67. Smith P. K, 1991. Bullying: The silent nightmare [J]. Psychologist, 4 (2): 243-248.

68. Smith P. K. &Sharp S, 1994. School bullying: insights and perspectives [M]. Routledge, London.

69. Solberg M., & Olweus D, 2003. Prevalence estimation of school bullying with the Olweus Bully/Victim Questionnaire [J]. Aggressive Behavior, 29 (2): 239-268.

70. Suldo S. M. &Huebner E. S, 2006. Is extremely high life satisfaction during adolescence advantageous? [J]. Social Indicators Research, 78 (2): 179-203.

71. Swearer S. M. &Cary P. T., 2003. Perceptions and attitudes toward bullying in middle school youth: A developmental examination across the bully/victim continuum [J]. Journal of Applied School Psychology, 19 (2): 63-79.

72. Tarshis T. P. &Huffman L. C., 2007. Psychometric properties of the Peer Interactions in Primary School (PIPS) questionnaire [J]. Journal of Developmental and Behavioral Pediatrics, 28 (2): 125-132.

73. Teglasi H&Rothman L, 2001. Stories: A class-room-based program to reduce aggressive

behavior [J]. Journal of School Psychology, 39 (1): 71-94.

74. Trach J, Hymel S, Waterhouse T, & Neale K, 2010. Bystander responses to school bullying: A cross-sectional investigation of grade and sex differences [J]. Canadian Journal of School Psychology, 25 (1): 114-130.

75. Vessey J, Carlson K & Joyce D, 2004. Help children who are being teased and bullied [EB/OL]. http://nsweb nursingspectrum.com/cc/ce305.htm.

76. Wichmann C, Coplan R J, Daniels T, 2004. The social cognition of socially withdrawn children [J]. Social Development, 13 (3): 377-392.

77. Wiggins J. S. & Winder C. L., 1961. The Peer Nomination Inventory: An empirically derived sociometric measure of adjustment in preadolescence boys [J]. Psychological reports, 9 (3): 643-677.

78. Williams K. R. & Guerra N. G, 2007. Prevalence and predictors of internet bullying [J]. Journal of Adolescent Health, 41 (6): 14-21.

79. Wolke D, Woods S, Bloomfield L & Karstadt L, 2000. The association between direct and relational bullying and behaviour problems among primary school children [J]. Journal of Child Psychology and Psychiatry, 41 (8): 989-1002.

80. Fang C, Yang P, Wang P. W., et al, 2014. Association between school bullying levels/types and mental health problems among Taiwanese adolescents [J]. Comprehensive Psychiatry, 55 (3): 405-413.

附 件

青少年学校生活问卷

同学们好:

  这次调查的目的是了解同学们在学校的生活状况,以及你们对一些问题的看法,答案没有对错之分。所有的结果只作为研究所用,不会用来评定你的行为。填写姓名只是为了和你去年的调查数据进行匹配,以了解中学生的心理发展规律,为社会与教育界更好地开展心理辅导工作提供帮助。请你放心回答。谢谢你的合作。

海南师范大学

第一部分 你的个人情况

1. 基本情况:
市县:_____ 学校:_____ 年级:_____ 班级:_____
年龄(周岁):_____ 性别:_____ 民族:_____
2. 家庭所在地:(1)城镇 (2)农村
3. 寄宿情况:(1)寄宿 (2)非寄宿
4. 是否独生:
(1)是 (2)否,排行老大 (3)否,排行中间 (4)否,排行最小
5. 上学以来,你在学校担任过:
(1)班干部 (2)学生会干部 (3)学校其他社团干部

（4）什么也没有

6. 你在班上有_____个亲密无间的好朋友。

7. 如果用 0~100 分表示满意程度的话，0 表示很不满意，100 分表示很满意。你觉得你们的家庭生活可以打_____分，你的学校生活可以打_____分，你对你自己能打_____分。

8. 学校是否同意学生携带手机到学校？
（1）随便带手机进教室，只要上课不用就行
（2）可以带到学校，但不能带到教室
（3）虽然学校规定不可以带手机进教室，但学校并不严格制止
（4）没有任何规定

9. 你使用下列哪些社交媒体（可多选）：
（1）网络社区　（2）微信　（3）QQ　（4）其他（请注明）_____

10. 你常用手机或网络来做什么？
（1）打电话　（2）发短信　（3）与朋友聊天　（4）看新闻
（5）秀自己
（6）转发好玩的东西　（7）学习功课　（8）查找学习参考资料
（9）其他（请注明）_____

11. 你知道至少要符合下面哪些条件才能算欺负人（可多选）：
（1）强的欺负弱的，如大欺小、多欺少
（2）受欺负的人感觉受到了伤害　（3）是故意的　（4）多次重复
（5）其他（请注明）_____

12. 你们学校有没有明确规定反欺负行为（可多选）：
（1）没有明确规定，欺负人才处理
（2）学校明确规定了哪些行为是欺负行为，要怎么处理
（3）学校告诉我们看到他人受欺负要怎么办，去告诉谁
（4）我们知道学校专门处理欺负行为的机构

13. 这个学期，你是否被自己学校的人，或者在校园内与上学途中被人这样对待过：

题目	没有	一至两次	有几次	大约每周一次	大约每周数次
1. 有人打、踢、推、撞等用肢体欺负过你吗？					
2. 有人损坏、拿或抢走你东西，或逼着你给他钱吗？					

续表

题目	没有	一至两次	有几次	大约每周一次	大约每周数次
3. 有人当面强迫你做自己不想做的事，如写作业、买东西、替人隐瞒事情等吗？					
4. 有人在网上发恶意的链接，盗取你的密码或QQ号，或者恶意举报你使你的QQ号被封，在QQ里骗或威胁你（如逼你发红包）吗？					
5. 有人在网上散播你的隐私，或者发一些与你有关的不好的信息或图片？					
6. 有人在网络上，如在微信、QQ等上骂你、说坏话、起外号或嘲笑过你吗？					
7. 有人当面或背后骂你、说你坏话、嘲笑或歧视过你吗？					
8. 有人孤立过你吗？如故意不让你参加他们的游戏，不让其他人和你玩。					
9. 有人对你敲诈勒索，收保护费吗？					
10. 被人打伤过					
11. 被人搜身、抢劫过					

14. 你受欺负时，告诉过哪些人？
（1）朋友　（2）同学　（3）班主任　（4）科任老师　（5）父母
（6）我没有告诉任何人　（7）我没有受过欺负

15. 你受欺负时，有人会拍视频或照片上传到网络上吗？
（1）没有人拍照片与视频
（2）被人拍过，但没有上传到网络上
（3）被人拍过，而且在班内流传
（4）被人拍过，在班级以外也被传
（5）没被欺负过

16. 这个学期，你对其他同学做过下列行为吗？

题目	没有	一至两次	有几次	大约每周一次	大约每周数次
1. 打、踢、推、撞等用肢体欺负他人					
2. 损坏、拿或抢走他人东西，或逼着他给钱					
3. 当面强迫他人做自己不想做的事，如写作业、买东西、替人隐瞒事情等					

续表

题目	没有	一至两次	有几次	大约每周一次	大约每周数次
4. 在网上发恶意的链接，盗取他人的密码或QQ号，或者恶意举报使他人的QQ号被封，在QQ里骗或威胁他（如逼你发红包）					
5. 在网上散播他人的隐私，或者发一些与他人有关的不好的信息或图片					
6. 在网络上，如在微信、QQ等上骂人、说坏话、起外号或嘲笑过人					
6. 当面或者在背后骂过、说他人坏话、嘲笑或歧视过他人					
7. 孤立过他人。如故意不让他参加游戏，不让其他人和他玩					
8. 敲诈勒索，收保护费					
9. 打伤过人					
10. 搜身、抢劫过他人					

17. 这个学期，你是怎么欺负其他人的：

(1) 我主动去的，一个人　　(2) 我主动欺负人，但叫了其他人

(3) 人家强迫我去的　　(4) 人家欺负人，我也跟着去

(5) 我没有欺负人

18. 你欺负人，被人批评过吗？

(1) 欺负过，没人知道　　(2) 有人知道我欺负人，但没有被批评过

(3) 被父母、老师、朋友批评过　　(4) 我没有欺负过其他人

19. 你看到一个同学在学校里受欺负，这个同学不是你的好朋友，你会怎么办_____？（多选）如果是你的好朋友，你会怎么办_____？（多选）

(1) 看热闹、说打得好等　　(2) 走开　　(3) 在旁边看，但不说话

(4) 帮助受欺负者　　(5) 报告老师　　(6) 也跟着欺负

(7) 安慰受欺负者　　(8) 让欺负者住手

第二部分　你在学校的情况

下面是一些有关中学生的描述，请你根据与你的相像程度来选择。从"非常像我"到"非常不像我"五个程度进行选择，答案也没有好坏之分，请按你平时的想法作答，请按你自己觉得的相像度在相应的程度上打"√"，

每题只能选择一个选项，不可多选和漏选。并注意不要看错行，也不要漏题。非常感谢你的合作！

题目	非常不像我	比较不像我	一般	比较像我	非常像我
1. 大家说我是一个充满活力的人					
2. 学会一个新东西会让我感到非常兴奋					
3. 无论做什么，我都非常小心谨慎					
4. 如果朋友跟我吵了架，我很难再与他和好如初					
5. 见到优美的风景时，我会忍不住停下来欣赏一会儿					
6. 我对各类知识都感兴趣					
7. 即使我们小组面临失败，我也会遵守规则，公平比赛					
8. 我认为犯了再大的错误，只要真心道歉也应该得到原谅					
9. 我认为做真实的自己比做广受欢迎的人更重要					
10. 不管何时何地，我都爱着我的家人					
11. 我认为我自己拥有的特长和优势可以向别人炫耀					
12. 我提出的建议经常被采纳					
13. 我对什么知识都不感兴趣					
14. 只要我认为正确的事情，我就会去做					
15. 如果有人伤害了我，我也会找机会伤害他					
16. 生命中有很多人需要我今后好好报答					
17. 我擅长让人们开怀大笑					
18. 无论做何事，我都会坚持到底					
19. 我擅长组织集体活动					
20. 当别人说对不起时，我会再给他们一次机会					
21. 我发现真诚的人总会吃亏					

续表

题目	非常不像我	比较不像我	一般	比较像我	非常像我
22. 不论事情现在看起来有多困难,我相信总能解决					
23. 尝试多次失败后,我通常会选择放弃					
24. 小组活动时,其他同学总会推举我来负责					
25. 即使当我真的生气时,我也能很快控制自己					
26. 同学遇到困难或问题,通常会找我出主意					
27. 看到或听到美妙的美术、音乐作品,我会心里舒畅					
28. 人们说我富有幽默感					
29. 能让我爱的人高兴对我来讲比什么都重要					
30. 到目前为止,我所获得的成功都是我个人努力的结果					
31. 即使特别想立即做某件事,我也能等到适当时候才去做					
32. 我总是积极主动地参加各种集体活动					
33. 即使会被孤立,或遭到反对,我也会支持正确的观点					
34. 即使会被孤立或遭到反对,我也会支持正确的观点					
35. 做题时,我不大善于发现新的解题思路					
36. 我不擅长组织集体活动					
37. 我有一个非常适合自己的学习方法					
38. 为了得到我想要的,我会去撒谎					
39. 我发现无论如何努力我都改变不了什么					
40. 当朋友不开心时,我经常能够通过幽默逗乐他们					
41. 做出决定之前,我会考虑各种可能的结果					
42. 我对别人总是很友善					
43. 伙伴们一起玩时,大家自愿听我指挥					

续表

题目	非常不像我	比较不像我	一般	比较像我	非常像我
44. 我能比较准确地感觉到自己和他人的情绪变化					
45. 我有所追求的理想					
46. 我总喜欢尝试以前没用过的方法做事情					
47. 我觉得批评别人的观点是不好的行为					
48. 我认为，团体中的每个成员的意见都应受到同等重视					
49. 我总是能够完成自己所制定的学习计划					
50. 只要看到有人需要帮助，我都会主动尽力而为					
51. 一旦团队形成了决议，即使心里不同意，我也会执行					
52. 我觉得每天都有使不完的劲					
53. 我总是小心谨慎地做事情					
54. 我敢于抵制老师或班干部的不公正行为					
55. 我对不熟悉的人和事物都充满好奇					
56. 我自信未来我可以创造出一片属于自己的天空					
57. 我喜欢在团队中与人合作完成事情					
58. 我会通过行动让家人和朋友感受到我对他们的爱					
59. 我觉得自己身上总是有很多需要提高的地方					
60. 我不知道自己未来的生活能否幸福					
61. 我会满怀忠心地为我的班集体做事情					
62. 朋友发生争执时，我擅长帮他们和解					
63. 我要求每个人都遵守同样的规则，即使是朋友也不例外					
64. 我觉得能够帮助别人是一件很快乐的事情					
65. 我觉得生命中需要我报答的人不多					

续表

题目	非常不像我	比较不像我	一般	比较像我	非常像我
66. 我很容易与别人交朋友					
67. 我觉得生活中有很多值得欣赏的东西					
68. 目前的学习生活让我感到沉重、劳累又无趣					
69. 能引起我浓厚兴趣的事物不多					
70. 课堂讨论时我经常发表不同观点或提出质疑					
71. 多数场合我都能如实表达我的真实感受					
72. 对于我开始的事情,我会以极大热情投入进去					
73. 对于我开始的事情,我会以极大热情投入进去					
74. 我的朋友很少					
75. 我认为任何受苦的人都需要慈爱和关怀					
76. 与家人或朋友在一起,我会有安全感和满足感					
77. 我喜欢独自一个人做事情					
78. 我认为保证每个人得到的一样才叫公平					
79. 我对自己的优势和不足都很清楚					
80. 每次考试,我总会因粗心大意而失不少分数					
81. 如果转到一个新的班级里,我需要很长的时间才能适应					
82. 没有别人的帮助我就走不到现在					
83. 我觉得生活中没有多少值得欣赏的东西					
84. 我能用幽默化解尴尬和小的不愉快					
85. 我觉得人生没有什么意义和价值					
86. 我相信事情总是在向好的方面发展					
87. 我的头脑里总是有许多千奇百怪的信念					
88. 我经常能做一些令同学叫好的小发明、小创造					
89. 我喜欢听课、做题、讨论问题					

续表

题目	非常不像我	比较不像我	一般	比较像我	非常像我
90. 我认为每个问题都会有唯一的标准答案					
91. 我对很多问题都比同龄人看得更深更远					
92. 每次考试，我总会因粗心大意而失不少分数					
93. 我一定会寻找合适的方式向帮助过我的人表示感谢					
94. 每次考试，我总会因粗心大意而失不少分数					
95. 有我在的场合总能气氛轻松、笑声不断					
96. 我认为每个人都应该有自己的信仰					
97. 我认为人生是有意义和价值的					
98. 无论是考试还是做作业，我都会反复检查无误后才上交					
99. 我最近向别人说谢谢的次数越来越少					
100. 我的生活是有目标的					

第三部分　你这个学期的心情和感受

每个问题有"是"或者"否"两个答案，答案也没有好坏之分，请按你平时的想法来回答，请在相应的选项下打"√"

题目	是	否
1. 你是否常常觉得有同学在背后说你坏话？		
2. 你受到父母批评后，是否总是想不开，放在心上？		
3. 你在游戏或与别人的竞争中输给对方，是否就不想再干了？		
4. 人家在背后议论你，你是否感到讨厌？		
5. 你在大家面前或被老师提问时，是否会脸红？		
6. 你是否很担心叫你担任班干部？		
7. 你是否总是觉得好像有人在注意你？		
8. 在工作或学习时，如果有人注意你，你心里是否紧张？		

续表

题目	是	否
9. 你受到批评时，心里是否总是不愉快？		
10. 同学们在笑时，你是否也不会笑？		
11. 你受到老师批评时，心里是否总是不安？		
12. 你是否觉得到同学家里玩不如在自己家里玩？		
13. 你和大家在一起时，是否也觉得自己是孤单的一个人？		
14. 你是否觉得和同学一起玩，不如自己一个人玩？		
15. 同学们在交谈时，你是否不想加入？		
16. 你和大家在一起时，是否觉得自己是多余的人？		
17. 你是否讨厌参加运动会和文艺演出？		
18. 你的朋友是否很少？		
19. 你是否不喜欢同别人谈话？		
20. 在人多的地方，你是否觉得很怕？		
21. 你在排球、篮球、足球、拔河、广播操等体育比赛输了时，是否一直认为自己不好？		
22. 你受到批评后，是否总是认为自己不好？		
23. 别人笑你的时候，你是否会认为是自己不用功的缘故？		
24. 你学习成绩不好时，是否总是认为是自己不用功的缘故？		
25. 你失败的时候，是否总是认为是自己的责任？		
26. 大家受到责备时，你是否认为主要是自己的过错？		
27. 你在乒乓球、羽毛球、篮球、足球、拔河、广播操等体育比赛时，是否一出错就特别留神？		
28. 碰到为难的事情时，你是否认为自己难以应付？		
29. 你是否有时会后悔，认为某件事不做就好？		
30. 你和同学吵架以后，是否总是认为是自己的错？		
31. 你心里是否总想为班级做点好事？		
32. 你学习的时候，思想是否经常开小差？		
33. 你把东西借给别人时，是否担心别人会把东西弄坏？		
34. 碰到不顺利的事情时，你心里是否很烦躁？		

续表

题目	是	否
35. 你是否非常担心家里有人生病或死去？		
36. 你是否在梦里见到过死去的人？		
37. 你对收音机和汽车的声音是否特别敏感？		
38. 你心里是否总觉得好像有什么事没有做好？		
39. 你是否担心会发生什么意外的事？		
40. 你在决定要做什么事时，是否总是犹豫不决？		
41. 你是否很害怕到高的地方去？		
42. 你是否害怕很多东西？		
43. 你是否经常做噩梦？		
44. 你胆子是否很小？		
45. 夜里，你是否很怕一个人在房间里睡觉？		
46. 你乘车穿过隧道或高桥时，是否很怕？		
47. 你是否喜欢夜里开着灯睡觉？		
48. 你听到打雷声是否非常害怕？		
49. 你是否非常害怕黑暗？		
50. 你是否经常感到后面有人跟着你？		
51. 你是否经常生气？		
52. 你是否会突然想哭？		
53. 你有时是否觉得，还是死了好？		
54. 你是否经常想大声喊叫？		
55. 你有时是否想过自己一个人到遥远的地方去？		
56. 你被人说了坏话，是否想立即采取报复行动？		
57. 你不开心时，是否会乱丢、乱砸东西？		
58. 你想要的东西，是否就一定要拿到手？		
59. 你是否经常想从高的地方跳下来？		
60. 你是否会经常急躁得坐立不安？		
61. 你夜里睡觉时，是否总想着明天的功课？		

续表

题目	是	否
62. 老师在向全班提问时，你是否会觉得是在提问自己而感到不安？		
63. 你是否一听说"要考试"心里就紧张？		
64. 你考试成绩不好时，心里是否感到不快？		
65. 你学习成绩不好时，是否总是提心吊胆？		
66. 考试时，当你想不起来原先掌握的知识时，你是否会感到焦虑？		
67. 你考试后，在没有知道成绩之前，是否总是放心不下？		
68. 你是否一遇到考试，就担心会考不好？		
69. 你是否希望考试能顺利通过？		
70. 你在没有完成任务之前，是否总担心完不成任务？		
71. 你当着大家的面朗读课文时，是否总是怕读错？		
72. 你是否认为学校里得到的学习成绩总是不大可靠的？		
73. 你是否认为你比别人更担心学习？		
74. 你是否做过考试没考好的梦？		
75. 你是否做过因学习成绩不好而受到爸爸妈妈或老师训斥的梦？		

后 记

第一次选择对中小学校的欺负行为进行研究还是在 2009 年，原本以心理测评为主要研究方向的我之所以选择欺负行为作为研究对象，主要在于我儿子受欺负的经历。在孩子读小学的时候，一直秉承培养孩子的独立性为家庭教育第一目的的我几乎从未去接送过孩子。直到有一天，孩子朋友的母亲对我说："你的孩子在学校经常被人欺负，我去接的路上那些孩子还过来欺负你的孩子，太可怜了，你怎么不去接送他呢？"我听到这些话时非常惊讶，因为孩子从未告诉过我他被人欺负的事情。

在和孩子交流的过程中，我才明白，原来欺负行为在小学是如此普遍。当他问我该怎么办时，我几乎查遍了所有的文献，却没有任何一篇文献告诉一个受欺负孩子的母亲该如何有效又可操作地去帮助自己的孩子，更没有一篇文献告诉一位母亲为什么孩子在受欺负后不愿意主动告诉自己。我自信自己并没有专制到不倾听孩子说话，这里面一定有一些心理规律。于是，我开始自己研究这一课题。

至今，我已在这一领域研究近 10 年了，孩子也从小学升到了大学，研究对象从小学延伸到中学。这十年间，我遇到了很多的困难，但也收获良多，一直想写一本关于研究中小学生受欺负行为的书，但因为种种原因搁置不前，最重要的是很多研究成果都以论文的形式发表了。

2015 年，我们成功申请了一项专门针对海南省中学生欺负行为研究的课题。经过细致的前期研究与设计，在 2016 年，我有幸参与到海南省教育厅委托的"海南省中小学心理健康教育现状调研"的研究中。借这一机会，在教育厅及当地教育局、被抽学校的帮助下，我们综合考虑地域与教育水平，对海口、乐东、东方、万宁、三亚五个市县 9 所中学共计 2285 名初一至高二学生进行调查。从而保证了样本的有效性以及数据的真实性。这也是本书得以写成的重要前提，保证了后续分析推论的有效性。

在本书写成之际，心中充满了感激。感谢海南师范大学的肖少北教授邀请我参加他主持的"海南省中小学心理健康教育现状调研"，为数据的收集提供了极大的便捷，最重要的是保证了样本的代表性。感谢教育与心理学院的徐晓敏老师，她全程参与了该课题的前期调研。在数据收集过程中，本人正好怀着我们家老二，行动极为不便。在外出调研的过程中，晓敏老师不仅要搬运问卷、协调联系校方、现场回答各位主试提出的问题，还要照顾我。感谢教育与心理学院的所有同事在我研究过程中提供的帮助。

感谢乐东县、万宁市、三亚市教育局在数据收集过程中提供的有效帮助，他们介绍辖区内各学校的教育状况以及积极帮助联系学校是抽样成功的重要保证。还要感谢东方市民族中学的副校长周应海、乐东县特殊教育学校的老师刘真榕、三亚市四中的老师朱小丹，他们帮助联系学校，担任三个市县问卷施测的总负责人，数据收集工作完成得很好。海南中学的唐彩霞老师帮忙在所在学校的抽样与数据收集工作也做得非常出色。在本书的研究工作中，还有很多老师或所在班级班主任担任了主试工作，在此一并感谢。

感谢我的学生们。我院2015级本科生高佳同学，她带着8位同学帮助录入数据，并且负责合并、整理数据，工作非常认真负责。在本书的写作过程中，我的研究生郝咏梅与方亦翔帮助完成了本书的校对、排版工作。前后校对、排版多次，非常辛苦。

在研究过程中，在本书的写作过程中，我查阅了大量的参考文献，引用了许多相关资料，感谢各位研究者，没有你们的研究基础，本书根本无法完成。

最后我要感谢我的家人，感谢我的大儿子卿思远，他和我分享他在学校的受欺负经历与心路历程，以及与我讨论欺负干预策略的有效性。感谢我的妯娌杨艳丽女士，在我研究过程中，她无私地帮我承担所有家务，抚养老二，否则即使做完全部研究，也无法完成本书的写作。感谢我的丈夫卿志军先生在本书写作期间对我的精神支持以及挤出时间帮我分担家务。

鉴于本人学识水平有限，本书不足之处在所难免，恳请各位专家、同行批评指正。